Pour Georges Berson,
en communion profonde dans
cet esprit d'enfance qui n'a pas d'âge,
et qui est au seuil de tous les royaumes,
avec mon amitié, et ma gratitude, pour le
signe qu'il est, en ce temps, de l'amour éternel du Père
[illegible]

IL ÉTAIT UNE FOIS L'ENFANT

DU MÊME AUTEUR

Jeanne de Flandreysy, ou la Passion de la gloire, la Salamandre
Les Réalités latines (ouvrage collectif), la France Latine
Les Jeunes d'aujourd'hui (ouvrage collectif), le Centurion
Gustave Thibon, Témoin de la Lumière, Beauchesne
Dieu existe-t-il ? Non, répondent..., Fayard
Entretiens avec Gustave Thibon, Fayard
Bâtisseurs de cathédrales, S.O.S.
Jean Salusse, la Caisse nle des mts historiques
Dieu existe-t-il ? Oui, répondent..., Stock
Jean-Paul II, témoin de toujours, Le Sarment
La Mort, un terme ou un commencement ?, Fayard

EN PRÉPARATION

Avoir vingt ans pour être qui ?, Fayard.
A ceux qui ne croient plus en rien ni en personne.
L'Éditorialiste, roman.

CHRISTIAN CHABANIS

IL ÉTAIT UNE FOIS L'ENFANT

FAYARD

A Marie, Thomas, et Matthieu,
et à
Florence, leur mère,
pour aujourd'hui,
et pour toujours.

SOMMAIRE

Chapitre I

Du bonheur ou du malheur d'être un enfant

De tous les âges de la vie, l'enfance est le plus court, mais son rayonnement s'étend sur tous les autres. Du moins si l'enfance est heureuse, car il est une enfance mutilée dont la blessure aussi, s'étend sur tous les âges. Ces brèves années sont le miroir d'une existence.

Mais si notre impuissance à lui porter remède nous résigne souvent à la souffrance de l'adulte, celle de l'enfant demeure toujours intolérable. De quelque côté qu'on la regarde, on y voit l'innocence, victime d'un mal auquel elle n'a pris aucune part. Certains moralistes nourrissent là une aversion insurmontable à l'endroit de l'existence qui engendre de telles détresses. De temps en temps, l'une de ces histoires sinistres frappe de stupeur l'actualité : un bébé de six mois, abandonné par une mère dont la maternité pose une énigme, est mort de faim dans un berceau crasseux. Le petit corps recroquevillé, après des heures d'agonie, a reçu la mort comme une délivrance. Il avait pourtant l'existence devant lui ! Un autre, roué de coups, le visage et le corps couverts d'ecchymoses, est arraché trop tard à ses bourreaux : il succombe en arrivant à l'hôpital et n'aura connu de la vie que son horreur... Ou encore l'enfant violé, enlevé d'abord avec brutalité à sa famille, et dont les derniers instants tiennent du cauchemar.

Osera-t-on parler du rayonnement de l'enfance après ces

évocations que l'on pourrait multiplier par milliers ? Ou quand on a vu, retransmis par les télévisions et les magazines, les regards des enfants biafrais mourant de faim ? Ceux des enfants juifs déportés ? On se dit alors que l'enfant lui-même, dans sa transparence, n'est pas assez fort pour suspendre les lois horribles de la pesanteur. S'il l'était, le monde irait-il du train où il va, d'aveuglements en aveuglements, de haines en haines, de conflits en conflits ? Il faut avoir fermé les yeux sur le visage des enfants assassinés, et d'abord celui des enfants remplis de grâce et de lumière, pour se livrer encore, avec tant d'inconscience, au jeu cruel des passions humaines.

On se souvient des vers de Hugo :

« Lorsque l'enfant paraît, le cercle de famille
applaudit à grands cris. Son doux regard qui brille... »

pour s'apercevoir que le cercle où l'on applaudit l'enfant est étroit. Hors de ce cercle, le monde n'applaudit les enfants qu'autant qu'il projette en eux ses fantasmes, mais il n'applaudit pas l'enfance. Il la répudie. L'Évangile décrit le phénomène en quelques mots éloquents : les apôtres « écartaient les enfants des pas de Jésus ». Parce qu'ils estimaient, dans leur zèle aveugle, que quelque chose d'important se déployait auprès de lui — sans toujours comprendre quoi —, il convenait de le réserver aux gens d'importance, c'est-à-dire aux adultes. Les apôtres croyaient bien faire, comme le monde ne croit pas toujours mal faire, lorsqu'il repousse l'enfance dans les jupes des mères, loin du sérieux des grands. Qu'y aurait-il de si considérable à espérer d'eux, que l'adulte ne pourrait se donner à lui-même ? Nous savons — nous croyons savoir — où est l'essentiel, mais n'attendons pas de l'enfant qu'il le révèle.

On allait débuter en cédant au lyrisme que cet âge inspire à quelques poètes, et soudain l'on s'arrête : l'enfance n'inspire pas moins le mépris, la haine, le rejet, que tous les âges humains. Et davantage encore. Bien que le scandale en soit plus criant. Encore que ce scandale soit tardif dans notre histoire. En un livre passionnant* — même s'il est loin d'être à prendre tout entier au pied de la lettre — Philippe Ariès a illustré sans peine sa thèse sur le sort négligeable fait aux enfants sous l'Ancien Régime. Sur leur identité quasiment inexistante.

Aussi faut-il évoquer d'abord cette enfance, celle qui n'a pas d'enfance, celle qui est aussitôt jetée dans le mal et le malheur, comme si les hommes, ou le sort, avaient décidé de la priver du bien le plus précieux qui soit — un heureux commencement — et qu'ils se montrent indifférents à ce miracle d'un regard innocent. On voudrait que les enfants, au moins, soient préservés de l'horreur du monde, mais ils ne le sont pas; et ces enfants, qui n'ont pas été épargnés, sont peut-être ceux qui nous font sentir le plus profondément le rôle irremplaçable de l'enfance dans la vie de l'homme.

Un enfant sans enfance n'est souvent qu'un enfant victime des adultes; un enfant sur lequel l'âge mûr fait peser ses propres pesanteurs. « Les parents ont mangé les raisins verts, et les enfants ont grincé des dents. » Un quotidien du soir titrait ainsi à la une : « Plusieurs drames atroces en France en moins d'une semaine : huit enfants tués pour cause de désespoir. » On avançait un peu plus loin dans la pénible lecture, et l'on apprenait qu'à Amiens, Douai, Saint-Maur, Compiègne, Villejuif, un point commun liait toutes ces tragédies : « les graves problèmes vécus par les parents », qui avaient amenés ceux-ci à les mettre à mort. Des enfants payant pour des adultes le prix de vivre qu'eux-mêmes refusent à la vie : l'exemple, pour n'être pas toujours aussi sanglant, n'est pas rare.

Notre société, pourtant, n'a-t-elle pas l'apparence d'être celle de l'Enfant-Roi ? Le temps n'est plus de la soumission des enfants au pouvoir absolu de leurs aînés, qu'ils soient les parents ou les maîtres et l'on assisterait plutôt à une espèce de subversion de l'enfance, à un renversement de

* Philippe Ariès : *L'enfant et la vie familiale sous l'Ancien Régime*, Seuil,

l'autorité, confiée aux gosses qui gouvernent soudain leur propre activité, voire celle de la famille ou du collège. Vous vous trompez, quand vous affirmez que l'on tend à évincer l'enfant : il est au centre de toutes les préoccupations contemporaines — y compris mercantiles —, et l'on organise enfin pour le protéger ce qui n'avait jamais été tenté jusqu'alors. Que de précautions pour éviter de le traumatiser, de l'influencer abusivement, de marquer son enfance d'images indélébiles qui pourraient altérer sa maturité ? Quel respect pour son indépendance, sa personnalité, son génie propre ! Où a-t-on vu fleurir plus de conseils aux parents, de livres et de revues sur le meilleur accouchement et la meilleure instruction, d'allocations aux familles et de secours à l'enfance ?

J'ai visité, à New York, le cabinet d'un ami pédiatre, Serge Sanger, qui consacre ses soins exclusivement aux enfants de moins de deux ans. Il les reçoit, dans des salons aménagés à cet effet, avec leurs parents, leur entourage immédiat, étudie le comportement des uns et des autres, avec et sans l'enfant, et propose une sorte de direction de conscience pour orienter, en fonction de bébé, les gestes de chacun pendant ces deux années capitales pour son développement ultérieur. Plus âgés, ils trouveront mille autres cabinets à leur disposition pour continuer à suivre d'aussi près leur croissance. Vous parlez du massacre de l'enfant juif et de l'enfant biafrais ? Mais voyez l'enfant américain, l'enfant d'Europe, qui n'a jamais été si beau ni si heureux. N'oubliez pas quel culte est rendu à l'enfance et à la jeunesse par une société qui souhaite en préserver toutes les richesses.

Sans doute, et là réside l'ambiguïté d'une époque qui n'est pas moins contradictoire quand elle regarde l'enfant que lorsqu'elle regarde l'homme et la femme. Elle prépare froidement le massacre de l'humanité par les armes atomiques, dans le même temps où elle invoque les droits imprescriptibles de la personne humaine ; elle provoque des avortements massifs et organisés, dans les mêmes pays où elle entretient le culte d'une certaine enfance.

Mais pourquoi cet Enfant-Roi devient-il si vite l'enfant révolté ? Pourquoi l'ultime jeu de l'enfant-jouet consiste-t-il à casser ceux qui jouent avec lui ? Aurait-il découvert qu'on l'abuse ? L'enfant n'éprouverait-il nullement le besoin qu'un culte lui soit rendu, et la reconnaissance de son identité singulière se manifesterait-elle plutôt dans un autre type de relations, qui tend moins à le hisser sur un pavoi qu'à nouer avec lui un dialogue irremplaçable ? Qui ne voit que, dans ce culte de l'enfance, il y a d'abord celui que l'adulte se rend à lui-même par enfant interposé. C'est soi qu'il flatte en flattant ce rejeton où il pense se satisfaire ; le mythe de l'Enfant-Roi est plus près du culte de sa propre enfance perdue que de l'esprit d'enfance retrouvé. On le traite comme un « petit adulte » parce que sa royauté permet au « grand adulte » de poursuivre ses propres chimères. Et c'est là ce qui finit par le dépouiller de son identité singulière.

A vrai dire, je n'ai jamais pris tout à fait au sérieux les adultes. Mais les enfants : si. Non que l'adulte me paraisse mériter un respect moindre que l'enfant, mais ce pourquoi il prétend au respect — l'importance mondaine, les titres, etc. — voilà justement qui me paraît mériter une estime toute relative. C'est pour lui-même et pour lui seul que je respecte l'enfant, pour l'être unique qui n'appelle à aucune autre considération que celle de l'être même. J'aimerais que les adultes sachent inspirer une attention de la même nature. Et comme ils ne l'inspirent que très rarement, comme ils provoquent même, si l'on y regarde de près, à l'ironie et au dégoût plus souvent qu'à l'estime, ils se rattrapent sur les masques. Ils donnent une importance considérable *aux masques*. Et à la comédie qu'ils mettent en scène autour des masques. « Leur dernier mensonge sera d'aller nu » disait il y a cinquante ans un philosophe. La boutade, à la lettre, est devenue vraie.

Quand donc l'adulte mérite-t-il justement le plus de respect ? Lorsque l'enfance, en lui, survit à l'enfance, c'est-à-dire l'esprit qui caractérise les enfants : la vérité, la simplicité, la pureté ; non l'enfantillage. L'Esprit d'enfance n'est pas l'enfance de l'esprit, mais sa plénitude. J'ai toujours regardé, au contraire, comme la pire des puérilités, l'esprit sérieux appliqué à des choses peu sérieuses, la gravité à propos de considérations et de réalités insignifiantes, tels l'argent ou les fonctions sociales, assortie d'indifférence pour les choses essentielles. L'adulte a l'art de traiter absolument du relatif et très relativement de l'absolu : il a en horreur de reconnaître ce qui le transcende.

Or la condition de l'enfant est par excellence la condition humaine : dépendante. L'enfant le sait et en cela il est la sagesse même. L'adulte veut l'ignorer, même si la vieillesse et la mort sont au bout pour le rappeler à la vérité. Dépendant de l'amour, et c'est l'enfant heureux. Dépendant de la haine, et c'est l'horreur et la tragédie. Mais le sens droit de la dépendance, fondamental pour l'harmonie humaine, est naturel chez l'enfant, et la raison pour laquelle celui-ci possède un sens immédiat de la relation, de la religion, avec ce qui l'entoure et ce qui le dépasse. Le dialogue irremplaçable avec lui, loin de nier cette dépendance, la rejoint au plus profond de lui pour en faire naître sa liberté. Il apaise ses terreurs et ses craintes, développe ses rapports avec le lointain sans lui faire perdre pied avec le proche, l'installe dans le monde en l'éclairant sur la dimension surnaturelle de cette dépendance qu'il a si bien découverte en ouvrant les yeux.

L'enfant nous délivre de l'homme. Et de la femme. Je veux dire de ce qu'il y a de gâché dans l'homme et dans la femme. L'enfant ne réveille pas seulement l'amour dans un cœur blasé ou blessé, mais l'espérance suprême où réside la noblesse de la vie. En lui, l'humain n'est pas tout à fait engagé sur sa mauvaise pente : on se reprend à croire que rien n'est joué, que cette lumière du matin pourrait ne pas sombrer, et que la pesanteur, alors, serait vaincue. Je regarde, dans ses jeux, le visage limpide de ma fille encore toute petite, et pourtant si capricieuse, si autoritaire, et même si maligne. Et voici que la malignité se dissipe et s'enfuit comme un mauvais songe, qu'elle tourne vers moi le visage de l'ange originel. Ce qu'il y a de plus fragile en elle, est moins ce corps menu pour qui tout est menace, la lourde porte ou la marche trop haute : c'est l'immense réserve de sa limpidité. Et je tremble pour cette part irremplaçable d'elle-même : tant d'avortements déçoivent nos attentes ! Quel usage fera-t-elle — ou fera-t-on — de sa richesse ?

Non seulement je ne crois pas en l'homme, non plus que je n'accorde le moindre intérêt à aucune des idéologies qui se réclament naïvement de sa superbe mais hypothétique dignité, mais je doute aussi de l'enfant qui n'est qu'une réplique de l'homme, celui dans lequel on voit trop bien l'homme percer. Il est si prompt à singer le pire pour se rallier les attentions adultes, et les adultes à abuser de cette disposition... Quelle complicité, si vite, avec ce qui risque de le perdre à son tour. Mais l'enfant que je regarde avec saisissement — mieux : que je contemple —, est celui où « l'hommerie » n'a pas encore gagné le jeu, dont le visage humain laisse entrevoir la face divine qui l'habite encore.

Noël est le recommencement du monde, le commencement du salut de l'homme dans un enfant qui le rend au miracle de son origine. Et l'univers le pressent, puisque le seul instant où il s'attendrit quelque peu, où notamment les armes se croient obligées de faire trêve, est celui qui marque la naissance à la fois féerique et humiliée de l'Enfant-Dieu. Les familles font alors taire leurs discordes dont elles éprouvent comme une honte soudaine ; l'humanité tout entière suspend sa violence et fait silence autour du miracle recommencé. Or, tous les jours, Noël frappe les yeux quand le visage de l'enfant vient à nous dans sa fraîcheur native. Tous les jours, le mystère du monde se rouvre et le trop humain libère sa transparence, retrouve sa nudité.

« Il ressemble à sa mère ; il ressemble à son père ; il ressemble à la tante Adèle... » : chacun rivalise de comparaisons au sujet de savoir où va la ressemblance du visage neuf ; à qui il appartient déjà, ce qui le conditionne inexorablement et qui flatte un intérêt personnel. Mais il me vient chaque fois, devant ces débats, qu'il ne ressemble justement à personne qu'à lui-même, ou plutôt, qu'il ne ressemble encore qu'au Dieu mystérieux et créateur dont il porte l'image ineffaçable. La ressemblance que nous lisons tout à coup si clairement dans ce petit visage désarmé et désarmant, c'est celle de la face divine de l'homme, que toute existence, hélas, ou du moins la plupart, s'emploient ensuite à brouiller, ou à masquer.

Je ne crois pas en l'homme, disais-je. Mais pourtant si : je crois en l'homme au moment où j'y retrouve l'enfant neuf qu'il n'a jamais cessé d'être, cette face cachée de lui-même qui en fait la seule créature marquée par l'absolu. Cet homme-là, aussi, est capable de recevoir à chaque instant la vie comme une naissance renouvelée, d'en appeler à la contemplation et non à la concupiscence. La beauté de la femme, la beauté de l'homme, physique et morale, sont parfois comme le triomphe de la perfection. Mais si on les compare à la beauté de l'enfant, quelque chose leur manque souvent que celle-ci possède toujours : le reflet d'une autre lumière que celle qui vient de soi. L'Homme, avec majuscule, c'est l'homme dans son enfance, jamais l'adulte gonflé de lui, c'est-à-dire de misère et de vanité, au plus haut de son intelligence même. Cet homme invente l'Enfant-Roi, copie conforme de sa propre misère et de sa propre vanité. Mais il n'a pas inventé l'Enfant-Dieu qui dissout brusquement les grandeurs d'apparence et les voit revenir de très loin s'agenouiller devant la crèche3; et qui, au lieu de s'employer à convertir l'enfant en adulte prématuré, convertit l'adulte en enfant.

« Si vous ne devenez semblables à eux... » répond le Christ aux apôtres aveugles. Mais c'est à l'enfant que l'on ne cesse de prêcher la vérité contraire : si tu ne deviens semblable à l'adulte, aussi important et vain que lui, tu ne seras jamais pris au sérieux dans le royaume des sérieux. Un enfant naît : ou bien l'univers de l'adulte en est transformé pour toujours, ou l'égoïsme à deux devient égoïsme à trois, à quatre ou à cinq, et c'est la triste preuve que l'enfant n'a pas livré son message singulier. Pas de demi-mesure en cette rencontre : où l'enfant nous ramène à notre vérité, ou c'est nous qui le convertissons à notre pesanteur. Ou nous le recevons comme un messager de la transparence, et avec lui, nous rentrons dans la transparence. Ou nous nous empressons d'éteindre cette révélation afin qu'elle n'enfante rien dans une existence qui n'attend de révélations que d'elle-même.

« L'enfant est le père de l'homme », a-t-on dit. Père redoutable entre tous, parce qu'il nous vient directement du lieu de la paternité, éternel et inépuisable, où lui et nous ne sommes que des fils identiques devant la face d'un autre père. Nous nous employons à nier cette paternité de l'enfance, parce que chaque naissance invite à réenfanter en l'homme quelqu'un de trop oublié de lui. L'enfant nous appelle où l'adulte ne peut entrer sans une conversion radicale de son regard, et il recule en fait devant la conversion. Il lui apparaît plus commode de transformer l'enfant lui-même. Choisir entre l'adulte et l'enfant qui sont en nous, n'est pas une opération aisée, mais pourtant nécessaire et décisive quant à notre identité profonde.

La génération qui exaltait il y a dix et vingt ans le mythe de la jeunesse et celui de l'enfance, découvre à son tour qu'elle n'a plus vingt ans, et qui plus est, que d'autres les ont à sa place. Elle découvre aussi qu'elle s'est mal préparée à ses autres âges. Elle se cherche des complices dans la génération qui la suit : elle lui ment pour tenter d'entretenir le mensonge qu'elle s'est d'abord fait à elle-même, et elle voudrait jouer encore à la jeunesse, bien qu'elle pressente que ce jeu ne pourra plus durer longtemps. Or il y a une enfance, quelque part, qui l'attend au-delà de tous ses âges, bien qu'elle se refuse encore à le découvrir. Une enfance étrangère, il est vrai, à ce monde clos et désespéré qu'ont édifié les adultes. Mais l'âge mûr qui vit comme si l'enfant n'existait pas ou n'était qu'une réplique de lui-même, comme si l'enfant n'avait rien de capital à lui apprendre, est perdu dans sa destinée. Il a perdu sa source. Or à l'heure où il recherche si loin des recettes pour vivre, il lui suffit de se ressourcer en lui-même. Et l'enfant est cette source.

Chapitre II

Lorsque l'enfant disparaît

Ce que serait un monde sans enfants, il est à la fois simple et impossible de l'imaginer. Vision d'apocalypse. Dans ce hameau perdu de la montagne ardéchoise où les trois couples qui survivent encore dans les ruines désertes sont des couples de vieillards et de vieillardes, plus de naissances certes. Les enfants, les petits-enfants sont depuis longtemps au loin — du moins pas si loin, parce que la ville se rapproche tous les jours de cette campagne retirée — mais ils ne cavalent plus dans les rues silencieuses. Les cloches de l'église n'ont pas sonné pour un baptême depuis quarante ans : encore n'était-ce pas un enfant du pays, mais celui d'une réfugiée qui fuyait l'invasion allemande. Et l'enfant est reparti avec sa mère aussitôt les hostilités terminées. Plus de naissances ; plus d'espoir, même, qu'une naissance vienne suspendre la lente descente de cette micro-société vers l'extinction totale. La seule surprise justement, dans ce monde clos, est celle qui viendra de la mort ; la seule porte encore ouverte sur l'inconnu.

Mais parce que le pays est admirable de beauté et de force, que la vie y sourd de toutes parts à travers les forêts épaisses où les jeunes arbres cherchent à se faire une place parmi les vieux, où les sources inépuisables jaillissent qui alimentent ailleurs des fleuves imposants, parce que l'univers végétal et animal supplée à la défaillance humaine, ces vieillards ne sont pas assez tristes, cependant, pour mourir de chagrin. Ils contemplent leur vallée haut perchée d'un regard, non de touriste distrait mais de familier du lieu : ils en savent tous les secrets qu'ils sont les derniers à partager. Cette vallée est en renaissance perpétuelle : chaque jour, chaque nuit que Dieu fait, n'est jamais pareil à celui de la veille ou du lendemain. Jamais le soleil ou la pluie, l'étoile ou le vent, n'ont la même saveur ou le même sens. La vie n'a pas besoin des hommes pour commencer et poursuivre sa prodigieuse aventure.

Un monde sans enfants, en effet, sans petits d'hommes, mais non pas sans enfance. Ces vieillards entêtés voient éclore les couvées à chaque printemps neuf, et les poussins qui risquent leurs premiers pas dans la cour de la ferme, avec effroi et curiosité, attendrissent la vieille fermière autant que son arrière-petit-fils lorsqu'il lui envoie un dessin naïf de son H.L.M. La chatte tricolore a ramené aussi trois boules grises ce matin. Elle les avait si amoureusement cachées dans le grenier à foin, qu'en dépit de toutes les recherches, elles étaient jusqu'ici restées introuvables. Elle a pris soin, chaque fois qu'elle partait les allaiter, de brouiller les pistes, d'entreprendre mille détours afin qu'on ne découvre pas la cachette où elle a mis bas sa portée. Qui aurait à cœur de supprimer maintenant les trois espiègles qu'elle ne peut cacher davantage, et qu'elle ramène avec fierté mais inquiétude aussi.

La naissance, l'enfance, sont toujours là, non plus sous la forme suprême qu'est la naissance humaine, mais de tant d'autres manières charmantes ou superbes, qu'elles rassurent un peu les cœurs attristés. Bien que la moins âgée, ici, ait plus de cinquante ans, on ne respire pas l'odeur de cadavres en sursis qui hante les hospices, on ne croise pas de morts en survivance, aux yeux vides et hébétés, et si l'on veut imaginer le monde sans enfants, il n'est que de regarder en effet du côté des hospices. Ceux des grandes villes, surtout, où l'on parque les déchets d'une société comme ailleurs on vide les ordures. Où le vieillard est réduit à l'état de vieillard avec un égoïsme et une bassesse forcenés de la part de ces mêmes sociétés qui proclament sur tous les murs et dans toutes les radios, la Dignité humaine, qui se réclament du culte de l'Homme avec une majuscule insolente et prétentieuse tant que celui-ci n'a pas atteint l'âge caduc où l'Homme embarrasse. Le hameau ardèchois va mourir, et il le sait, mais il meurt au milieu de la résurrection indéfinie d'une nature en fête pour lui seul. Et sa tristesse est éclairée par cette contemplation perpétuelle d'un renouveau qui ne s'éteint que dans sa propre race.

Au lieu qu'ici, dans les salles communes, mais dans les chambres particulières aussi, le long des couloirs ripolinés et dans le jardin pelé où l'herbe même obéit à la cisaille, où les pigeons rachitiques se disputent un quignon de pain desséché, l'enfance est morte bien avant que tous ces vieillards ne trépassent. Une demi-folle, retombée dans le premier âge, est seule à faire résonner de temps en temps un rire cristallin, une note d'insouciance et de fantaisie, et rappelle que la vie n'est pas seulement cet ensevelissement collectif, cette fosse commune si parfaitement organisée. « Elle est inoffensive » me dit-on, comme si je craignais que, dans cette prison, il soit resté quelqu'un qui ne sème brusquement la révolte. Je sais bien qu'on la tolère uniquement parce que son rire d'enfance est celui d'une enfance morte. On lui aurait déjà fait un sort si elle mettait en danger la forteresse : il est des prisons plus solides encore. Non, tout est prévu ici pour que la mort accomplisse son œuvre posément ; que la vie et ses surprises se tiennent le plus loin possible des murs infranchissables. Un monde sans enfants et sans enfance ? Oui, celui des hospices déjà, quand ils n'ont pas le gosse du concierge, ou l'adolescente-infirmière pour réveiller un instant les regards morts.

J'ai assisté, certains dimanches soirs, au retour de la grand-mère ou du grand-père que l'on était venu chercher la veille ou le matin, afin de passer, une fois par mois, une fois par an, qui sait ? quelques heures en famille. On les tire d'une voiture où ils s'accrochent désespérément, on leur prodigue quelques paroles de consolation auxquelles on ne croit pas, du genre : « Mais tu es très bien ici ; beaucoup voudraient être à ta place et n'ont même pas pu l'obtenir ! » La vieille ou le vieux regardent repartir la voiture, le fils, la fille, le petit-enfant peut-être, qu'ils ne reverront pas avant longtemps même si on leur a promis de revenir bientôt — et ils savent qu'on leur ment. Leur regard se clôt sur leur désespoir muet : ils ajoutent peut-être une photographie de plus au chevet de leur lit, et dans leur cœur, un adieu supplémentaire.

Mais ceux qui les quittent ont-ils une existence tellement différente dans la cité de béton où ils sont eux-mêmes enfermés ? Leur avenir aussi c'est l'hospice, et sans doute s'enfuient-ils si rapidement pour ne pas en soutenir trop longtemps la vision ? Quand ce n'est pas l'enfant qui transparaît dans l'homme adulte, et la source de vie où il puise, c'est le vieillard qui se dessine et la mort où il entre déjà. Je vois souvent, chez des gens de vingt ans, chez des personnages officiels engoncés dans leur suffisance et où je ne lis plus aucune enfance, ce vieillard qu'ils sont en puissance, et même en réalité. Il n'y a pas si loin, malgré les apparences et la différence des générations, entre la vie de certaines agglomérations et leurs hospices. Ceux-ci n'en sont que l'image un peu forcée, un peu caricaturale mais nourrie de la même ignorance et de la même indifférence à l'homme concret.

Et cependant, cet univers n'est pas assez noir encore, comparé à celui qu'il faudrait imaginer si l'enfant devait disparaître totalement de l'horizon humain. Un monde uniquement composé d'adultes, uniquement réservé à ce qu'il est convenu d'appeler la « force de l'âge », et bien entendu un âge en bonne condition physique, car les avortons auraient été bannis au même titre que les enfants. Un monde sans naissance, où les glands ne germeraient plus pour donner d'autres chênes — on se contenterait des chênes qu'on a, jusqu'à extinction de l'espèce —, où la poule glousserait en vain autour d'un œuf froid ; où le Petit Prince de Saint-Exupéry serait à jamais reparti dans une autre planète en emportant la grâce du monde, l'hospice même ne l'imagine pas qui sent la vie dont il est exclu, battre encore à ses portes. Nul ne peut vraiment l'imaginer — et moi non plus — parce que c'est l'enfer justement. Si nous appréhendons la réalité absolue de l'enfer à travers certains malheurs, toujours quelque chose ou quelqu'un y fait contrepoids de quelque manière, et nous tire, à l'instant décisif, la tête hors de l'eau. Un monde sans enfants ? Un lieu dont l'absolu est la mort.

Certains foyers stériles, et qui n'ont pas voulu cette stérilité, qui ont même tout tenté pour l'écarter, entrevoient quelquefois, dans leur déréliction, un tel monde. Ils ont les enfants des autres, bien sûr : ceux de la famille ou du voisinage, qui ravivent sans cesse leur blessure en même temps qu'ils l'apaisent. Quand ils ont le cœur bien fait, ils finissent par donner à ces enfants ce qu'ils n'ont pu donner à ceux qu'ils voulaient mettre au monde. L'enfant existe pour eux, et certains le regardent même avec une attention peut-être plus profonde que la mère ou le père comblés. De temps en temps, une femme n'y tenant plus, enlève un de ces petits que le sort lui refuse, et son malheur défraye la chronique qui n'ose pas condamner tout à fait le geste désespéré. Elle doit pourtant le rendre et replonger dans son drame. Certes, ils sont quelques-uns à entrevoir, dans leur regret infini de n'avoir pas d'enfants, ce qui manquerait à un monde privé de toute enfance. La vie même s'arrête de battre, car pourrait-on appeler encore vie un monde où il n'y a plus de commencements, mais un recommencement perpétuel de l'identique ? Qu'attendre d'un lendemain qui ne saurait recéler de surprise, puisque la seule nouveauté radicale dans le monde est la naissance d'une vie. On a beau changer de robe tous les jours, de menu à tous les repas, de maîtresse toutes les nuits, ces surprises-là ont une limite assez tôt atteinte. « La chair est triste, hélas, et j'ai lu tous les livres » dit le poète enfermé en lui-même. Qu'attendre du lendemain, sinon de vieillir et de mourir ? Où l'on n'attend plus l'enfant, on n'attend plus que la mort. Sa propre mort, et bientôt celle du monde.

Imaginer un monde sans enfants nous invite à saisir peut-être d'un peu plus près qui est l'enfant au milieu de nous. Pour nous ; et pour lui-même. Tout est possible, encore et toujours, parce que quelqu'un qui n'a jamais été, va commencer d'être. Il porte en lui et avec lui l'avenir comme un mystère et non comme une mécanique inéluctable. Il défie les pronostics les plus avisés. On aura beau consulter les ordinateurs et les pythonisses, « l'avenir n'est à personne » disait justement Hugo. L'avenir, c'est lui, l'enfant inconnu.

Mais supprimer l'enfant, n'est-ce pas atteindre justement une assurance contre les risques du devenir, rétorquent certains, une sorte de plage tranquille dans l'univers en perpétuel changement ? Comment résister à la tentation de réduire la vie à ce qu'on en tient quand on pense bien le tenir ? Les planifications diverses semblent poser sur elle des fortifications contre le sort changeant, établir sur le temps un règne rassurant. Que l'enfant y subsiste encore, certes, mais selon un plan déterminé et non avec les menaces de l'inattendu. Quand on pense avoir imposé un ordre à son existence et à sa destinée, on sait bien que l'enfant y représente le risque de tout remettre en question, et qu'il importe de le faire entrer lui-même dans cet ordre dès sa conception si l'on veut échapper à la menace qu'il est censé représenter.

Ils ont deux enfants. Ils n'en auront pas d'autre parce qu'ils ont ainsi programmé leur vie qu'elle ne saurait s'accommoder d'accorder davantage à l'enfance. Ils sont par ailleurs charmants : jeune couple qui sait ouvrir sa maison à ceux qui lui ressemblent, inviter et recevoir, meubler son existence et son intérieur de bibelots agréables à regarder. Les enfants sont apparemment choyés : la chambre est pleine de jouets très sophistiqués, sinon pleine des marques d'un autre don. On imaginerait que les deux têtes blondes sont l'objet d'une sollicitude sans défaut. Et ce n'est pas du côté du jouet, en effet, que la sollicitude est défaillante ! Elle pencherait plutôt par excès de ce côté-là comme pour masquer ses déficiences d'un autre, car ces enfants sont déjà seuls, avec leurs jouets et leurs manteaux sortis des boutiques des beaux quartiers. Comme leurs parents sont seuls eux-mêmes, de ce côté du monde où l'enfant n'a jamais pénétré que ramené aux perspectives des adultes. Les parents habitent un univers où l'enfant n'existe pas comme le rappel permanent de l'imprévisible qui pourrait changer le regard sur la vie. Et la vie elle-même.

Mais voudraient-ils en changer ? Certes pas. Ils sont assez contents d'eux-mêmes et de leur destinée. Ils ont prévenu toute intrusion de l'imprévisible du côté de l'enfance comme ils l'ont prévenue du côté de leur porte-monnaie ou du côté du ciel. Des serrures partout, et la serrure intérieure plus cadenassée que les autres ! Toutes les précautions sont prises : ils n'auront que deux enfants, et si le troisième voulait déjouer les précautions, osait s'introduire dans cet univers si bien fermé, ils ont les moyens de le supprimer aussitôt qu'il aurait l'audace de s'annoncer. Leur ambition n'a jamais prétendu être aux dimensions de la vie : il leur suffit qu'elle le soit aux dimensions de leur propre univers, qui est fort mince.

La fonction maternelle et paternelle n'est pas vraiment supprimée : elle s'exerce comme une autre de ces fonctions sociales qui font l'homme et la femme évolués. Si on leur disait que leurs enfants sont réduits à l'état d'objets, ils se récrieraient avec étonnement et avec colère : ils citeraient tout ce qu'ils ont fait et font encore pour eux. Et ils n'auraient pas tort : au regard de certaines lois écrites, ils sont irréprochables. Où verraient-ils qu'ils n'ont pas fait tout ce qu'ils devaient dans le champ clôturé de leur existence ? Et pourtant, leurs enfants sont déjà comme perdus devant le mystère du monde qu'ils entrevoient par moment, à travers les grilles de leur prison dorée. Pour tenter de s'en sortir, ils imitent les adultes, parlent comme des adultes, jouent au jeu des adultes. Ils sont pris au piège : victimes de l'insignifiance et de la grimace qui habille aussi leurs géniteurs. « Si tu ne deviens pas semblable à l'adulte, aussi vain que lui, tu n'entreras pas dans le royaume de la futilité. » Recevoir comme un dû, comme un bonheur allant de soi, le don suprême de la vie — et l'écarter s'il ne coïncide pas avec les plans que l'on a tracés sur elle —, c'est refermer définitivement sur soi la prison dans laquelle on a installé sa vie. Et emprisonner l'enfant lui-même, qui a perdu alors le pouvoir de rouvrir le monde.

L'enfant programmé, inscrit dans une existence comme les fleurs artificielles dans un décor, est-ce encore un enfant ? N'est-ce pas déjà un monde aussi moribond que celui des hospices, le monde où l'enfant n'entre plus qu'au compte-goutte de l'égoïsme, et dépouillé de la part essentielle de lui-même ? Certes, on le redoute d'autant plus qu'on ne croit plus en lui. On croit à ses affaires, on croit à ses vanités, on croit à son moi, et l'on ne songerait nullement à prendre la mesure de sa destinée et de l'homme du côté d'une dépendance aussi étroite avec l'imprévisible. L'homme — ou la femme — modèles, sont avant tout ceux qui se sont affranchi de toute dépendance. De ce côté est la dignité de l'homme : l'affranchissement. De quoi ? Le sait-on vraiment ? Obtenu à quel prix ? Le sait-on encore ? Mais on pressent que l'enfant est un maître, en effet, dont il vaut mieux se garder.

Il faut le drame, l'enfant enlevé par des criminels, pour qu'on n'hésite pas à mettre en balance une tranquillité, une fortune, et que l'on soit prêt à payer tous les prix, soudain, pour le retrouver. Ou la maladie. Mais dans l'ordinaire de la vie, qu'aurait à faire l'enfant dans l'univers clos, sinon à taire sa voix singulière. Un monde sans enfants ? Est-il si nécessaire de l'imaginer ? On l'aperçoit en filigrane dans celui construit de la main appliquée des adultes sérieux. Ce refus n'est en fait que le résultat de la peur. Peur sordide que la quiétude de son propre univers ne soit altérée, mais parfois, peur plus profonde aussi, de jeter dans un monde que l'on juge si amer, des êtres innocents dont on ne peut savoir quel sera le sort.

« Si je n'avais pas la foi, je n'aurais pas eu d'enfants » me disait Marie-Madeleine Martinie, qui en a cinq. Elle parlait de la foi religieuse. Mais il faut en effet une foi considérable en la vie, pour courir cette aventure comme la plus prodigieuse de toutes, au-delà des risques qu'elle comporte. Il faut oser penser qu'en offrant l'existence à un enfant, on lui fait le don par excellence, et qui surpasse tous les autres. Et croire — quelles que puissent être pour lui les traverses de la vie — qu'on lui ouvre de toute manière une voie royale, pour le lancer dans une aventure dont nous savons bien qu'elle est loin d'être toujours glorieuse. Sinon, en effet, il y a de quoi prendre peur, non seulement de mettre six enfants au monde, mais même deux. Et même un.

Les Albigeois dont la doctrine considérait que ce monde est l'enfer, renonçaient à y enfanter. Logiques, ils ne proscrivaient pas seulement l'enfant, mais l'acte même de procréer et le couple. Ils rêvaient d'un univers de célibataires qui éteindraient courageusement cette humanité condamnée à une condition infernale. C'est l'enfant qui fait en effet la preuve de la foi que nous avons en la vie. L'espace qu'on lui ouvre est à la dimension de celui qui est ouvert en nous à l'amour. Une génération qui, simultanément proclame très haut sa supériorité sur toutes les autres, et sa peur de vivre en refusant de communiquer la vie, est en plein paradoxe. Sa peur de l'enfant n'est en fait que la peur d'elle-même, et de ce à quoi elle a réduit le monde.

Certes, tous n'ont pas la monstrueuse audace d'un Staline ou d'un Hitler quand ils prétendaient éteindre une race ou une classe et s'en prenaient aux enfants. Ils n'ont pas de fours crématoires tout prêts pour y brûler vive l'innocence. Le rictus des dictateurs signait leurs œuvres : stériles eux-mêmes, ils n'engendraient que la stérilité. Ces enfants juifs qui montent dans les trains glacés faits pour les bestiaux, tenant dans leurs bras leurs derniers jouets, ces petits visages apeurés qui se pressent derrière les barreaux et dont les yeux appellent désespérément un secours impossible, nous les regarderons jusqu'à la fin des temps, pour nous souvenir que le monde le plus évolué peut entrer en folie, à toutes les heures de son histoire. Et on le reconnait à ce signe : il refuse l'enfance. Hitler, de sinistre mémoire, ou bien Hérode qui fait massacrer ceux qu'on appelle encore les saints Innocents, parce que Noël, déjà, menace la puissance égoïste, ce sont là des crimes trop sinistres pour qu'on les ignore ou les oublie.

Mais le massacre des enfants se perpétue à travers les temps sous des formes nouvelles qui n'effraient pas autant la conscience endormie. Mozart qu'on assassine, ce n'est pas seulement le four crématoire, mais ce bel égoïsme privé qui se réclame d'idéologies rationnelles, se prend pour la lumière du monde, et réprime l'enfance sous dehors quelquefois de la servir. Partout où une naissance est sacrifiée à une idée, à une ambition si noble soit-elle, à une passion, partout on voit le monde avorter de son âme. Partout, se dessine l'univers privé de son enfance, le monde des sourds, le monde des durs, le monde sans âme. Ce n'est pas le fait du hasard si notre époque qui voit l'avortement s'établir en loi, c'est-à-dire en maître plus puissant que l'enfant, est aussi celle d'une crise de la paternité. Le meurtre du père et celui de l'enfant se tiennent nécessairement par la main : refuser d'engendrer et refuser d'être engendré procède de la même négation de la vie.

Une génération sans pères ni fils, une génération spontanée, et qui se suffise à elle-même, tel pourrait être l'idéal de beaucoup d'hommes et de femmes de notre siècle. Ils y ajoutent le rêve faustien d'une jeunesse éternelle, et des avantages qu'elle comporte. Mais parce qu'il ne s'agit que d'un rêve dont on se demande s'il n'est pas plus stupide que fou — « la plupart des folies ne sont que des bêtises » écrivait Max Jacob —, parce que ni la jeunesse ni l'hédonisme ne sauraient se révéler un absolu, pour cette génération non plus que pour aucune autre, elle découvre soudain son visage dans les mêmes traits altérés qui lui faisaient horreur dans la génération précédente, et elle étend bientôt son règne de mort à elle-même. Au meurtre du père et à celui du fils, elle ajoute le meurtre de soi. Génération suicidaire de ce qu'elle refuse l'engendrement, c'est-à-dire la vie dans son mystère ; de ce qu'elle ignore le visage infini de l'enfance en qui la vie a déposé son secret.

Chapitre III

Naître au monde

« Un garçon ! C'est un garçon ! »

Le joyeux cri de la sage-femme est monté dans la salle d'accouchement : premier salut de l'espèce humaine à l'apparition du nouveau-né encore dégoulinant de liquide amniotique et de sang. La mère sourit, se détend. Le père aussi se détend et serre un peu plus fort la main de sa femme, qu'il n'a pas quittée depuis quatre heures que dure l'éprouvante opération de l'enfantement. Le garçon est là ; il respire : neuf mois d'une attente à la fois inquiète et heureuse prennent fin d'un coup. Avidement, les yeux se fixent sur le visage neuf que nous sommes les premiers à regarder, sur cette vie qui à l'instant fait son entrée dans le monde, qui sait pour quelle aventure ? Juste avant qu'on ne l'ait classé parmi des milliards : l'être dans sa nouveauté, la vie dans son dépouillement, sa nudité, sa transparence. Le « petit d'homme » et « de femme » a poussé son premier vagissement, et nous voici embarqués avec lui dans le mystère d'une existence inédite.

Trois fois, déjà, j'ai vécu avec mon épouse ces instants saisissants, et la troisième fois, le cri de la sage-femme : « C'est une fille ! » — n'était pas moins joyeux. Je n'oublie pas, non plus, ces moments douloureux où ce n'est pas la vie mais la mort, hélas, qu'il fallait extirper du ventre maternel, dans cette même maternité. Peut-être un autre fils ; ou une autre fille ; un visage à jamais inconnu, et auquel va quelquefois notre pensée, comme à celui qui pourrait être aussi notre joie et qui fut notre peine. Dans la chambre où ma femme était revenue seule, cette fois, nous nous regardions en silence, étonnés. La vie venait de faillir à son œuvre, et peut-être fallait-il nous en féliciter aussi, disait le médecin : la nature élimine parfois d'elle-même ce qui n'est pas fait pour vivre. Aucun automatisme mécanique dans ce rite de la procréation humaine, mais le mystère et les aléas de la germination. Nous étions pourtant tout penauds, et plus conscients du privilège de cette double joie qui nous avait déjà visités. Et quelques mois plus tard, comme pour effacer l'incident malheureux : une troisième naissance, la fille, si bienvenue après ses deux frères. Mais un autre garçon n'eût pas été moins bien reçu.

L'heure est d'une telle dimension, où l'on voit apparaître le haut d'un crâne, la tête aux yeux clos, puis ces bras et ces mains si menus et déjà si parfaitement façonnés, ce corps tout entier qui surgit dans l'univers —, l'instant est si puissant que je sais bien n'en avoir jamais vécu d'une telle intensité, à aucun autre moment de l'existence. Joie et angoisse sont indissolublement mêlées, comme toujours dans le creuset de la vie réelle. L'une ou l'autre peut l'emporter, jusqu'au moment où c'est la joie qui déferle et emporte tout, y compris le souvenir de l'angoisse. Et quelle soudure, tout à coup, entre l'homme et la femme qui partagent ensemble ces instants inouïs. Il me semble avoir découvert alors en mon épouse, quelqu'un que je ne connaissais pas encore, que l'homme seul ne peut connaître : un être à qui est confié le pouvoir de créer, et qui offre la vie au monde.

La femme est alors autrement souveraine que tout ce que l'orgueil de l'homme peut imaginer pour se constituer une dignité d'emprunt. Dans la douleur même, elle est au-dessus de la douleur : la vie réalise en elle une de ces opérations singulières qui renouvellent la face du monde. L'enfantement, qui participe de la création originelle, en conserve la grandeur inédite. Instant absolu, qui déchire le temps, et l'on n'a plus jamais envie que le temps se referme sur lui. Dante dit de Béatrice : « Elle regardait en haut, et moi je regardais en elle. » La femme est porteuse de la transparence initiale, justement en ce qu'elle est source d'enfantement, et non close sur soi ; être qui reçoit et qui donne.

C'est pourquoi les temps présents visent à détruire en elle cette germination, à prostituer les femmes à la stérilité de l'esprit adulte en répudiant les deux visages de sa souveraineté : celui de la vierge et celui de la mère. Séparées de l'enfantement, où elles se revêtent d'une divine puissance, elles ne sont plus que la litière de l'homme et lui ressemblent dans sa misère. Je n'oublierai jamais la minute — chacune de ces minutes — où Thomas, Matthieu, Marie, ont vu le jour. Je n'oublierai jamais leur mère, à cette minute.

La dignité que la femme revêt, alors qu'elle livre ainsi le fruit de leur amour, l'homme n'y atteindra jamais. Il ne peut que la contempler en elle. Elle possède le secret du monde, ou du moins, en est possédée. Il a mûri dans son sein comme la création de l'univers dans le silence insondable de Dieu. Chaque fois, j'ai éprouvé justement ce sentiment saisissant de revivre la naissance du monde.

J'assistais au surgissement du visage humain, image et ressemblance de l'Autre Visage qui préside à toute naissance. Il m'a semblé qu'en un instant se déchirait le songe et le mensonge qui enveloppe si souvent l'histoire, et que cette minute d'une vérité absolue touchait d'un coup aux fondements de la réalité. La joie qui monte alors du profond de vous-même est une joie sacrée, qui n'a rien de comparable à aucune autre, parce qu'ici la dignité humaine est sans masque et sans ornement. Elle participe de la seule beauté divine. Mais dans cette nudité de l'enfant, l'homme lui-même est mis à nu.

« Un garçon ! C'est un garçon ! »

Ce pouvait être une fille. Ce pouvait être un monstre. Ce pouvait être n'importe qui et n'importe quoi d'autre, et d'un coup ce n'est plus que lui. Déjà le père, déjà la mère l'ont reconnu entre tous. Un garçon est né dans la salle voisine — et dans la difficulté ; un autre au début de la nuit ; et dans le couloir, une jeune femme se présente encore : la maternité n'a pas un instant de répit cette nuit-là. Or lui, déjà, est unique. Seul à être qui il est : ce miracle que la foi savait avant que la biologie ne le découvre aussi, qu'aucun être, dans toute l'histoire humaine n'est identique à l'autre, les parents, d'emblée, l'ont toujours deviné.

« Dieu ne sait compter que jusqu'à un », dit Frossard avec humour. Les parents aussi. Être irremplaçable, mais pour ceux-là seuls qui le verront dans sa réalité singulière, comme le père et la mère l'ont regardé ; qui ne le réduiront jamais à un autre que lui, pour les besoins du social et ses exigences déformantes. Il leur est donné, livré, offert totalement, dans un acte de confiance inouïe en leur pouvoir de le recevoir. C'est lui, entre tant d'autres qui ne pourront jamais leur tenir lieu de cet enfant unique.

La naissance, comme la mort, restitue l'évidence qu'on ne saurait confondre personne avec personne, sinon dans l'univers aveugle et sourd qui a perdu les clefs de l'amour, et partant, de la nouveauté de chaque visage. Nul pour tenir notre place au moment de mourir, mais nul, déjà, au moment de naître. Pourquoi l'oublier à d'autres heures de l'existence, non moins uniques, pourtant, derrière une apparente banalité, que celle-ci dans sa fraîcheur initiale ? Pourquoi trahir son identité entre l'instant de naître et celui de mourir, dans une complaisance à l'anonyme et au nombre ?

La foule est loin dans cet instant où l'enfant vient au monde, comme sont loin les uniformes dont elle revêtira si tôt le nouveau-né ! Fils du prince ou d'un inconnu, il est aussi nu : instant privilégié où l'homme contemple sa propre vérité en ce dépouillement. La porte s'entrebâille sur une réalité plus simple et plus fondamentale, que nous ne faisons d'ordinaire qu'apercevoir.

Nous avons tous dans les yeux de ces images de cinéma — ou d'actualité, hélas — d'une foule saisie par la panique. Au milieu, une mère, son bébé dans les bras. Il ne sait rien du drame qui l'entoure, tout entier confié à elle : elle sait pour lui qu'il est en danger. Aussitôt, elle ne pense qu'à le protéger de la bousculade, des coups et des piétinements, de la mort. L'enfant démuni entre nos mains, nous réapprend combien toute humanité reste vulnérable, quand même les apparences prétendraient le contraire. Vulnérable comme l'enfant.

Mais le nouveau-né parti pour sa première toilette dans les bras de l'infirmière revient, un instant plus tard, dans sa première brassière. Le visage rond et lisse ; les paumes serrées sur des doigts miniatures, admirablement ciselés, il dort. Les parents le regardent et se regardent, tour à tour, dans l'étonnement sans borne de qui se sent pris dans un événement plus grand que lui, et dont il n'est pas seulement le témoin mais l'artisan.

Tout commence en effet avec deux êtres qui s'aiment. Mais ils ne savent pas, dans cet instant où ils s'embrasent l'un à l'autre, que leur acte d'amour, ce soir, est aussi un acte créateur. Pourquoi ce soir plutôt qu'hier ou n'importe quel autre lendemain ? Tout commence sur un mystère. Quand on se remémore l'intimité joyeuse et profonde, l'instant nuptial qui prélude à toute naissance, on ne voit en effet qu'un homme et une femme si exclusivement occupés l'un de l'autre qu'ils paraissent avoir posé entre eux et le monde un écran infranchissable. Aucune différence, à première vue, entre l'étreinte stérile et celle d'où naîtra une nouvelle vie. La passion, ce soir-là, comme la veille ou le lendemain, confond deux êtres en leurs racines charnelles, et pourtant, ce soir-là, leur unité n'est pas la même : il se passe en eux quelque chose de plus qu'eux, et l'univers auquel ils semblaient avoir donné congé fait irruption dans leur étreinte sans qu'ils puissent encore s'en douter. Mais l'univers, lui, le sait,et revit en eux son propre fondement. Une vie neuve, c'est-à-dire un monde neuf, se préparent dans le secret de leur intimité, et ils ne sont plus seuls, comme si quelqu'un veillait sur leur passion afin de lui conférer une dimension immortelle.

Je ne parle pas pour le couple éphémère et la rencontre

fortuite de deux corps, mais pour celui, évidemment, dont l'amour a relevé le défi du temps. Il ne lui suffit pas de vivre une existence faite d'instants sans lendemain. Avec l'amour, il a misé sur l'éternel, et c'est lui qu'il étreint aussi ce soir dans le corps et le cœur de l'autre. Et c'est l'éternel qui va signer de sa signature indélébile. L'éternel à visage humain. Certes, ils s'appartiennent jusqu'au bout d'un temps dont ils ne voient pas le bout, et par là déjà, ils ont vaincu l'emprise des jours. Cette minute d'intimité se suffit à soi : elle contient leur liberté infinie. Et c'est justement dans la liberté que s'accomplit la première naissance de l'enfant qui verra le jour seulement dans quelques mois. Il est né ce soir, lui qui n'a pas encore de visage ; il commence sa vie dans cet acte d'amour.

Mais l'enfant fortuit d'une étreinte fortuite, qui prend tout à coup un prolongement dont elle ne voulait pas ? L'enfant qui éternise ce qui, apparemment, ne souhaitait pas l'être ? Faut-il revenir alors sur l'irréversible ? Certes, la liberté a pouvoir de ramener un acte d'amour à un acte sans amour. Mais à quel prix ? En faisant porter à l'enfant l'impuissance ou le refus d'aimer de ses aînés ? Oui, répond aussitôt l'égoïsme. A moins que l'adulte ne reçoive soudain de lui cet amour insoupçonné, qu'il n'avait pas encore au cœur ? L'enfant n'est-il pas comme une provocation à trouver dans ce qui n'était qu'un geste vain, une éternité inattendue ?

Les familles — et la société — obligeaient autrefois deux jeunes gens dont les relations passionnées avaient produit leur fruit naturel, à se marier dans les plus brefs délais. On consacrait en union indissoluble l'union d'un soir, parce que l'enfant l'avait déjà sacralisée à sa manière. Démarche significative d'une société où l'on inclinait l'éphémère devant le durable, la personne devant le mystère qui l'embrasse et la dépasse. L'enfant devient alors plus grand que les manifestations d'une ferveur passagère. C'est à lui qu'il était confié d'en appeler ses géniteurs à retrouver un sens à ce qui, apparemment n'en avait plus. Mais on peut aussi, et il est convenu de s'y résoudre aujourd'hui, supprimer l'enfant. Comme si l'amour n'avait été que jeu imaginaire.

Or n'est-il pas de la nature de la naissance de dérouter nos prévisions ? Non seulement son heure, mais l'être qu'elle livre à la vie sont inconnus. Qu'est-ce qu'une naissance sans surprise ? Où est passé l'enjeu de vivre qui est irruption du mystère dans le quotidien ? Le couple humain, s'il le veut, est clos sur l'univers à deux. L'ouvre, seulement, l'aventure de l'enfant. Quand un couple stérile découvre que son amour refuse d'engendrer, et un autre qu'il n'a pas choisi le meilleur moment pour le faire, il apprend qu'il n'est pas maître de l'amour.

Ainsi, nous aurions certes préféré que notre premier enfant mette quelques mois de plus à naître. A peine étions-nous mariés qu'il s'annonçait, et l'événement nous parut prématuré. Notre couple n'avait guère eu le loisir de donner son temps à la découverte réciproque. Nous terminions notre lune de miel sur les rivages martiniquais, et que demander alors, sinon de prolonger longtemps ce tête-à-tête ? N'était-ce pas une intrusion, déjà, dans un univers qui semblait se suffire à soi ? Quel besoin d'un tiers, dans un couple qui paraît tout se donner ?

J'ai le souvenir de l'incertitude et du regret qui s'interposa soudain au beau milieu de notre bonheur. Si les signes se confirmaient, dans neuf mois nous ne serions plus seuls, et déjà il fallait penser comme si nous ne l'étions plus. La dernière semaine de notre séjour fut faite d'interrogations pas toujours sereines. Dans ces petits restaurants aux nappes et aux rideaux de madras qui bordent les plages, tandis que nous déjeunions en tête à tête en contemplant le large, celui de l'océan somptueux et celui de notre toute neuve destinée à deux, nous nous étonnions que notre histoire nous emporte ainsi au-delà de nous-mêmes. Qu'elle soit faite à la fois de nous et de plus que nous, au point qu'il y survenait trop d'événements dont nous n'étions pas les seuls maîtres.

Certes, la canicule, tempérée toujours par cette brise légère qui est celle des « îles sous le vent », rendait toutes choses plus faciles. Et aussi la fête perpétuelle de ce pays rutilant de couleurs, si chantant que la démarche des autochtones est déjà une danse. Chaque jour nous ouvrait encore à une connaissance joyeuse l'un de l'autre, dans le sentiment que nous n'aurions jamais fini de nous découvrir. Nous avions l'éternité devant nous pour aller plus avant dans l'imprévisible dialogue qui commençait et que nul ne pourrait plus interrompre. La bénédiction du prêtre, dans le petit village et l'humble église que nous avions choisis pour échapper aux mondanités d'usage, ouvrait en effet une avenue sans fin devant l'amour. Elle était celle de Dieu même, et mystérieusement, nous l'éprouvions. Nous n'étions plus le couple « fiancé » des mois précédents : la bénédiction qui sacralise l'amour n'est pas une formalité superflue dont on pourrait se dispenser sans dommage.

Il y a toujours, dans une passion amoureuse, une espèce d'inquiétude du lendemain, comme si le hasard qui nous a réunis pouvait aussi nous séparer. L'union dite « libre », mise sur cette éventuelle rupture, mais le mariage n'est pas une union libre qui ne ferait que se prolonger, la même, après que l'on ait rempli quelques formalités convenues. D'un coup, l'optique change, qui ne mise plus sur l'éventuelle rupture, mais ce qui est en mesure de résister à toute rupture. Dans la passion elle-même, la perspective est renouvelée. Elle est plus assurée de soi, plus confiante en sa plénitude. C'est un autre amour, inconnu, qui se révèle lorsque deux destinées s'engagent pour l'éternité à n'en faire qu'une. L'éternité s'engage avec elles, et transfigure en quelque sorte la superbe folie de cette promesse. Or nous en étions aux premiers pas de cette révélation. L'enfant qui s'annonçait si tôt n'allait-il pas nous détourner de la seule occupation de nous-mêmes, sur des questions tellement plus ennuyeuses ?

Il n'était pas exclu, certes, de notre avenir plus lointain, et faisait partie du projet de nos lendemains heureux. Mais lui s'imposait déjà, suivant une nécessité étrangère à nos vœux immédiats. Allait-on le recevoir sans bonheur ? C'eût été possible. Aussitôt pourtant que l'interrogation se transforma en certitude, nous avions oublié nos hésitations. La même joie offerte à l'instant où se liaient nos destins dans la petite église, et que nous avions cru menacée par l'enfant inattendu, revint d'un coup. Cet accomplissement à deux, où notre liberté a le sentiment de rencontrer le champ véritable de la destinée, se déploie plus loin encore. L'avenir répond, et le sort que l'on a choisi vous choisit à son tour. Non seulement aucun bonheur n'est ôté, mais l'enfant devient le sceau même du bonheur.

Une chanson de Claude Nougaro exprime en quelques mots la nature de l'émerveillement que l'on éprouve devant la femme qui porte votre enfant : « Ce temps où tu étais nous trois », dit-il. Admirable image de ce que réalise la vie dans le secret de la maternité. Durant quelques mois, en effet, s'opère la rencontre la plus profonde qui soit, de trois êtres qui, sans perdre leur identité personnelle, se retrouvent en un seul des trois. Le mystère les unit. Ce que nous savons de l'événement qui se prépare est peu en regard de ce que nous en ignorons : c'est l'énigme que la future mère porte en elle. L'interrogation ne se borne pas à demander : sera-ce une fille ou un garçon, mais elle envisage tous les possibles. Et si l'être auquel nous allons offrir la vie nous reprochait par exemple de l'avoir fait? Penchés ensemble sur ce mystère qui commence, il est impossible de ne pas renouer avec les questions fondamentales de l'existence. La nôtre, d'abord. L'enfant impose de se déterminer face au fondamental, lui qui est fondement.

Et donc face au quotidien. Nous n'avions pas encore installé notre maison pour deux qu'il fallait la penser pour trois. Nos revenus n'étaient pas si importants alors que nous puissions nous dispenser de poser les questions épineuses qui se présentent en de telles circonstances, sachant ne pouvoir compter que sur nous-mêmes pour les résoudre. Tout prendre sur soi, mais le faire dans la joie d'une immense attente, est cependant une expérience irremplaçable dans la vie d'un foyer.

Certes, nous allions traverser des heures difficiles parfois, où l'on apprend à tout économiser, sauf soi-même, où l'on sait bien que demain sera fait de cela seul qu'on aura su et voulu y mettre. Pour quelqu'un au regard de qui les préoccupations proprement matérielles avaient toujours été secondaires — et le restent —, pour qui l'argent, n'a jamais eu de prestige particulier, il était rude de devoir les faire passer au premier plan.

Mais dans cette difficulté que nous étions deux à partager, quelqu'un, pourtant, fit chaque jour pencher la vie du côté le plus violent de l'espérance. Quelqu'un nous était offert pour nous inviter à avancer quand même sans hésiter : cet enfant que nous portions ensemble. Lui, désarmé, devint le lieu de notre force. Le voir naître, progresser d'un mot nouveau, d'un pas plus hardi, réduit à ce qu'elles sont — des embarras secondaires — toutes les difficultés. Ce n'est pas elles qui pourraient mettre en balance la joie de son premier sourire, de son premier mot, de son premier pas. Et l'absolue confiance qu'il vous fait quand il vous tend les bras, vous rend chaque jour confiance en vous-même, qui êtes sa confiance à lui.

Est-il rien de plus étonnant alors qu'un couple rétréci à soi, qui affirme : « Nous aurons un enfant quand nous en aurons les moyens ; nous n'avons pas les moyens d'en avoir un deuxième, un troisième, etc. ? » L'enfant n'est-il pas l'élan même qui pousse à inventer tous les moyens, et ne vaut-il pas plusieurs de ceux sans lesquels la société contemporaine estime ne pouvoir atteindre au bonheur ? Je m'étonnais devant un jeune père de famille — il a vingt ans, et son premier enfant dix mois — qu'il n'aie pas encore d'automobile, alors que la petite ville où il habite est éloignée des grands centres. Mais d'un mot il rétablit l'ordre des choses : « Nous n'avons pas les moyens d'avoir un enfant et une voiture. Bien sûr, nous avons préféré l'enfant. » Et il n'est pas que l'automobile à quoi on peut être amené à le préférer, mais sa tranquillité, une part de son indépendance, etc. toutes choses, cependant, qui ne le valent jamais lui-même. C'est entre une vie et une autre que l'on choisit. « La vie n'est plus la même », disait une mère, quelques mois après la naissance de son premier enfant. Oui, une autre vie, où l'être l'emporte sur les considérations relevant de l'avoir. Et en fait, nous en libère.

Qu'un enfant fragile, et démuni plus que personne, devienne le foyer de votre préoccupation, alors, en effet, il vous tient lieu de ce qui pourrait manquer par ailleurs. Mais rien au monde, ne vous tiendrait lieu de lui. Il suffit d'être menacé de le perdre pour le comprendre. Après que notre fille nous ait fait trembler jusque-là, nous avions le sentiment de revenir du bout du monde, et que rien ni personne n'avait autant de prix. Vous êtes prêt à tout lui sacrifier, mais dans un élan qui invite à ne ressentir aucun de ces sacrifices comme tels. Celui qui ne replace pas l'enfant au milieu de ses luttes comme un point de repère supérieur à elles, afin de poser les yeux plus haut, où est sa raison d'être ?

La maternité, déjà, apprend à la mère, que les douleurs de l'enfantement ne sont rien auprès de la vie qui jaillit. Elle lui révèle aussi, qu'aucune autre difficulté n'est en mesure de l'intimider. Le plus déshérité des hommes est encore invité à participer à la création de l'enfant, à la création d'un autre homme. Privé de cette collaboration fondamentale à la vie du monde, il est alors privé, en effet, de l'essentiel qui éclaire l'accidentel. Il n'est pas une œuvre d'art, un chef-d'œuvre humain, une entreprise héroïque, qui atteigne en perfection une telle œuvre. N'importe si l'enfant n'est pas exactement celui qu'on attendait plus ou moins obscurément : il vous lie toujours à ce qu'est la vie en son mystère. N'est-ce pas ce moment où s'enfante l'homme qui révèle le mieux qui est l'homme ? Devenir père et mère, replace au centre ce qui est au centre ; à la périphérie ce qui n'est qu'accessoire.

Si nous assistons dans nos sociétés à une crise de la maternité et de la paternité, celle-ci trahit d'abord une impuissance des adultes à assumer leur propre condition humaine. Paternité et maternité appellent chaque homme et chaque femme à répondre devant lui-même ce qu'il en est pour lui de la réalité. Rien de ce que l'on peut acquérir par ailleurs de science ou de fortune ne dispense de répondre à une interrogation si profonde. Alors, vous n'êtes plus responsable seulement de la connaissance ou du bonheur, mais de l'homme. L'enfant est un révélateur. Une société insouciante rêve de le confier à des assureurs contre tous risques, à des administrations anonymes. Et cette existence garantie cent pour cent sans dangers et sans surprises, n'a plus les moyens, en effet, d'accueillir l'enfant et son risque.

Que dans cette conversion radicale à laquelle invite l'enfant, entre une part de renoncement, certes. L'engagement qui lie à un être et vous rend comptable de ce qui lui arrive, le meilleur et le pire ; cet empire que vous accordez à la vie d'un autre sur la vôtre, quand vous le voudrez et ne le voudrez pas ; cette accession à une responsabilité dont on ne se démet plus, est certes redoutable. Comment ne tremblerait-on pas, quelquefois, devant ce qu'elle implique. A cela, il n'y a aucune honte. La joie d'être père et mère ne dispense pas des angoisses de l'être. Parce qu'en effet, paternité et maternité ne lient pas à un enfant pour la seule joie d'une affection passagère, mais pour une existence entière. La mort même ne vous en déliera pas. Un enfant qui meurt fait partie de votre vie : les parents qu'un tel malheur a frappés en témoignent. Et c'est pourquoi ceux-là seuls qui lui ont offerts la vie sont capables de regarder l'enfant avec un véritable désintéressement. Ce don implique tous les autres, sans retour ni contrepartie. L'enfant leur est confié, non pour eux-mêmes mais pour lui.

Les moralistes jaloux qui stigmatisent certains abus, certains débordements de la maternité ou de la paternité, choisissent sciemment des exemples particuliers, et tentent de faire oublier les millions de mères et de pères qui n'ont à recevoir ni conseils ni exemples de personne parce qu'ils ont tout donné à leurs enfants, et plus que quiconque leur donnera jamais. S'il est vrai qu'il est des parents abusifs, il n'est pas moins vrai que certains qui s'en plaignent ne songent fréquemment qu'à abuser eux-mêmes d'un enfant.

Le plus souvent, paternité et maternité n'apprennent pas seulement à donner la vie mais à tout donner avec elle, c'est-à-dire soi-même, son temps, sa propre vie. A donner plus qu'à prendre : on ne rend qu'à un fils ce qu'on doit à un père. D'entrée de jeu, la paternité est l'épreuve du don : si l'on peut choisir et décider d'être père, on ne choisit pas l'enfant. De même que nous sommes donnés à nous-mêmes sans avoir voulu qui nous sommes, de même l'enfant nous est livré tel qu'il est. Parler de la paternité et de la maternité, ce n'est jamais parler de l'enfant en général mais toujours d'un enfant dans sa réalité singulière. Que sa frimousse vous convienne ou non, que son caractère s'accorde ou non avec le vôtre, qu'il partage ou ne partage pas vos convictions religieuses, politiques, etc., il est votre fils, elle est votre fille, qui vous apprennent que paternité et maternité sont un engagement sans garde-fou dans la liberté. Encore une fois, l'enfant joue le rôle d'un révélateur sur la vérité de notre condition, dans la seule mesure où nous l'accueillons dans toute sa réalité. Il n'établit ou ne rétablit le lien profond avec le visible et l'invisible, que s'il représente un retour du vrai contre l'arbitraire et la fantaisie de l'adulte.

L'écologie parle volontiers à ceux qui l'ont quittée, du retour à la nature. Mais la meilleure preuve de la volonté profonde de ce retour tient dans le retour à l'enfant. Sinon, il ne s'agit que d'une fuite nouvelle devant le réel, à mettre au compte du citadin déraciné. On s'installe dans un coin de bois ou de pré, mais on ne s'installe pas dans ses enfants pour y trouver le repos. Nous pouvons nous gorger d'illusions à propos de nous-même, il nous est difficile de confondre longtemps un enfant avec nos illusions.

Miroir de l'enfance ! L'homme n'est jamais plus près de se connaître qu'au moment de se reconnaître dans un enfant ; lorsqu'il plonge le regard dans cette eau limpide. Elle lui renvoie une image de lui qui ne le frappe nulle part ailleurs avec une telle intensité. Devant l'enfant, l'homme cesse un instant d'être le matamore avantageux qui édicte sa loi à l'univers, pour revenir à une humilité qui le rend à sa propre évidence. Devant l'enfant, l'homme a l'occasion de reconnaître qu'il n'est jamais lui-même qu'un enfant. Et quand même ce dépouillement ne dure pas chez le plus grand nombre, par refus de s'attendrir longtemps, ou par crainte de prendre cette lucidité pour de l'attendrissement, il reste qu'un instant le masque s'est défait, et que le visage nu de l'homme lui est apparu dans une révélation furtive mais inoubliable.

Je serais tenté de dire qu'il ne m'est jamais arrivé, pour ma part, d'autre Événement que la rencontre de l'enfant. Ce qu'il est convenu d'appeler Événement, avec une majuscule arrogante — et qui ne succombe parfois à la tentation des majuscules ? — me paraît le plus souvent relever de l'anecdotique, auquel la vanité humaine tente de conférer une importance. Il était une fois... la découverte de l'Amérique, ou de la lune, ou de l'imprimerie : que sais-je encore ? dans quoi se complait le divertissement irréductible que le temps se charge tout de même de ramener à ses justes proportions. Mais qu'on dise : il était une fois... l'enfant, et voici, en fait, rouvert le mystère irrécusable. Il n'était rien, ni personne, et voici quelqu'un. L'inconnu se fait une place dans l'univers pour y jeter sa désarmante interrogation à propos de lui-même autant que de nous. Un martien ferait son apparition dans notre monde, et d'aucuns seraient plus sensibles peut-être à cette même interrogation, parce qu'ils ne voient plus le mystère quand il est si proche. Et pourtant la question est posée par l'enfant : impossible de répondre qui il sera, et déjà qui il est.

Il était une fois... D'abord on imagine quelque fantasque récit tenant de la chimère. Puis on découvre que la véritable aventure croise votre existence la plus quotidienne, que vous n'avez pas cessé un instant de côtoyer l'extraordinaire depuis que l'enfant est entré dans votre vie. Et au-delà de votre propre enfant, vous vous souvenez que chaque jour, à chaque seconde de l'histoire, ce miracle se prolonge et se renouvelle, d'une naissance, quelque part, qui change le monde. Il était une fois ... l'enfant. Nous voici rendus à l'évidence qu'il y a sans cesse un commencement, dans le plus vieux des mondes et la plus désabusée des existences. N'importe, alors, ceux qui confondent la fin de l'univers avec leur propre fin, qui réduisent la vie à leur propre vie. Une société qui parle de décadence irrémédiable, un individu qui s'adonne à la littérature désespérée, sont les mêmes qui refusent l'enfance. Et comme un démenti à cette suffisance, l'enfant rétablit malgré eux l'imprévisible. Si l'on veut en finir avec la surprise de la vie, c'est lui, certes, qu'il faut supprimer, ou réduire, ou programmer. Mais tant qu'un enfant continue de naître, rien n'est écrit de l'histoire d'une famille, ni de l'histoire des hommes. Est-ce une joie qui vient d'apparaître avec lui ? Un malheur qui ne fait que commencer ? C'est la vie même, dans son ambivalence et son mystère, qui tourne une page inconnue du livre.

Sur cet inconnu, il est vrai que l'imagination travaille ferme, notamment pendant les neuf mois que dure l'attente. Ce cœur que vous entendez battre pour la première fois quand vous collez votre oreille sur le ventre de la mère, cette vie désormais liée à la vôtre et qui mobilise déjà votre attention et votre amour, qui est-elle ? A mesure que les semaines s'écoulent, les questions se multiplient, et la plupart sans réponse. La mère vous réveille au milieu de la nuit : il vient de bouger pour la première fois, de la tirer de son sommeil, et elle en est toute émue. Il se manifeste soudain, il frémit, il se retourne et mène un beau remue-ménage. Vous sentez, à travers la peau, chaque membre qui se précise, et vous touchez tantôt un bras, une jambe, tantôt le crâne qui pousse...

Secrètement ou même ouvertement, vous avez une préférence pour un garçon ou une fille : c'est lui ou c'est celle que vous attendez, mais vous ne saurez ce qu'il en est qu'au terme naturel de l'attente. A quoi bon le savoir avant par un secours artificiel ? N'est-ce pas ruiner une partie du plaisir et de l'émotion où se mêlent si intimement la patience et l'impatience ? Et quand même vous le sauriez plus tôt, quand même vous détermineriez selon votre goût le sexe de l'enfant, ou la couleur de ses yeux, ou sa mensuration, et enfin tout et tout de lui, vous ne seriez pas pour autant fixé sur l'avenir de ce garçon ou de cette fille. Et ni sur le vôtre, par conséquent. Vous ne pourriez indéfiniment programmer toute sa vie, quelque volonté que vous ayez d'abuser d'un pouvoir qui vous est offert à discrétion. Aux plus abusifs des pères et des mères, l'enfant et la vie réservent toujours quelque surprise ; heureusement. Et le lent travail qui se poursuit au sein de la mère, s'il n'échappe pas à tous les contrôles, échappe assez du moins à l'arbitraire des décisions humaines, pour nous inviter à laisser au mystère la part qui lui revient.

N'est-il pas admirablement protégé contre les intrusions, dans ce lieu où débute son existence ? Si nous allons déjà le traquer là avec nos volontés artificielles, il est vrai que nous passons à côté d'une information directe de la vie à notre endroit. Ne nous étonnons plus alors que celle-ci se dessèche comme une mécanique : n'est-ce pas ce à quoi nous avons voulu la réduire ? L'enfant nous offre au contraire l'occasion de renouer avec la part inédite du destin. Quel qu'il soit, c'est à notre amour plus qu'à nos calculs qu'il en appelle, à notre amour qu'il demande de s'élever au-dessus des désappointements possibles, quand ne vient pas tout à fait celui qu'on attendait. Quel qu'il soit, il est d'abord notre enfant.

Certes, la joie d'une attente comblée est fort douce : j'en témoigne. Nous souhaitions d'abord un fils : ce fut Thomas ; un autre fils, et ce fut Matthieu. Que le troisième enfant soit une fille, nous n'osions tout à fait l'espérer, et ce fut pourtant Marie. Mais chaque fois, aussi, nous nous préparions au-delà de nos vœux, à accueillir l'enfant quel qu'il soit, dans sa réalité unique et singulière. Et chaque fois, l'incertitude jusqu'à la minute ultime, cette attente à deux qui institue une intimité irremplaçable, nous ont ouvert à l'ivresse de l'inconnu.

Chapitre IV

Comment on en vient à se reconnaître père

« Mes deux enfants ont été une bénédiction (...) Du jour où ils sont nés, j'ai été le plus heureux des hommes. Quand ils étaient tout petits, je me levais souvent la nuit pour leur donner à manger. Bien mieux, je changeais les couches (...) Après que ma femme m'eut quitté, j'ai gardé les enfants tout seul pour un temps (...) Je les faisais manger, les changeais, lavais le linge, leur racontais des histoires. Impossible d'écrire (...) Le studio où je travaillais avait une immense baie vitrée. Les petits avaient coutume de venir cogner à la fenêtre : " Tu viens ? Tu viens jouer ? ". Ma femme leur interdisait de me déranger dans mon travail. Elle les punissait s'ils le faisaient. Moi, je n'attendais que ces interruptions : " Mais oui, je viens. A quoi voulez-vous jouer ? A la balle ? Ou bien est-ce qu'on va se promener ? " répondais-je. Je crois que ce furent les jours les plus heureux de ma vie... »

De qui, ce texte ? D'un auteur « bien pensant » ? D'un père de famille exemplaire, chantre du couple idéal et de la famille sacro-sainte ? D'un Claudel ou d'un Cesbron ? En un sens, oui, d'un père exemplaire, en ce qu'il exprime simplement la puissance de la paternité quand elle fait irruption dans toute existence, y compris celle qui paraissait la moins disposée à l'accueillir. C'est Henry Miller, dans *Ma vie et moi** qui parle des « jours les plus heureux » de sa vie, quand il évoque ceux qu'il a consacrés en priorité à toute autre occupation, à ses deux jeunes enfants. Il sait de quoi il parle : l'auteur de *Sexus* et autres textes sans détours sur le plaisir a éprouvé des bonheurs de nature bien différente. Une gloire littéraire universelle qui représente pour quelques-uns de ses pairs, et pour beaucoup d'autres, le stade suprême qu'ils rêvent d'atteindre ; une vie sentimentale et sexuelle pleine à ras bord d'aventures sublimes et sordides ; une existence souverainement indépendante et généreusement ouverte à tous les champs du possible. Mais au milieu de son épopée intérieure, quand il cherche la perle rare où son existence atteint le point insurpassable du bonheur, il écrit : « Du jour où ils sont nés, j'ai été le plus heureux des hommes. » Aveu exemplaire parce qu'il émane justement d'un homme qui a toujours préféré « la vie » à ce qui paraît en tenir lieu pour beaucoup d'hommes, qui ne l'a jamais sacrifiée aux honneurs, au social ou au politique, à ce qui peut faire écran à la profondeur de la paternité. Installé dans le règne du vivant et non du mécanique ou du sophistiqué, il est à même de découvrir ce qui va le plus loin dans cet ordre. « Ma femme leur interdisait de me déranger dans mon travail... Et moi je n'attendais que ces interruptions. »

Ce n'est pas le lieu de rassembler un florilège des auteurs et des textes les plus éloquents sur le mystère de la paternité et de la maternité, mais on pourrait s'étonner des noms qui y figurent. Les pages de Céline ne sont pas moins tendres que celles de Camus, lorsqu'ils écrivent l'un et l'autre de l'enfant et de l'enfance. Mais combien d'autres, de Marie Noël à Hemingway, de Bernanos à Alain, de Henri Bosco à André Dhôtel. Pour tout dire, lorsque je ne rencontre pas de telles pages au détour ou au secret d'une œuvre, l'auteur me devient quelque peu suspect. Si n'apparaît nulle part ce lac limpide, même l'œuvre la mieux considérée, se déconsidère en fait elle-même, impuissante

* Henry Miller : *Ma vie et moi,* Stock, p. 85-86.

qu'elle est à saisir le lieu où le vivant délivre son verbe le plus essentiel. Je la soupçonne alors de n'être souvent qu'une parole pour l'effet littéraire ou la volonté de puissance et les auteurs davantage pleins d'eux-mêmes que de la réalité. En revanche, je n'éprouve aucune espèce d'embarras ou de honte à saluer comme du grand art les pages où Victor Hugo chante l'art d'être père — père douloureux et père comblé — et celui d'être grand-père.

« Elle entrait dans ma chambre, un peu, chaque matin.
Je l'attendais ainsi qu'un rayon qu'on espère.
Elle entrait et disait : bonjour, mon petit père... »

L'écrivain monumental ne résiste pas non plus à cette intrusion de la vie et de la grâce dans ses papiers et ses chimères. « Car plus le fleuve est grand et plus il est ému », dirait Vigny, qui le dit à un autre propos. Plus il y a de puissance dans l'écrivain — et dans le père — et plus il exprime puissamment cette limpidité de l'âme à laquelle l'a ouvert l'enfant. Et plus il revient de voyages dans les ténèbres intérieures, plus il est saisi d'émerveillement. Comme Miller, Hugo se fait docile et obéissant à ceux qui le dérangent moins dans son travail qu'ils ne réveillent au profond d'eux-mêmes l'enfant en sommeil. Signe supplémentaire de leur grandeur qui reconnaît en lui le livre de la suprême inspiration. Comme le roi Henri le quatrième, celui de la Poule-au-Pot, dont il est rapporté que ses ministres le trouvaient sous la table, jouant avec ses enfants, à l'heure où le Conseil devait commencer, trouvant sans doute en eux une sagesse au-delà de la sagesse.

Tout pouvoir et toute science en effet se rendent quand ils mesurent devant l'enfant le mystère de l'être humain. Comment s'en détourneraient-ils facilement pour céder aux sollicitations souvent oiseuses des adultes, quand leur regard profond et aigu a saisi ce mystère, que ce mystère, s'est emparé d'eux. On les sent pris jusqu'à la fascination qui fait oublier le reste, par cette résurgence de l'enfance dans leur univers adulte. Et Dieu même leur donne raison.

L'Évangile est d'une éloquence aussi sobre que décisive à cet égard : « A cette heure-là s'approchèrent les disciples de Jésus, disant : " Qui donc est le plus grand dans le Royaume des Cieux ? " Il fit venir un petit enfant, le plaça au milieu d'eux, et dit : " En vérité, je vous le dis, si vous ne redevenez pas comme des petits enfants vous n'entrerez pas dans le Royaume... " » Voilà celui que Dieu désigne comme le plus grand; et celui duquel nous pouvons apprendre notre grandeur.

Il n'est donc pas si étonnant que des êtres de génie, et parfois même d'ambition, s'inclinent devant ce qui est encore plus grand qu'eux-mêmes. Toute la gloire du monde ne vaut pas le sourire de l'un de ces petits à qui vous avez fait du bien. Tous les succès humains, si prestigieux qu'ils soient dans l'instant où ils sont manifestés sur la place publique, ne valent pas la joie de la paternité et de la maternité. Qu'on affirme et qu'on croit le contraire est une des causes du malheur humain. Je l'ai, pour ma part, toujours entendu ainsi, et n'ai jamais sacrifié les heures qui reviennent aux enfants — en fait toutes les heures, et vous leur appartenez le jour comme la nuit —, au plaisir de l'écriture ou de la lecture, de la conversation ou d'une sortie. Un moment auprès d'eux — et Miller ni personne d'attentif n'y résiste — vous restitue la vie légère, de la légèreté de l'aile qui soulève et enlève toute pesanteur.

Il y a par exemple, à l'heure du coucher et de la prière qui le précède, une plongée au cœur de l'infini. Le monde pourrait s'arrêter là. Quand même on ne serait pas disposé soi-même à prier, et quand même ils auraient envie de jouer encore ou de s'endormir au plus vite — oh les drôles d'excuses qu'ils inventent parfois ! —, un peu d'attention et de volonté de part et d'autre, et soudain la communication suprême s'établit avec l'autre face du monde. L'enfant recueilli rassemble l'univers autour de soi, et vous avec lui, pour trouver aussitôt la parole qui va au-delà de la parole. Il n'est guère que le monastère ou l'hôpital où je sois entrée dans une prière aussi nue que celle qui vient quand on prie avec les enfants. Ils vous établissent spontanément en ce lieu de l'homme qui sait dire Père avec simplicité et avec amour.

Charles Péguy l'avait bien vu, dans une page du *Mystère des Saints-Innocents* qui résume le propos de ce livre. Il est allé et il est revenu de Chartres, depuis Paris, par la route, et à pied, confier à Notre Dame de Beauce son fils dont les jours étaient en danger. Père saisi d'effroi, mais d'une confiance infinie aussi en la maternité protectrice de Marie, il n'est rien qui ait paru redoutable à son amour paternel. Il se fait enfant lui-même, pour sauver l'enfant ; il se fait pèlerin et s'agenouille sans respect humain, parce qu'il y a plus urgent et qu'il a appris de l'innocence ce qu'elle seule peut nous enseigner. « On envoie les enfants à l'école, dit Dieu. Je pense que c'est pour oublier le peu qu'ils savent. On ferait mieux d'envoyer les parents à l'école. C'est eux qui en ont besoin (...) C'est l'innocence qui est pleine et c'est l'expérience qui est vide. Vide comme une coupe vide et comme un tonneau vide : voilà, dit Dieu, ce que j'en fais de votre expérience (...) Pour moi, dit Dieu, je ne connais rien d'aussi beau dans tout le monde, qu'un gamin d'enfant qui cause avec le Bon Dieu dans le fond d'un jardin (...) Or, je le dis, dit Dieu, je ne connais rien d'aussi beau dans tout le monde, qu'un petit enfant qui s'endort en faisant sa prière (...) et qui fourre les paroles du “ Notre Père ” à tort et à travers pêle-mêle dans les paroles du “ Je vous salue Marie ” pendant qu'un voile descend sur ses paupières (...) Vous autres hommes, dit Dieu, essayez donc seulement de faire un mot d'enfant. Vous savez bien que vous ne pouvez pas (...) Une source a jailli, hommes à table, c'est la source de votre première âme. Vous aussi, vous avez ainsi parlé. Vous étiez d'autres hommes, hommes à table. Vous étiez des enfants comme eux (...) Allez donc à présent faire des mots d'enfant *. »

Péguy touche au cœur de ce mystère. « Un mot d'enfant » n'est jamais seulement un mot. L'adulte apprend à

* Charles Péguy : *Le mystère des Saints-Innocents,* Gallimard, Pléiade, p. 785.

faire mentir la parole, ou simplement à la faire tourner à vide jusqu'à ce qu'elle ne contienne plus que des formules toutes faites pour chaque circonstance : « Bonjour et bonsoir ; il fait beau et il fait mauvais ; les riches sont des salauds et les pauvres la crème des hommes, etc. » Sartre intitulait une de ses dernières publications : *Les Mots*, tandis que les premières lignes de l'Évangile de saint Jean rappellent : « Au commencement était le Verbe. » Quand il ne reste plus que les mots privés du Verbe, ce fond sonore sur lequel se déploie un silence mortel de l'âme, alors l'enfance est loin. Mais qu'elle réapparaisse, et « la vérité sort de la bouche des enfants », dit encore la sagesse universelle, parce que le Verbe et les mots ne font qu'un dans leur bouche.

Un écrivain attentif à l'enfant, et qui l'est aussi, évidemment, à la parole et à l'écriture, en est plus saisi que personne car il sait bien que l'on ne fait pas dire aux mots plus qu'ils ne peuvent ; qu'ils doivent venir de plus loin qu'eux-mêmes pour être messagers de communication. Dans l'inflation de paroles qui caractérise notre temps — parole écrite de millions de livres et de revues, parole parlée des radios et des télévisions indéfiniment sonores — n'est-il pas paradoxal que les doctrines saluées comme les plus éclairées de notre siècle, parlent de la difficulté, voire de l'impossibilité de communiquer ? Aucune communication, en effet, dans la vanité des choses, où l'on ne fait que « meubler le silence », comme on dit. Chacun demeure alors dans sa solitude. « Je m'enveloppe, je me couvre de paroles, pour qu'ils ne trouvent pas le silence où je suis », avouait Marie Noël, à l'heure noire où personne n'écoutait son âme mais seulement les histoires de pluie et de beau temps. Il n'est que d'entendre un mot d'enfant pour reconnaître la parole qui rétablit la communication en vérité, c'est-à-dire avec l'univers et avec soi-même. Car c'est d'abord nous-même que cette parole atteint de front.

Nous ne pouvons faire un mot d'enfant : cette plénitude est au-dessus de notre atteinte et au-dessus de tous les styles, mais il est vrai qu'elle est le style suprême. Ils paraissent chercher leurs mots, mais très vite ils les trouvent, et chaque fois les mots font mouche, jusque dans ces combinaisons insolites où ils les amènent quelquefois à entrer. On se fait la réflexion que ça n'est pas ce qui se dit, et l'on s'apprête à les corriger, quand on réalise soudain qu'au-delà d'une forme maladroite ou surprenante, en fait ils ont vu et ils ont dit juste. Jusque dans certaines incongruités ou inconvenances.

Et c'est au juste qu'il faut aussitôt s'attacher avec eux, ne les reprendre éventuellement sur la forme que pour les inviter à aller plus loin encore dans ce qu'ils ont perçu avec une lucidité mystérieuse. Un mot d'enfant est une mine inépuisable, un aperçu sur des horizons inviolés. C'est le Verbe fait chair, je veux dire l'âme qui parle encore — s'il y a une âme pour l'écouter — lorsqu'elle ne s'est pas revêtue des discours de confection auxquels vont la convier l'âge mûr.

Voyez la douleur des enfants que l'on n'écoute pas, que l'on n'entend pas, ou dont les paroles sont détournées de leur sens profond ; la solitude de ces enfants qui vivent au milieu d'adultes tellement plein d'eux-mêmes qu'ils débitent intarissablement leurs propres paroles pour envahir l'enfant. Alors la parole de l'enfant se replie en lui-même, et c'est tout l'enfant qui se replie avec elle. Il n'aura bientôt plus de ces mots inouïs qui contiennent parfois toute l'intelligence de la vie, ou son interrogation essentielle : ils se mettent à ânonner des vérités qui ne sont pas les leurs, et qui ne sont même pas des vérités.

Penché sur cette source de l'enfant, non comme un spécialiste diplômé autorisé à toutes les suffisances, mais un être attentif à l'être, un père à un fils, l'écrivain, qu'il soit Miller ou Péguy, pourvu qu'il soit un homme, écoute battre le cœur de la parole. Il reconnaît son maître. Leur bouche a la virginité d'Adam et Ève pour nommer les choses de leur nom originel. Et les choses elles-mêmes semblent reconnaître ce nom ; elles s'éclairent, comme lavées de la poussière des siècles après une eau lustrale.

Certes, j'ai toujours appréhendé, pour ma part, ce pouvoir mystérieux de l'enfance de nous régénérer, comme elle le fait en permanence pour le monde. J'ai toujours aimé les enfants avec une sorte de vénération. Frères et sœurs, d'abord ; avec des préférences certes, des affinités plus prononcées pour l'un ou l'autre. Soucieux de ma situation d'aîné, je ne veillais pas seulement sur eux quand on me le demandait, mais spontanément, dans un mouvement heureux pour soutenir leurs premiers pas ou leurs premiers mots chancelants. J'ai le souvenir d'une intimité tout à fait profonde, notamment avec la plus jeune, de dix-sept ans ma cadette. Son innocence éclairait mon regard, dans le temps où l'adolescence est un rude apprentissage de la réalité ; où il faut apprendre à fixer la vie sans répulsion, même si vous y découvrez ce qui vous fait horreur. Sa petite main dans la mienne me disait le véritable amour qui est au fond des choses, sa confiance m'appelait à garder la même confiance en essayant de découvrir ce qui la mérite. Mais, à la vérité, la naissance de votre propre enfant constitue le sommet de cette découverte. Le commencement des « jours les plus heureux de ma vie », comme dit Miller. Une sorte de plénitude réconcilie en nous ces contradictions permanentes qui, à la fois, animent et épuisent l'existence. Elles semblent ici se conjuguer pour soutenir le même élan.

Le fond de détresse universelle sur laquelle se déploie toute destinée, certes, nous n'en avons pas à tout instant une conscience aiguë sinon la vie serait intolérable. Il faudrait céder à l'amour total d'une mère Térésa, ou mourir de désespoir. Mais nous savons pourtant le malheur congénital de notre condition relative, nous le reconnaissons en nous d'une manière qui nous est personnelle, et en chaque être, sous une forme différente certes, mais qui lui est aussi personnelle. « J'ai une épine dans ma chair », dit saint Paul, et chacun a cette épine. C'est pourquoi la rupture de la solidarité humaine avec qui que ce soit, est à la fois une sottise et une cruauté. Car si la détresse touche chacun d'une façon différente, qui ne ressemble pas toujours à celle de son voisin — celui-là perd son fils, cet autre n'a pas de fils... — elle est du moins taillée dans la même déréliction qui tient à la créature que nous sommes. Les printemps et les étés ont beau nous le faire oublier un moment, ils n'en sont quelquefois que plus déchirants dans leur triomphante beauté, insoucieuse de l'épreuve humaine.

Cependant, nous pressentons que nous sommes plus grands que la détresse du monde, que notre âme est faite pour une béatitude infinie qu'elle appelle de tous ses vœux, tantôt aveuglément, tantôt en comprenant mieux dans quelle direction elle doit adresser cet appel. Encore une fois, celui qui, dans son malheur, se désolidarise, l'impute à l'autre, l'accuse et se pose en victime singulière, manque non seulement à la solidarité universelle mais se prive de comprendre sa propre difficulté. Il ajoute à la difficulté de tous sans rien ôter à la sienne. Or l'enfant restaure cette solidarité sur le plus fragile et le plus menacé de nous tous. Du moins offre-t-il mieux qu'aucun autre de le faire, parce qu'il ne vient pas du côté noir de la vie, mais pour le dissiper. Sa faiblesse même est pure. Une société où l'on a oublié cette évidence élémentaire, où l'on considère qu'un enfant contribue au malheur du monde, a perdu le sens de la destinée humaine. Elle cherche à distraire son malheur dans ce qui ne l'en délivrera jamais, et elle méconnaît où se tient la véritable source « des jours les plus heureux de la vie ». Avec l'enfant, non seulement « le pire n'est pas toujours sûr », mais il rouvre au contraire la vie du côté lumineux de l'imprévisible.

L'écrivain, l'artiste, souvent les plus amers devant les tristesses de notre condition, sont aussi les plus prompts à saluer cette lumière lorsqu'elle apparaît dans leur existence. Nous avons relu Miller et Hugo, Péguy, parmi d'autres. Mais un magazine qui demandait récemment à des pères « comment ils ont découvert la paternité », ne proposait pas des confessions moins probantes. Avec un accent différent, ils disent tous comme Rémi, trente ans, père de deux enfants : Antoine, deux ans et demi, et Clémentine, un an et demi : « Lorsque je les regarde jouer ensemble, comme en ce moment, je me rends compte combien ils ont bouleversé notre vie. En fait, je pense tout le temps à eux. Quand nous sommes tous les quatre à la maison ou à la campagne, nous avons toujours un œil sur eux. C'est une préoccupation constante et passionnante. Entre zéro et trois ans, il y a une progression si rapide, si extraordinaire, que ça me réjouit de constater leurs progrès. Toute notre vie est rythmée en fonction d'eux et j'en suis heureux. » N'est-ce pas de n'avoir jamais découvert à qui ou à quoi se donner profondément, qu'une vie, justement, sombre dans le malheur ? Ou dans l'indifférence ?

C'est Noël, trente-trois ans, père d'une petite fille de deux ans, Cécile, et bientôt d'un deuxième enfant, qui avoue simplement : « Je n'avais ni envie de me marier ni envie d'avoir des enfants. Et puis j'ai rencontré Monique, nous avons vécu plusieurs années ensemble et j'ai réalisé que je devais m'engager ou tout “ larguer ”. Cet engagement passait par des enfants. En fait, je considérais les enfants comme un handicap et j'avais peur d'une vie toute routinière, la vie de tout un chacun, celle que je connais aujourd'hui. J'avais décrété que je n'étais pas fait pour cela. Et puis Cécile est née, et à mon grand étonnement, elle m'a intéressé dès la naissance. Pendant la grossesse, déjà, j'avais pris conscience de cette existence mystérieuse et je tentais de comprendre son évolution. Mais la grande découverte, c'est la naissance... » Ces jeunes hommes pressentent qu'un événement radical les a introduits au centre d'une réalité nouvelle. N'existe plus seulement ce qu'on voit et ce qu'on touche, ce qu'on calcule et ce qu'on possède, mais la réalité la plus puissante est celle qui ouvre le regard à la contemplation. Un autre, Alain, trente-deux ans, n'allait-il pas jusqu'à dire, comme la tradition chinoise : « Le bébé n'a pas surgi le jour de sa naissance. Il est entré dans notre vie le jour même de sa conception, et, aujourd'hui, Vivien a pour nous neuf mois plus sept mois, c'est-à-dire seize mois... »

La presse, les télévisions, sont des réservoirs incessants

de nouvelles à sensation et de records battus et à battre encore. Ce pseudo-extraordinaire détourne de l'extraordinaire du quotidien. Il faut l'irruption de l'enfant, pour que certains découvrent que la vie n'est pas là — ou seulement là — mais plus profondément dans l'aventure prodigieuse qui nous fait père et mère, comme elle nous a fait fils, et qui institue la plus réelle des solidarités proposées à l'humanité. C'est en elle que toutes les autres ont un sens. La seule qui dépasse les solidarités particulières, et de quelques-uns contre quelques-uns, pour nous rendre au lien universel.

Quand le prince épouse la bergère, leur enfant est petit-fils de roi et petit-fils de pâtre, mais il est d'abord petit-d'homme en qui se manifeste la condition commune et originelle, où l'homme ne retrouve que l'homme. C'est Rémi, le père d'Antoine et de Clémentine, qui dit simplement cette évidence éprouvée jusque dans sa chair : « J'aime ce contact physique avec mes enfants, et quand Antoine est lové entre mes jambes, je me souviens d'une photo de moi assis de la même façon avec mon père, à Cabourg. J'ai le souvenir d'avoir été très heureux ainsi, bien au chaud, et je n'ose pas déranger mon petit garçon. » L'enfant est le prophète qu'attend le monde des fractures et des ruptures, un lieu de réconciliation et d'unité au sein des grandes et des petites sociétés en déroute, un salut pour l'homme qui a rompu avec tous ses liens et que menace une solitude stérile.

Chapitre V

Un lieu pour l'enfance

Bourg-Saint-Andéol n'est pas exactement un village. Encore moins depuis que les chantiers ou les usines implantées dans le voisinage, à Donzère et à Mondragon, à Marcoule et à Pierrelatte, ont doublé sa population. En vingt-cinq ans, la tranquille cité rhodanienne a presque atteint les dix mille habitants et pour loger la population supplémentaire, des bâtisses anonymes comme on en voit d'exactement semblables partout ailleurs, du Nord au Sud, des immeubles sans caractère mais des villas un peu plus prétentieuses aussi, campent aux portes, comme autrefois les caravanes de romanichels qui inspiraient aux enfants que nous étions, tant de curiosité et d'effroi. Mais ces campements durent davantage : le béton a pris racine mieux que les roulottes, et depuis la plaine, on aperçoit en vérité deux Bourg-Saint-Andéol : le premier serré autour de son église romane, fait de maisons aux pierres chaudes et aux tuiles rondes, d'un rose qui vire au blanc sous le soleil ardent, et le second, l'enserrant de ses blocs aveugles.

Je ne connais en fait que le premier, où mon enfance a ouvert les yeux sur le monde, et je n'éprouve pas la moindre envie de connaître l'autre. Il m'inspire même un certain recul parce qu'il a pris la place de telle maisonnette accueillante où nous allions — ô scandale — manger les melons tout chauds qui venaient d'être cueillis ; de tels chemins creux où nos jeux s'ébattaient en liberté au sortir du village. On y ramassait des mûres et des jujubes en se griffant dans les ronces ou en grimpant aux arbres ; on tentait, en étouffant le bruit de ses pas, de surprendre les cigales dans leur chant pour les enfermer dans les boîtes d'allumettes où elles ne chantaient plus. L'invasion étrangère a d'ailleurs cassé l'ancien Bourg lui-même, envahi de voitures plus que ses rues étroites et ses menues places n'en peuvent accueillir, et qui viennent au ravitaillement quotidien dans des épiceries dont quelques-unes, pourtant, n'ont pas changé devant l'invasion, toujours aussi sombres et fraîches, l'été, et pleines d'odeurs fortes.

Un certain monde s'est défait, comme partout en France, et comme se défera celui qui le remplace aujourd'hui. Non seulement le monde de notre enfance définitivement révolue, mais bien des lieux où nous l'avons vécue ont changé de visage : plus de chevaux, ni de marchés aux bestiaux sur la grand-place du Champ de Mars, qui n'est couverte que de voitures en stationnement, étranglant les arbres qui survivent. Ils étaient les seuls, autrefois, à régner sur elle. En une vie, même courte encore, nous avons eu le temps de voir sombrer avant nous dans l'effacement beaucoup de ce qui faisait la joie de nos premières années. Trop de visages inconnus ont brisé le lieu familier, sa vie passionnée et volontiers secrète. Et pourtant, survivant à tous les changements, il existe, d'une identité irréductible et irremplaçable.

Le Rhône, d'abord, même amoindri, est toujours là — en période de crues, il retrouve durant quelques jours son cours somptueux de jadis —, et les quais devenus autostrades reprennent à certaines heures la tranquillité qui convient aux joueurs de boules, aux mères qui poussent les enfants bruns dans les poussettes, comme on devait faire de nous. Les énormes platanes ont l'air d'ignorer qu'à quelques kilomètres, un canal de navigation a détourné une partie des eaux tumultueuses et imposantes dont nous n'approchions jamais sans émoi. Leurs tourbillons, quand on les contemplait du haut du pont, étaient aussi fascinants que redoutables. Combien d'histoires sinistres couraient à leur sujet, de femmes et d'enfants imprudents engloutis, qu'on ne retrouvait plus, ou très loin, presque à Avignon ou aux Saintes-Maries-de-la-Mer. Sans parler de l'Anglore dont Mistral, le glorieux prix Nobel provençal, conte la triste histoire d'amour en son *Poème du Rhône*, et qui finit ses jours sur le rivage bourguésan, engloutie à la Fontaine de Tourne.

Mais comme les platanes, j'ignore ces changements brutaux, pour regarder seulement ce qui résiste à tant de changement dans la petite ville. Je m'installe comme eux dans les réalités perdurables — il y en a tant, au-delà des apparences — pour considérer d'un œil plus distrait les autres qui s'écoulent ou s'écroulent. Ma propre histoire est née ici, mais pour s'inscrire dans une longue histoire humaine — longue avant, et longue après moi — dont mon enfance m'a livré les visages inoubliables et avec laquelle mon âge adulte n'a jamais rompu. Le lien initial est plus puissant que toutes les altérations apportées par le temps à la petite cité. Il faut offrir ainsi à l'enfance un lieu qui lui soit comme un univers inaltérable. Il faut qu'elle ouvre les yeux sur le mystère du monde dans un espace qui le contienne tout entier. Il faut être de son espace, comme on dit qu'il faut être de son temps.

J'entends des voix irritées objecter : vous parlez comme un privilégié. Vous oubliez les gosses des villes qui n'ont pas un village natal où se ressourcer parce qu'ils grandissent au milieu du béton qui les étiole comme il le fait des maigres espaces verts qu'il n'a pas réussi à éliminer. Mais, outre que je pense au contraire à eux avec une réelle angoisse, en quoi cette objection pourrait-elle infirmer ma certitude qu'un village était et restera toujours — il l'est encore pour des millions d'enfants —, le lieu naturel où s'épanouit le plus profondément une enfance, que toutes les enfances doivent en avoir un niché quelque part dans leur mémoire, et qu'il faudra bien le comprendre un jour, et en tirer les conséquences pratiques qui s'imposent, au-delà d'une simple perspective écologique à la mode, si l'on prétend sauver les hommes — et d'abord les enfants — prisonniers de l'univers concentrationnaire des grandes métropoles. On y vient d'ailleurs, lentement. « Décentraliser » n'a-t-il pas aussi un tel résultat ?

Les enfants qui n'ont pas connu ce village — n'importe lequel — à l'origine de leur existence, je sais bien qu'il leur manque quelque chose d'irremplaçable, et c'est pourquoi je ne me lasserai jamais de me féliciter d'un privilège que je voudrais voir partager par tous les petits d'homme. Et qui peut l'être. Non un village où l'on passe en courant et dont on change chaque année selon le caprice des vacances, mais un village immuable, au long passé, et accroché à lui comme la colline sur laquelle il est bâti est accrochée au monde, pour donner plus de sens et plus de prix au présent et à l'avenir. Il faut y réenraciner les destinées humaines : c'est la tâche la plus urgente de cette fin de siècle.

Ceux qui ont inventé, pour réduire l'humanité contemporaine à l'esclavage économique et idéologique, de la déraciner d'abord de ses lieux familiers, ont certes visé juste. Ils savent bien qu'ils s'en sont pris à son être même : un pays résiste avec vous, et plus que vous, mais le déraciné est offert sans résistance à tous les vents de l'histoire. Le xxe siècle a organisé des déportations si massives d'êtres humains, que les crimes les plus monstrueux du passé ne sont qu'un pâle cauchemar, en regard de ces exodes meurtriers. L'évacuation par les Khmers rouges de la totalité de la population de Pnom Penh, la suppression de l'identité de chacun de ses habitants pour leur imposer une identité nouvelle sans aucun lien avec l'ancienne, et la dispersion systématique des familles, resteront l'une des dates les plus sinistres, dans l'histoire universelle des crimes contre l'humain.

On parle indéfiniment d'immigrations venues de continents ou de nations étrangères, de peuples entiers en exil, mais l'immigration intérieure est la première violence faite à un peuple. Celle qui le conduit par exemple à quitter ses campagnes pour obéir aux lois douteuses du profit. A long terme, qu'y a-t-il gagné, pour lui et pour ses enfants ? De moisir entre quatre murs d'appartement, quatre murs d'usine, avant de le faire entre quatre planches. Au regard de la destinée humaine qu'est-ce que cette existence citadine ? La plupart du temps : un massacre.

Au lieu que sous le même regard — le regard d'au-delà du temps qui pénètre et éclaire le temps — un village propose à l'enfant la véritable mesure du monde et de lui-même. Voyez-le vivre ici son enfance : le monde est infini mais ne l'écrase pas. Il ouvre les yeux sur l'ampleur démesurée de l'univers, mais elle ne le réduit pas au désespoir parce qu'elle ne nie pas son existence personnelle comme la tour de béton qui l'humilie de son indifférence. Il ne croira jamais que l'homme peut faire n'importe quoi de lui-même et du monde, selon ses fantaisies, parce qu'il a appris qu'on ne transgresse pas impunément certaines nécessités immuables. Mais il ne croira jamais non plus qu'on n'y peut rien faire que l'accepter comme il est, parce qu'il a sous les yeux ce que des générations ont accompli sur ce sol auquel elles ont uni leur destin.

Et d'abord la maison. Elle est unique, au milieu de ce troupeau de toits, de ce dédale de rues anciennes dont il connaîtra bientôt chaque détour : elle ne ressemble qu'à elle seule. Quand il apercevait de loin ses hauts pignons, les génoises aux nids d'hirondelles caressées par les branches des cèdres, il reconnaissait et reconnaît encore le lieu profond de sa naissance à toute réalité. Chaque maison, dans un village, a déjà son histoire, qui ne commence pas avec lui. Son père ou sa mère y sont nés. Une vie, plusieurs vies, ont suivi leur cours entre ces murs ; d'autres destinées s'y sont accomplies, qui ont laissé non seulement des souvenirs, mais une trace encore vivante de leur mystère. « Si tu avais connu ton arrière-grand-mère, lui dit cette amie de la maison qui, elle, l'a fréquentée, tu l'aurais beaucoup aimée. Elle avait des yeux d'un bleu transparent, et elle... » Mais il l'aime ! Et tout petit, déjà, il la connaît d'une autre connaissance que celle dont peuvent se réjouir ceux qui l'ont approchée. Elle habite encore cette maison qui fut un moment la sienne : ici, une table de couture qui lui appartenait, rappelle tout à coup qu'elle brodait chaque jour des trousseaux interminables pour sa fille, et là, un portrait montre une toute jeune et jolie jeune femme brune qui ne ressemble pas aux grand-mères que l'enfant rencontre. Les grand-mères ont donc aussi vingt ans ? Et l'on meurt donc aussi à vingt ans, puisque celle-là n'avait guère plus que cet âge lorsqu'elle a quitté pour toujours la maison ?

L'enfant baigne dans ces histoires toutes humaines qui imposent à l'homme un respect de l'homme, suivant des exigences qui ne relèvent pas d'une loi écrite, et ni de la force ou de la mondanité. Cette grand-mère qu'il aime fait partie de sa vie, comme en feront partie tant d'autres êtres qui appartiennent aussi au monde invisible. Ce monde noue avec lui une relation intime et personnelle qui se ressourcera toujours dans cet espace du monde visible où il est né. On lui montre par exemple une photographie parmi d'autres. Il a onze mois : un vieil homme le tient dans ses bras, un peintre, ami de la famille mort quelques mois après que le cliché les ait fixés ensemble. Cet homme venait chaque jour le voir, lui apprend-on ; et l'enfant reconnaît cet après-midi d'un autre été, le jardin, ce rayon de soleil qui éclaire encore le même mur, à la même saison et à la même heure. On lui rapporte les propos de cet homme, empreints de la sagesse souriante — le gai savoir — du pays, et il devient pour toujours un familier. Sa société se compose peu à peu de vivants et de morts, sans rupture entre les uns et les autres, et avec l'harmonie que prennent toujours les révélations profondes. Il regarde d'emblée au-delà du bout de son nez, en même temps qu'il découvre simplement, chaque jour, le jardin aux murs clos, dont le moindre bosquet est un monde. Quand le soir tombe et qu'il faut aller au bout de l'allée, à cinq ans, il y a dans les buissons noirs, derrière les yuccas et les troènes, des présences inconnues et toutes les terreurs du monde pour le préparer à celle qu'il devra affronter plus tard. Et il y va bravement, malgré le cœur qui bat, parce qu'au bout de l'allée il y a la maison familiale qui l'attend, les voix rassurantes, les contrepoids de toutes les craintes.

S'il est davantage appelé par l'inconnu et le mystère, un jour — très vite, car les années passent vite — il s'en ira tout seul braver la nuit bien au-delà de l'allée, et il le pressent déjà. S'il est fait pour le champ clos et paisible dont les limites ont été tracées par ses pères, il restera là pour assurer d'une autre manière la survie d'un univers où il faut de tout et de tous pour sauver la réalité profonde. Ici, l'infini du possible lui est ouvert.

Pauvres inconscients qui croient qu'on doit jeter l'enfant hors du jardin clos de l'enfance pour mieux le préparer à la vie d'adulte ! Quelle vie ? Celle de ces êtres torturés par la soif de l'avoir, lancés dans la course effrénée du paraître qui commence à la marque de la voiture pour finir à celle de la « situation » ? La vie stupide et sans poésie de ces adultes qui s'ennuient à mourir dans leur univers sophistiqué ? Vous pouvez faire en vingt minutes le tour de leur horizon borné, de leurs existences absurdes. Qu'une philosophie de l'absurde leur tienne lieu de pensée comment en serait-il autrement puisque c'est le seul environnement où se déploie leur vie. S'ils ne changeaient pas tous les jours de partenaires en espérant enfin ouvrir une aventure inédite, s'ils cessaient un instant leur course enfiévrée, ils verraient leur misère. Alors ils courent, pour se faire illusion. Ils espèrent recommencer le monde, quand c'est un enfant, et lui seul qui réinvente chaque jour la création à partir d'un jardin clos.

Et qu'on ne dise pas : il y a une époque où cela était vrai et une autre où cette vérité est dépassée. La vérité est toujours la vérité. Au nom de considérations plus vaines les unes que les autres, et toutes liées aux développements techniques et à celui des grandes agglomérations, qui font illusion, on a prétendu nous faire accroire que tous les enfants étaient désormais destinés à grandir dans des crèches, les vieillards à mourir dans des hospices et qu'il n'y aurait plus de vie que collective. Ces communautés élémentaires que sont les familles, les sociétés de base, auraient fait leur temps et l'on devrait entrer d'emblée dans la grande société universelle où tout le monde est pareil à tout le monde. Mais laissez donc faire le temps et vous verrez ce qu'il en est de ces prétentions superficielles !

Outre que ce sont toujours des tenants d'une idéologie particulière qui affirment cela sans fondement, se portant pour eux et pour nous garants de l'évolution et de l'avenir du monde, au besoin les bénissant dans des catéchismes élaborés à leur mesure, il ne suffit que de juger l'arbre à ses fruits pour les inviter à quelque modestie. Tandis qu'ils échaffaudaient leurs théories totalisantes et totalitaires, faisant tant de victimes, certes, sur leur passage, l'immuable identité humaine poursuivait selon ses lois propres et nécessaires. Elle revient aujourd'hui de son silence et de ces intimidations, à l'heure où les autres avouent leur désarroi, et même se tournent à nouveau vers elle. L'enfant prodigue revient toujours vers la maison du père, quand il a essayé de toutes les autres. Et quand il n'a pas eu le temps de la détruire avant de la quitter.

Mais n'en déplaise à l'orgueil de ce siècle; la vérité fondamentale d'hier est celle d'aujourd'hui, pour ce qui concerne l'identité profonde de l'homme et de la femme. Marx vieillit, mais Pascal, non. Le premier lieu irremplaçable est le sein maternel où nous avons pris corps et âme, comme tout être, suivant une somptueuse nécessité. Il le reste. Et le lieu de nos premiers pas obéit à une même nécessité profonde quand il nous apprend à découvrir l'univers dans sa vérité. Ce n'est pas un village que j'idolâtre, ou une maison, mais certaines nécessités liées à la condition humaine que je prétends reconnaître, et qui, niées, détruisent une vie, alors qu'elles sont à la source de toutes les révélations. Que la vie ne s'arrête pas — du moins pour tous — à la maison et au village, certes, mais elle commence avec eux quand elle commence bien.

La place, par exemple, reste le forum de toujours : un forum à dimension humaine. Elle est le lieu d'une nouvelle rencontre, intermédiaire entre celles que l'on fait à la maison et le village tout entier. Si le jardin était déjà un monde, alors combien plus encore la place qu'on imagine si vaste à cinq ans et que l'on voit si petite à vingt parce qu'on la traverse en quelques enjambées. Mais là commence l'étranger : les gens qui vous croisent ne vous saluent pas tous. Il y a même des ennemis cachés parmi eux, que l'on évoque avec colère ou à mi-voix à la maison. Là commence le territoire qu'on partage avec eux et avec tous. « J'ai rencontré notre cousine, mais hélas, j'ai dû croiser les untels. » On apprend à reconnaître et aussi à ignorer des visages, selon des lois qui n'obéissent pas toujours au meilleur esprit — loin de là — mais qui sont les dures lois du monde extérieur et de la société. La grand-place est une autre face de l'univers, après qu'on ait franchi le seuil sacré de la maison. « Qui t'a permis de sortir ? » : le jour où nous avons franchi ce seuil sans l'autorisation requise, marque d'une audace et d'un affranchissement coupable. « Qui t'a permis de rentrer si tard ? » : le jour où nous avons préféré la place à la maison, au nom d'un choix peut-être douteux ou dangereux. « Avec qui jouais-tu cet après-midi sous les platanes ? Je t'ai recommandé plusieurs fois déjà de ne pas fréquenter les X et les Y qui sont des petits voyous ! »

Je me souviens d'avoir tantôt obéi, tantôt bravé ces interdits suivant des convenances capricieuses d'un jour, au risque d'être dénoncé par les méchantes langues des bonnes gens, témoignant toujours de tout ce qui se passe sur la place. La maison, c'est la vie privée et la vie intérieure, mais la place, c'est la part de votre vie qui est offerte à tous. A vous de le savoir. Mais alors, quelles découvertes pour l'enfant ! La place est devenue la scène du monde où il croise chaque jour tous les vices et toutes les vertus, dans des conditions autrement denses que les affiches du métro ou les images des télévisions.

Je n'ai pratiquement rien appris ailleurs de l'homme que je n'aie déjà entrevu ou vu ici, à travers ces quelques mètres carrés de terre nue au milieu des constructions serrées jalousement sur elle. Le village sait tout parce que la place lui dit tout, ou à peu près, dans une fresque souvent sans paroles, plus éloquente que les discours. Une vieille habitante du Bourg à qui j'ai prêté quelques-unes des œuvres les plus hardies de notre temps, me les a rendues à peine étonnée : « Ce n'est pas du roman : c'est la vérité même. Nous en avons vu autant ici, depuis cinquante ans. Toutes ces histoires, je pourrais y mettre des noms que tu connais bien toi-même. » Le village connaît l'homme mieux que les livres. Il n'a pas besoin de livres pour suivre passionnément les aventures qui défrayent un moment la chronique, ou simplement le lent déroulement de la vie quotidienne. De celui-là, tout le monde — y compris, peut-être, les gendarmes — sait que la mort de sa première épouse n'était pas si naturelle qu'il a tenté de le faire accroire. Qui donc a aidé la malheureuse à mourir ? Lui ? Sa maîtresse, devenue si vite sa deuxième épouse, et qui venge si bien la première en lui menant une existence impossible ? Dieu seul, maintenant, en jugera, puisque tout est rentré « dans l'ordre ». Et l'imagination publique aussi, qui continue de gamberger ferme sur cette énigme. Et l'enfant regarde ces « criminels » en liberté avec une curiosité incommensurable, saisi par le gouffre des passions humaines.

Devant cette autre femme, dont le fils unique, déporté dans un camp de concentration, est mort à dix-neuf ans dans des conditions atroces, et qui porte un deuil sans rémission, son âme est saisie d'une compassion quotidienne, parce qu'il la voit tous les jours faisant ses courses en solitaire, et rentrer dans sa maison où nul ne l'attend. Et cette autre que son mari a chargée d'enfants, à la limite de ses forces, qui mourra en mettant le quinzième ou le seizième au monde, il regarde en elle l'esclavage auquel un être peut soumettre un être, avec des yeux qui ne l'oublieront pas. Il n'effacera jamais de sa mémoire ces étrangers devenus ses proches à travers leur malheur... ou leur bonheur.

Car il y a aussi les histoires exaltantes, celles d'amour notamment, qui surviennent comme par enchantement au milieu d'un monde qui demeure identique à lui-même. Cette fille-mère, par exemple, apparemment laissée pour compte après un triste abandon, et tout à coup elle épouse un fermier du village, qui efface sa détresse, adopte l'enfant comme sien, et fait un sort à tous les deux. Ou ce couple qui souhaitait un rejeton depuis plus de quinze ans. Mais sans résultat. Et soudain, à peine deux mois après s'être résolu à en adopter un, voici la femme enceinte, et le deuxième garçon qui entre bientôt dans leur foyer ! Et le village qui s'émeut ! Ou encore la châtelaine ruinée, que l'aubergiste, son ancienne domestique, nourrit à ses frais. Et brusquement, l'héritage inattendu la fait à nouveau riche, très riche. Et tout le monde, encore, est content de voir la vertu recompensée !

Car le village a ses tendresses, comme ses curiosités sordides et ses haines. Le village est humain, qui vous apprend l'humain. Tout — ou à peu près — ce que les façades taisent un moment, éclate un jour sur la place. Place du marché et place des fêtes, des cirques et du théâtre ambulant, lieu public, lieu commun d'un film ininterrompu dans lequel tient toute l'histoire humaine, et auquel, dans ma petite enfance, les télévisions n'avaient pas encore fait concurrence, si bien que l'on voyait, le soir, sur le pas des portes, sortir des chaises, et des groupes se former, où l'on contait inlassablement la vie.

Il est vrai que l'on transforme aujourd'hui la place en parking. Cette aire brûlante en août, où je fonçais tête basse tant le soleil y est ardent — et bien qu'on me conseillât de prendre les allées de platanes, je la traversais par le milieu —, mes enfants ne la franchissent plus qu'en évitant les véhicules qui la leur disputent. La voiture massacre tout. Mais j'ai une assez grande confiance en la place pour penser qu'elle surmontera peu à peu cet obstacle inédit. Aucune mécanique, aucun ordinateur, j'en suis maintenant convaincu, ne viendra jamais à bout — bien qu'il puisse l'altérer quelque peu — de l'irrépressible réalité humaine. Quand elle est vaincue, elle ne l'est jamais que pour un temps. Le christianisme qui le sait, et qui fonde sur elle l'histoire permanente du salut, revient lui-même toujours de ses échecs momentanés. La place, même envahie de véhicules, est restée le lieu des rencontres et l'observatoire privilégié. Toute ordinaire qu'elle soit, au fil des jours et des ans, elle situe l'inattendu où il est, dans le profond de ce qui demeure. L'aventure n'est pas à chercher ailleurs, mais ici ; non dans le voyage au bout du monde et dans la fuite de ces lieux trop familiers, mais dans le regard plus attentif que l'on porte sur le simple quotidien.

J'ai beaucoup entendu et lu de ces plaintes futiles, de gens estimant qu'il n'arrive jamais rien dans un village : que tout arrive ailleurs et le plus loin possible. Mais quand on pousse la question et demande ce qu'il arrive ailleurs de tellement différent, on en saisit assez vite la limite. Ces plaintes — la plupart — trahissent davantage, une insuffisance personnelle à vivre, que l'insuffisance du village à proposer une voie royale à la vie. Certes, il ne s'agit pas, encore une fois, de borner l'horizon à quelques maisons sur lesquelles nous avons ouvert les yeux, mais de rappeler à quelles sources irremplaçables s'alimente le sens vrai de toute existence.

A ceux qui faisaient déjà reproche à Plutarque d'avoir choisi de vivre à Chéronée — un si petit village pour un si grand homme, objectaient les Grecs et les Romains avertis — celui-ci répondait sobrement : « Il en serait plus petit encore si je le quittais. » Son amour de la vérité dédaignait les fièvres et les artifices des cités plus vastes, Rome ou Athènes. Un village est justement fait de tous les siens, et en cela, il témoigne aux yeux de l'enfant de l'une des nécessités de la vie sociétale. Il y a le riche et le moins riche, le croyant et l'athée, l'idiot et le génie, la sainte femme et la putain, le juste et le salaud, c'est-à-dire tous ceux qu'il sera toujours et partout appelé à rencontrer à travers l'existence. Mais ils sont tous partie intégrante du village ; ils sont tous « des pays ». Et pas seulement des catégories. Le riche d'un jour peut être le pauvre du lendemain, et vice versa, comme le juste et le salaud sont parfois interchangeables.

Ici, chacun est avant tout un visage, un nom, une histoire singulière, avec ses surprises. Chacun n'est pas uniquement un portrait dans un livre, mais une part de votre propre vie, même s'il appartient à ce quartier du village qui vous reste interdit. Je me souviens en effet avec quelle horreur on prononçait tel nom, ou de ces maisons vers qui il valait mieux ne jamais porter ses pas, excepté en mission commandée, et vers lesquelles je ne m'avance encore aujourd'hui qu'avec un émoi rétrospectif. Pourtant, même les êtres en apparence les plus éloignés de nous faisaient encore partie de nous, et nous d'eux, suivant une logique particulière au village. On le voyait bien aux enterrements où tout le monde côtoyait tout le monde. Les mécréants avaient beau attendre à la sortie de l'église la fin de la messe pour se joindre au cortège, du moins étaient-ils là, et l'on s'en allait tous ensemble vers le cimetière enterrer l'un des siens.

La presse relate quelquefois de tels événements. Un accident spectaculaire et mortel défraye la chronique, et les comptes-rendus journalistiques concluent : le village entier s'étaient rassemblé pour l'accompagner à sa dernière demeure. Comme il se rassemble encore à la sortie de l'église pour applaudir le cortège des mariages. Votre existence se déroule sous les yeux du village entier, non seulement pour épier vos gestes, comme le disent trop facilement les romanciers ou les marginaux irrités, mais aussi afin d'avoir accès à cette part du secret de la vie dont vous êtes le détenteur privilégié. Ce qui est arrivé à l'autre, et n'arrive pas à vous-même, quand c'est dans la sphère du village que l'événement survient, c'est toujours un peu à vous-même qu'il est arrivé quelque chose. Et l'intérêt que vous lui portez est comme pour l'un des vôtres.

Je ne dis pas que toute la curiosité villageoise est d'essence métaphysique — je sais les tout petits côtés, les côtés affreux de cette attention publique —, mais je dis qu'à l'enfant immergé dans cette communauté à dimension humaine, il est offert de regarder la vie comme un grand livre d'images, dont le commencement se perd dans la nuit des temps, qui n'aura pas de fin, et dans lequel il s'inscrit tout naturellement avec sa propre part de mystère. Si rude soit-il parfois, ce monde n'est jamais hostile à l'enfant au point de lui fermer toutes les voies. La rue qui sort du village ne débouche pas seulement sur la campagne, mais sur l'inconnu, dont il peut rêver dans le village même, et vers lequel il pourra un jour s'avancer seul. Mais l'inconnu est déjà à l'intérieur des murs.

Chaque fois qu'il m'est donné la joie de revenir ici, je ne suis plus que l'un de ces hommes et de ces femmes à qui le monde appartient un moment, sans qu'il perde jamais de vue les générations qui l'ont précédé et celles qui le suivront. Si mes enfants ne sont pas nés, comme moi, sur cette terre, j'ai du moins souhaité qu'ils y soient baptisés afin d'inscrire aussi leur existence dans cette communion à travers les âges de tout un peuple familier. Je sais gré à mes propres parents de n'avoir jamais rompu avec la maison et le sol natal, quand même ils aient dû vivre longtemps ailleurs, d'avoir préféré les longues vacances ici aux voyages dans des lieux toujours nouveaux. Tel qui revenait de Yougoslavie tandis que je ne rentrais que de la vallée du Rhône me vantait les découvertes de ses pérégrinations, et je ne savais pas dire alors celles que l'on refait tous les jours dans la maison natale.

Mais aujourd'hui, où je connais moi-même tant de ces lieux alors inconnus, et où je vois ceux qui les visitaient, enfants, chercher cependant un terrain ferme, je sais que mon enfance était bénie de revenir ainsi chaque année vers la même patrie inépuisable. Quand je me retourne sur ces jours-là, même si j'ai passé le cap de l'adolescence où il arrive de les regretter, j'éprouve un certain émerveillement. J'ai totalement vécu mon enfance comme telle : non pas épargnée, préservée de toute difficulté et de toute meurtrissure : certaines heures en étaient noires. Mais elles n'ont pas altéré la réalité immuable que je retrouve toujours avec le même bonheur. L'enracinement dans la maison familiale, et chaque année le retour aux sources de la terre originelle, m'ont nourri de l'attachement à un pays irremplaçable, de la fidélité à un sol considérée comme la première fidélité à soi-même.

Mes parents ont ainsi offert à leurs enfants une identité irréductible qui les a toujours sauvés les uns et les autres de leurs égarements et de leurs maladresses. Rien d'extraordinaire, au sens où les télévisions apprennent volontiers aux enfants à tout imaginer sauf le vrai, mais la simple vérité elle-même, assez extraordinaire pour enchanter nos journées. D'aller à la ferme chercher le lait. On tremble un peu dans la campagne déserte, surtout quand la nuit tombe et qu'il faut recueillir la traite du soir. Mais quelles images puissantes, aussi, du troupeau qui rentre, du cheval qu'on dételle, de l'harmonie qui règne à certaines heures sur le monde.

Loin des brumes parisiennes, de la fureur des villes, l'enfance me semble alors des vacances perpétuelles, parce que j'adhère de tout mon être à ce monde qui me dépasse mais qui est mien. Et cet enfant, je pense l'être toujours, parce que rien de ce que nos parents nous ont offert d'essentiel, n'a cessé de l'être aujourd'hui. Le village, la maison natale sont là, et les parents nous y accueillent encore ; le vaste jardin — enfant, il est des coins que je n'ai jamais exploré et qui sont revêtus encore du même mystère — compte la plupart des mêmes arbres. Mais depuis la disparition de la génération de l'aïeul, d'autres commencent pourtant à grandir ici et là, et ce sont nos propres petits-fils qui les verront dans l'épanouissement de leur force.

Notre génération aussi est entrée dans sa propre histoire, mais les enfants ne sont pas assez dispersés pour qu'on ignore ce qu'il advient d'eux, même si les rencontres avec certains restent rares. D'autres foyers sont nés sur ce même tronc : il faut être père et mère à son tour. Mais ce qui nous a nourris en ces jours d'enfance ne nous a pas quittés : l'enfance a placé haut et profond notre regard, et il n'a jamais renoncé à cette hauteur où nous avons appris à regarder.

Ce goût de la perfection, y compris dans les choses élémentaires, cet élan vers le meilleur qui rend désormais irrespirable la médiocrité, nous rappellent que notre enfance n'est pas morte. Parce qu'elle nous a ouverts à la générosité qui habite l'univers et non le pavé des villes, notre âge mûr reste généreux de lui-même : nous ignorons ce qu'est calculer étroitement, se prêter seulement, ou se vendre : nous aimons donner ou nous donner comme la vie l'a fait avec nous. Certes, quelques intrigants misent sur cette générosité naturelle, comme ils ont parfois abusé de celle de nos parents ou de celle de Dieu même : à notre tour nous avons été victimes des habiles et des salauds de divers ordres. Mais comment pourraient-ils nous ôter cela seul qui compte : notre enfance, pour nous ressourcer indéfiniment à notre élan originel.

Nos parents nous ont offert l'enfance qui ne meurt pas, celle qui s'alimente aux réalités immortelles et survit à l'enfance même. Non le paradis perdu sur lequel on se penche avec regret pour repousser le temps présent où s'inscrit désormais votre destinée, non la berge inaccessible et de plus en plus lointaine qui désespère de continuer à exister, mais la source limpide qui coule aujourd'hui avec la même saveur qu'elle avait hier. Nous sommes encore ces enfants qui regardent le monde avec espérance, y compris dans les pires tribulations, que nous savons fixer sans terreur. Quand même nous n'habitons plus qu'épisodiquement ce lieu capital de notre existence, lui nous habite.

Chapitre VI

Familles nombreuses et familles en miettes

Je suis l'aîné d'une famille de six enfants : deux filles et quatre garçons. En plusieurs circonstances, j'ai été amené à dire publiquement, ou à écrire, que nos parents n'ont jamais manifesté devant nous de préoccupations proprement religieuses, et que le ton, en famille, était plutôt sceptique, voire anticlérical. J'ai entendu, au long de mon enfance et de mon adolescence, dans la bouche des miens, à peu près tout ce que, depuis lors, j'ai pu réentendre dans les discours officiels de l'athéisme ou même dans la bouche de clercs émancipés, de plus dur, voire de plus injuste, à l'endroit de l'Église ou des religions. Je savais très tôt à quoi m'en tenir sur l'exploitation de la crédulité humaine par les prêtres assoiffés de régner sur l'esprit de l'homme ! Même quand il arrivait que tel ou tel d'entre nous, pour des raisons purement scolaires, fut confié à des institutions privées, on ne le dispensait pas d'entendre parler de la foi et de ceux qui en faisaient profession, avec la plus grande méfiance.

Ce n'est pas ici le lieu de chercher quel bénéfice ou quels inconvénients ma propre foi en a retiré — aujourd'hui, l'attitude de mes parents me vaudrait d'être écarté des catéchismes ! — et je ne souligne le fait qu'afin de marquer que mes parents, s'ils ont eu six enfants, ne l'ont pas décidé eu égard à leurs convictions directement religieuses, mais à leur courageuse volonté de donner la vie : dans tous les sens du mot don, sinon du mot vie. Et à l'élan vital qui les portait eux-mêmes. Sans doute se sont-ils en cela montrés véritablement religieux, instituant par leur famille même, cette relation fondamentale avec la source du réel que, par des paroles un peu légères, ils risquaient de rompre par ailleurs. En nous offrant l'exemple quotidien d'une générosité rare en ces temps d'égoïsme forcené, ils nous ont fait entrer dans un univers où non seulement il ne va pas de soi de vivre sa vie avec d'autres, mais pour d'autres. Mon père et ma mère ont eu cette audace, dans un temps où l'on commençait à pratiquer l'avarice en matière d'enfants, de concevoir une famille nombreuse. L'avarice en matière d'être est plus sordide et plus sombre qu'en matière d'avoir, quoique les deux se conjuguent ordinairement.

Le souvenir de mon enfance est d'abord celui, au contraire, des frères et sœurs avec qui il faut toujours partager quelque chose. Parfois sa chambre, et toujours ses parents, ses repas, ses jeux, ses vacances, etc. Il éclate certes mille querelles plus ou moins graves, parce qu'il est nécessaire de s'affirmer au milieu des autres ; mais quand on a dit : « c'est ma sœur ; c'est mon frère » : on a tout dit. Un manque de générosité va souvent de pair avec les foyers rétrécis à trois ou quatre, quand un foyer plus large amène nécessairement à davantage d'ouverture de cœur. Encore que ma mère, elle-même fille unique parce que son père demeura veuf très tôt et seul avec elle, soit à mes yeux l'image même de la générosité.

Un être follement donné, incapable de s'économiser en aucune manière. Six enfants ne sont pas une mince responsabilité : je l'ai vue inventer des prodiges, sortir de ses doigts et de son esprit miraculeux, une création permanente. Ne faisant rien à demi, inépuisable encore quand elle paraît au bord de l'épuisement, exigente jusqu'à l'absolu, mais envers soi avant de l'être envers les autres, certes, elle est loin des réactions que l'on prête à la fille unique, et uniquement occupée de soi. Aimant l'enfant jusqu'à l'émerveillement, elle nous arrache aujourd'hui encore les nôtres pour leur consacrer son temps, et quand elle pourrait entreprendre un voyage, ou simplement se détendre dans sa maison, elle ne résiste pas devant ses petits-fils et petites-filles qui remplissent à tour de rôle sa vie.

A côté de l'épouse artiste et inventive, inquiétante quelquefois, par son inlassable mobilité — j'ai souvent tremblé à cause de ma mère qui veut toujours plus et toujours trop —, à côté de cet être en fusion, mon père a toujours été la force et la solidité. Lui-même issu d'une nombreuse famille, de ces races terriennes qui connaissent leur sol et le monde, le tournent et le retournent avec une permanence rassurante, il nous plantait solidement dans le réel. Non moins généreux, il ne s'est pas — pas tout à fait — laissé entamer par la forêt familiale et ses surgeons plus ou moins inattendus. Il est le père dont on est fier d'être le fils, parce que dans son silence, il sent les choses sûres, il ne manque pas, il ne trahit pas, il est l'image même de la certitude. Couple singulier quand on oppose la placidité de l'un à la fièvre de l'autre, et cependant complémentaire dans cette générosité essentielle qui osa mettre au monde six enfants et les conduire à l'âge adulte. Un couple qui ne nous a pas offert une enfance de tout repos, ni facile ni simple — certes non ! — mais une enfance éclairée pourtant au foyer lumineux de la famille nombreuse.

Ma nature plutôt méditative n'a pas toujours soutenu cette société avec égalité d'âme et je manquerais à la vérité si je brossais un tableau idyllique de tous les instants. Au temps de l'adolescence, surtout, je n'ai pas éprouvé moins que tous les autres jeunes gens le sentiment de la solitude au sein de la famille, l'impression de ne partager avec personne mes préoccupations profondes, par exemple celles de l'écriture, mais davantage encore, l'interrogation religieuse qui est au centre de ma vie. Mais n'est-ce pas ainsi que s'affirme l'être même, dans son originalité ?

J'ai rarement vu autant que dans mon foyer, cultiver à la fois, et la personne dans sa réalité singulière, et le lien nécessaire entre les personnes. Les souvenirs reviennent en foule, depuis la plus petite enfance, de cette rencontre tantôt heureuse, tantôt explosive, d'identités profondément différentes, cultivées justement dans leurs différences. Ma mère, qui pourtant n'a pas sa pareille pour intervertir les prénoms quand elle prétend appeler un de ses enfants — elle les énonce tous avant de tomber sur le bon ! — nous a toujours poussés à nous distinguer scrupuleusement les uns des autres. Mais pour mieux nous reconnaître les uns les autres.

Les repas étaient à cet égard un extraordinaire moment de rivalités diverses, bientôt apaisées par le fait de manger en commun. Partager un plat en huit — et plus souvent en dix ou douze, car on comptait toujours quelque parent ou quelque invité supplémentaire — en faisant taire les jalousies, en satisfaisant à la fois les appétits et les préférences, est un exercice de haute voltige. Celui à qui échoit une part plus grosse du gâteau, et dix cerises au lieu de huit, soulève aussitôt des tempêtes que l'autorité parentale apaise en rappelant son irréprochable justice : celui qui reçoit plus ici, reçoit moins ailleurs, et l'équilibre de la balance est rétabli.

Quant aux mérites comparés des uns et des autres, ils font l'objet d'interminables et de plus ou moins violents débats suivant qui en est le centre, d'un turbulent ou d'un doux. Rude mais bienfaisante école où chacun s'exerce à vivre sous la loi du nombre, certes, mais d'un nombre qui n'a pas l'abstraction des catégories sociales et politiques. On comprend, ici, que ce qui est accordé à l'un doive l'être aussi aux autres. Ou alors lui offrir des compensations en fonction justement des différences qu'il a avec l'autre. L'un, plus doué intellectuellement, poursuivra de plus longues études. Mais il n'en sera pas mieux considéré pour autant que celui qui est allé risquer sa vie à défendre sa patrie. A chacun son dû, et ce dû n'est pas identique pour chacun : il n'est rien comme une famille nombreuse pour l'enseigner concrètement.

Il me semble avoir tout appris au long de ces années-là ; et lorsque j'entends tel ou tel ratiociner sur une société égalitaire, ou sur les impossibilités de la vie communautaire, je découvre souvent qu'il lui a manqué une forte expérience comme la mienne. Un enfant se situe avant tout dans une famille, et c'est là qu'il apprend, comme nulle part ailleurs, la vérité — ou le mensonge — sur sa condition humaine.

Mon père, devant ses quatre fils aux tempéraments si différents, voire si contradictoires, n'avait pas la vie simple tous les matins. Mais sa paternité assumée jusqu'au plus profond de l'être, lui a permis de faire front devant cette meute parfois déchaînée. Il est là, et l'on sait qu'il sera toujours là, qu'il ne prendra jamais la poudre d'escampette pour un oui ou pour un non, comme ces pères d'occasion qui s'amusent un temps de la paternité et plient bientôt leurs valises. Il est le pivot irréductible sur lequel tous sont appuyés, tandis que de la mère sort continuement la vie et l'invention. Qu'il s'agisse des repas dont elle renouvelle indéfiniment les menus, du mobilier qui valse d'une chambre à l'autre — j'avais fini par fermer ma porte à clef dans l'espoir de garder un peu plus longtemps un bureau préféré —, des projets qui fourmillent sans répit, nous vivons dans une création et une révolution permanente.

Je sais bien que toutes ces heures sont à jamais révolues — encore qu'il suffise, avec nos progénitures respectives, de se retrouver aux côtés des parents pour renouer avec les mêmes débats, dans la même passion —, mais je sais aussi qu'elles font maintenant partie de mon être même. Si je comprends profondément ce qui me ressemble le moins — et jusqu'à l'aimer —, si j'ai toujours manifesté le souci, en affirmant ma différence, de nouer un dialogue essentiel avec le différent, c'est que mon enfance et ma jeunesse se sont développées auprès de frères et de sœurs qui n'avaient souvent en commun avec moi que le même père et la même mère. Ce lien indestructible embrasse nos singularités, nous impose aux uns et aux autres, de considérer que quelque chose nous dépasse qui n'appartient exclusivement ni à l'un ni à l'autre. Apprendre à partager son père, sa mère, quand on voudrait d'abord ne les avoir que pour soi, est la première et plus profonde leçon que puisse nous offrir d'abord la vie. Elle enseigne notamment à se partager soi-même un jour entre tous ceux qui attendent quelque chose de nous. A le faire simplement.

Un mot espagnol, à propos des familles, dit joliment « qu'un enfant, c'est zéro enfant ; que deux enfants, c'est un enfant, mais que trois enfants, c'est trois enfants ». Et a fortiori au-delà. Un enfant, en effet, se confond avec le couple, ne serait-ce que parce qu'il peut l'accompagner sans trop de difficultés, à peu près partout où il va. Deux enfants, sont déjà un monde en dehors de celui des parents, avec lequel il faut compter, d'abord dans l'organisation pratique de l'existence familiale. Quant aux trois enfants, c'est trois mondes. On ne peut plus les amalgamer en une seule entité que l'on manipulerait sans y regarder de trop près. L'abstraction est définitivement écartée, qui schématise si confortablement les choses : il faut revoir en permanence avec chacun ce que l'on croyait avoir résolu pour toujours avec le précédent. On n'a encore rien fait pour l'un quand on aurait tout fait pour l'autre. Et c'est alors que l'on se répète ce que j'osais écrire avant d'avoir pourtant des enfants : « On ne rend qu'à son fils ce qu'on doit à son père. » On ne rend jamais à son père ce qu'on lui doit. Mais on fait pour ses enfants ce qu'on ne peut faire pour lui et qu'il a fait pour nous. On ne le découvre qu'avec eux, dans la mobilisation quotidienne qu'ils vous imposent à leur tour.

A la vérité, il faut en permanence être donné. Et je l'ai d'abord vu chez mon père et chez ma mère. Quelquefois, j'ai entendu un regret monter de l'un ou de l'autre : « Ah, si je n'avais pas toute cette famille autour de moi, combien je serais tranquille ! Si je m'étais gardé à moi tout seul pour réaliser un rêve ou un projet que j'ai dû sacrifier aux enfants ! » Et ce regret a pu me sembler poignant quand je voyais ces parents aux prises avec toutes les interrogations que peuvent susciter quatre garçons et deux filles dans le monde contemporain, et dans le monde tout court. Il est vrai qu'ils avaient l'un et l'autre assez de qualités rares pour se construire une destinée entièrement consacrée à soi plutôt que livrée aux autres. Ils ont pris sur eux tant et tant de fois de s'ignorer eux-mêmes pour être plus attentifs à nous !

Mais si je les compare à d'autres qui ont préservé justement leur égoïsme, protégé leur moi : quel déchet chez ceux-là, quelle richesse chez mon père et ma mère. Ces femmes qui ont peut-être mené « leur » vie et voient venir la vieillesse avec désespoir, le visage refait parce qu'elles n'ont pas une âme assez lumineuse pour habiter, dans la lumière, leur visage d'aujourd'hui, ni un visage d'enfant où regarder avec amour l'avenir, ont-elles rien réalisé qui puisse leur en tenir lieu ? La vie que l'on a offerte à des êtres, quand même ceux-ci ne vous en manifesteraient aucune reconnaissance, introduit votre propre existence dans un accomplissement mystérieux qui dépasse infiniment la simple satisfaction des lois biologiques. Il n'y a rien d'équivalent à la relation que cette création institue entre nous le monde.

Lorsque je regarde les six adultes que sont aujourd'hui devenus les six petits enfants d'hier, lorsque je vois naître d'autres enfants dans les foyers fondés sur ce foyer initial, je sens qu'un lien ininterrompu et invisible, est tissé entre tous depuis l'instant où un homme et une femme ont eu l'audace de mettre au monde six existences nouvelles. Il n'y a pas si longtemps encore, toute notre vie dépendait d'eux. Je me souviens de leurs inquiétudes quand l'un ou l'autre était menacé : ma mère, lorsque l'un des fils se battait en Algérie et qu'elle ne dormait qu'à demi parce que lui seul, tout à coup, existait. Mon père, auprès de sa dernière fille que l'on venait d'opérer, et si tendre — lui, le silencieux — que j'y apprenais un visage inconnu de lui. Nous avons vécu ensemble les maladies des uns et des autres, partagé les espoirs et les déceptions de chacun, discuté d'opinions loin d'être unanimes. Moi qui n'ai jamais placé l'absolu dans la politique, comment saurais-je de l'intérieur ce qu'est la passion partisane si je n'avais un frère d'extrême droite et l'autre d'extrême gauche, et si je n'avais constaté concrètement qu'il n'y a pas grande différence entre l'un et l'autre, hormis les opinions ! Comment pourrais-je écouter avec attention et amour l'athéisme, l'agnosticisme, l'indifférence religieuse, et la foi aussi, s'ils n'avaient pas l'accent de voix que je reconnaîtrai entre toutes les voix du monde jusqu'à la fin de mes jours ?

Une famille aux multiples visages est une sorte de monde en réduction, qui ne dispense nullement d'entrer dans la totalité du monde et qui ne saurait en tenir lieu comme certaines familles closes sur l'égoïsme à plusieurs tentent de le réaliser. Elle prépare, au contraire, à affirmer partout son identité en tenant compte de celle des autres. Nous avons appris à jouer seul, et nous avons appris à jouer ensemble ; il y avait une morale pour le groupe, et une morale qui convenait à la vocation particulière de chacun. Il y avait les sorties communes où il faut apprendre à s'inscrire dans une aventure communautaire, et puis les découvertes particulières de chacun que l'on partageait plus ou moins ensemble. Il y avait « les garçons » et il y avait « les filles » : deux univers distincts qui font connaissance sur le terrain du quotidien : on ne se comporte pas avec sa sœur comme avec son frère.

Quand on me dit que cette communauté initiale est en puissance de se réaliser dans une crèche ou un collège mixte, je vois bien le mensonge d'une contre-vérité aussi absurde. La fraternité que l'on peut instituer dans ces lieux publics n'aura jamais la même intimité, la même profondeur que celle qui règne dans l'enceinte privée d'une famille nombreuse. Votre ami le plus proche n'est pas votre frère même le plus différent. Il n'y a pas entre vous ce fond commun au-delà de toute parole, qui fait que vous vous connaissez depuis toujours et pour toujours. Même les frères ennemis ont entre eux cette intimité particulière qui leur permet de savoir qu'il existe, dans le monde, un témoin de leur destin qui sait d'eux ce que nul autre n'en sait. Les rencontres ultérieures, si intimes soient-elles, et alors même que la vie nous aurait séparé d'une partie de nos familles, ne remplacent pas ce lien fondamental.

Que l'on n'ignore pas pour autant la solitude, comme

plusieurs se sont plu à le souligner, n'est pas le fait de la famille elle-même, mais parce qu'elle est si radicalement inscrite au cœur de nos destinées, qu'une famille, même nombreuse, est impuissante à la supprimer. Ce sentiment, dans les années de l'adolescence surtout, d'être isolé, totalement, dans une sorte de réduit silencieux où les autres n'entraient pas, ne vous sépare d'abord que pour mieux vous faire sentir ensuite le prix de la communion. J'étais seul, semblait-il, à lire dans le monde l'inanité et le tragique que j'y lisais, et les voix les plus proches ne me parvenaient plus que comme assourdies, inaudibles, en tout cas étrangères à la nature profonde de ma préoccupation. L'activisme familial m'a paru alors atteindre parfois les limites du supportable, et je crois avoir éprouvé une sorte de haine pour ces intrusions souvent intempestives, toujours indiscrètes, dans le champ de ma propre vie. La solitude est alors comme la garantie même de notre existence personnelle, ce qu'elle est en effet. Mais je crois qu'il n'est rien comme ces familles nombreuses, justement, pour nous révéler le sens profond de toute solitude.

Dans l'univers contemporain où la primauté du social — avec tous ses « ismes » — l'emporte sur celle de l'homme, on nous fait un devoir majeur de communiquer. L'homme est invité en permanence à la rencontre tous azimuts, et on lui fait honte de s'y refuser avec qui que ce soit : il appartient à tous, homme « public », réduit à sa dimension publique, même quand il n'en a pas la vocation. Mais dans cette société, on dénonce par ailleurs l'isolement grandissant des personnes : jamais elles n'ont eu à leur disposition autant de moyens de communiquer, et jamais elles n'ont connu autant de difficulté à le faire réellement. Jamais le sentiment d'être séparés n'a été exprimé aussi fortement. Séparés dans des appartements sans relation vivante les uns avec les autres; parqués dans des hospices où les vieillards ne voient plus que des vieillards, des universités où les étudiants ne voient plus que des étudiants quand ils rêvent naïvement de rencontrer des ouvriers, etc.

J'opposerais volontiers à ce « devoir de communiquer »

un « devoir de solitude », condition première et nécessaire de toute vraie communication. Mesurer sa solitude, c'est mesurer que l'on est unique. Mais du même coup pressentir que tout le monde l'est. S'il y a communication, c'est d'un être unique à un être unique en ce qu'ils ont d'unique, et la condition de cette communication essentielle est d'avoir assumé sa solitude. Sachez apprendre à être seul pour apprendre à communiquer. Ne vous révoltez pas contre votre solitude. Apprivoisez-la au contraire, puisque c'est elle qui vous révèle votre identité profonde, et vous conduira plus sûrement à la solitude d'autrui que tous les moyens de communication inventés par ailleurs. Et elle vous révélera que l'on ne sort véritablement de sa propre solitude qu'à ce degré de profondeur où, ayant accepté de la reconnaître, elle vous ouvre en fait à la profondeur de l'autre.

Or les nombreuses familles jouent ici un rôle capital sur lequel bien peu d'auteurs ont insisté, qui dénoncent plus volontiers l'emprise selon eux coercitive qu'elles exercent sur la personne. Quand nous nous pensons si loin d'elle, quand nous la croyons ignorante de tout, et que nous l'accusons, même, d'aggraver notre solitude, en réalité, la famille maintient pour nous et sans nous ces liens que nous avons rompus. Elle nous survit, si j'ose dire, dans la communication, pendant que nous errons ou que nous nous abîmons dans la solitude, elle fait tourner le monde que nous tentons d'immobiliser. Notre ingratitude à son égard n'est que le fruit de notre aveuglement : nous faisons bon marché de cela même qui est la condition de notre survie.

Dans mes heures de profond isolement, j'ai le souvenir d'avoir ressenti comme une sorte d'attentat que le monde continue de tourner avec indifférence. En réalité, c'est cela même qui me sauvait : que la famille poursuive sa propre route, qu'elle ne s'arrête pas à nos difficultés, et nous prouve, en quelque sorte, qu'il existe toujours ce que notre solitude prétend nier. Ce dialogue essentiel, qui se refuse à réduire la solitude sous prétexte de privilégier le groupe, ou le groupe sous prétexte de privilégier la solitude, ne peut se nouer que dans le concret d'une famille, là où l'un et l'autre sont respectés. Il y a place, entre le « familles, je vous hais » de Gide, et le « Travail, Famille, Patrie » du maréchal Pétain, pour une réalité moins « sloganesque » et plus profonde qui tient compte, et de la grandeur et des servitudes de la vie familiale. La personne, au milieu d'autres personnes, la destinée, au milieu d'autres destinées, rencontre l'incomparable réalité de l'existence délivrée des prismes déformants. « Il ne faut pas que l'exception fasse la guerre à la règle » écrit Nietzsche avec sagesse. Où donc la règle et l'exception pourraient-elles engager une rencontre plus féconde qu'ici ?

Aussi je bénis mes parents d'avoir pris les risques d'une famille nombreuse, de m'avoir offert le partage de la vie réelle, et d'avoir en fait préparé, au milieu de tous, ce que je suis seul à être aujourd'hui. Eux-mêmes, qui paraissaient tellement éloignés des choses religieuses, ont accepté de me placer sur les bancs des écoles libres et chrétiennes quand j'en ai manifesté le profond désir — et l'on y donnait alors un véritable enseignement religieux. Eux qui n'avaient plus le temps de lire m'ont offert quelques-uns des livres qui nourrissent toujours ma réflexion. Même dans les temps de révolte intérieure où certaines de leurs surdités me paraissaient impardonnables, je leur rendais intérieurement cette justice que notre enfance avait été remplie de tout ce qui doit remplir les jeunes yeux. Aussi l'enfance reste pour moi ce temps qu'elle doit être, où nous nous reposions de tout sur eux, parce que nous savions pouvoir le faire : du beau temps, quand nous partions à la plage, et qu'un frère intempestif respecte nos jouets. Nous n'avons pas été des enfants gâtés mais des enfants heureux. Si bien que, même devant les coups du sort qui ne nous épargnent pas plus que d'autres, nous ne récriminons pas avec horreur, nous refusons de nous poser en victimes exemplaires, et reconnaissons encore en eux la vie, dans ses inconséquences apparentes et son mystère. Mais nous savons goûter une heure belle quand elle vient ; nous la voulons aussi parfaite qu'il est possible, pour jouir sans réserve de ce point de perfection où atteint parfois la vie, et nous éprouvons alors envers elle la reconnaissance simple et infinie de l'enfant.

Oui, nos parents nous ont offert, avec une famille, une enfance qui ne disparait pas, l'âge mûr arrivé. Bien qu'ils n'aient pas su nous répéter la parole du Christ : « Si vous ne devenez semblable à un enfant vous n'entrerez dans aucun royaume », il a suffi que cette Parole vienne à nous pour que nous la reconnaissions dans ce qu'ils avaient su, autrement, nous offrir. Nous étions prêts à l'entendre, parce qu'en effet, c'est à l'enfance essentielle que nous avons été nourris. Nous entrerons avec notre enfance dans la mort.

Quand je regarde cet enfant que j'étais, léger comme l'air du matin, je me dis qu'il est à la fois très loin et très proche. Ses traits se sont en grande partie évanouis, et je m'étonne en souriant devant ces photographies où ma mère et mon père sont tellement jeunes, et où ma toute petite main tient la leur avec tant de confiance. Mes propres enfants qui les regardent croient s'y reconnaître, mais demandent qui sont ce jeune monsieur et cette jeune dame. Certes, je ne sais quasiment plus rien de ce qu'il était, alors, si paisible d'être. Je n'ai plus rien de mes cinq ans ou de mes dix ans qui s'élançaient à la rencontre de l'existence avec la même confiance absolue qu'ils plaçaient dans les parents. Pourtant je suis toujours celui qui regarde la vie avec l'amour que son enfance lui a offert, et sent, à côté et au-dessus de lui, en lui, aussi, quelqu'un qui sait mieux et plus que lui. J'ai appris là, à devenir l'adulte qu'il faut être à l'âge mûr, sans cesser d'être l'enfant qu'on doit rester. L'enfance n'est pas en moi ce qui alimente un regret — ce qu'elle fut quelques mois, à l'heure où s'en allait l' « adolescence » —, mais un présent inaltérable. Elle n'est pas seulement derrière moi, dans un passé désormais inatteignable, mais devant moi, ce lieu où je retrouve mes propres enfants, et tous les enfants que j'approche, dans l'irremplaçable fraîcheur originelle.

C'est à cette source que se purifie et se nourrit ma plus sérieuse réflexion, qu'elle s'éprouve en vérité — à quatre pattes avec les petits, ou passant des heures à balbutier des choses apparemment incompréhensibles. Je ne crois qu'en cet enfant pour me sauver de moi-même, et aussi des autres. S'il devait un jour mourir — ce qu'à Dieu ne plaise — il ne survivrait rien de celui que je suis.

Chapitre VII

Voir qu'on s'aime

« Les enfants ont moins besoin qu'on les aime que de voir qu'on s'aime. » Dans ces quelques mots du psychologue suisse Tournier, tout est dit. Pour que les enfants croient en l'amour, il ne suffit pas de les aimer. Nombre de parents le pensent pourtant, qui s'efforcent de combler d'affection leur progéniture, dans l'exacte proportion où ils en refusent la moindre marque à leur conjoint. On dirait même qu'il existe dans leur esprit une sorte d'équation aberrante : je suis justifié de la haine que je voue au second par l'amour que je porte aux autres. Je puis haïr impunément son père ou sa mère puisque j'aime mon enfant ! Mais ce calcul — ou cette consolation que d'aucuns se donnent — se sont toujours révélés mauvais.

Certes, l'enfant que l'on n'aime pas, rencontre une épreuve qu'il risque de ne jamais oublier. L'enfant qui se sent indésirable, rejeté — Dieu sait la terrible histoire de ces enfants-là — en éprouve un sentiment d'abandon irrémédiable : il demandera n'importe où, à n'importe qui, et parfois tout au long de sa vie, ce qui lui était dû dans son enfance et lui a été refusé. Je ne parle pas seulement des enfants martyrs, mais de ceux auxquels un cœur n'a jamais été ouvert totalement et qui n'ont jamais totalement ouvert le leur en retour, parce qu'ils n'ont jamais senti qu'ils pouvaient accorder une confiance absolue à l'amour d'un père et d'une mère. Ces petits êtres que l'on accepte de mauvais gré, auxquels on manifeste que l'on aurait pu se passer d'eux, qu'ils ne sont nécessaires à personne ; ces créatures désarmées que l'on abandonne à leur désarroi face à un monde où les adultes mêmes sont souvent désemparés, certes, leur sort est lamentable. Ils ne voient d'emblée que l'envers du monde.

A tout âge, être aimé est une nécessité vitale. A quelles extrémités sont conduits parfois ceux qui découvrent que personne ne les aime. Même s'ils font mine de se passer d'amour, de se replier sur l'ambition ou les intérêts matériels, de faire fi des sentiments ou des passions, il suffit d'un incident mineur pour révéler le vide altéré de leur existence. Chez l'enfant qui n'est fait, d'abord, pour vivre que d'amour, tout ce que lui présente une main sans amour, est à jamais empoisonné, comme dans les contes de sorcières où la mauvaise fée vous offre une pomme, meurtrière sous sa belle apparence. « Voir qu'on s'aime » ailleurs lui est alors plus un supplice qu'un témoignage d'amour. Il découvre de quoi il est exclu, jusqu'à en ressentir un désespoir mortel.

L'admirable et terrible récit de Mauriac intitulé Le Sagouin, met à nue la blessure d'un petit être ainsi acculé au pire. Tant que cet enfant ne subit que la haine de sa mère, l'indifférence de son père, il se recroqueville sur lui-même, s'enferme dans le silence. Mais un jour où il pénètre dans ce paradis qu'est l'existence du fils de l'instituteur, et où ce paradis lui est bientôt sans raison interdit, de ce jour le petit garçon n'est plus tout à fait au monde. Il erre entre deux eaux, et plus qu'à la mort, il aspire au néant.

Je connais, hélas, deux ou trois de ces bambins, détruits avant d'avoir vécu. L'indifférence, le refus, voire la haine dont ils sont l'objet rencontrent en eux une incompréhension totale : ils regardent, de leurs grands yeux dévorés par l'angoisse, ces comportements d'adultes auxquels ils ne peuvent donner un nom. Et quand on leur manifeste quelque tendresse, ils n'y voient encore qu'une absurdité supplémentaire. Ou une perversité nouvelle. La communication est rompue, qui passe par l'amour. Le père brutal, la mère égoïste — où le contraire — détruisent lentement la vie qu'ils ont pourtant mise au monde en un jour d'inconscience. Je me souviens d'un terrible repas de première communion, où un petit garçon tremblant devant la colère de son père, et dont c'était pourtant le jour de fête, a dû finir le reste de la journée dans sa chambre, pour une vétille. Il faisait les frais des humeurs d'un homme trop occupé de lui pour prêter attention à la réalité profonde et désarmée d'un enfant. Les enfants ont un besoin infini qu'on les aime, et ils en éprouveront le besoin au-delà de leur enfance ; toute leur vie. Mais l'amour qu'ils rencontrent à l'aube de leur destinée, s'il ne remplace pas les autres qui viennent ensuite, peut du moins guérir en partie de leur insuffisance ou même de leur absence.

Cependant, le psychologue a raison : les enfants ont davantage encore besoin de « voir qu'on s'aime ». Nous connaissons tous de ces enfants que leurs parents adorent, comblent de présents, inondent de paroles affectueuses, et qui, dans le même temps, voient leur père et leur mère, leur mère et leur grand-mère, etc., se déchirer. Suivant leur nature, ils réagissent différemment. Les uns abusent de la situation jusqu'à aiguiser cette haine des adultes pour obtenir de chacun ce qu'ils n'obtiendraient pas sans elle. Ils jugent cette faiblesse des aînés avec une cruelle lucidité, et ils apprennent très vite à l'utiliser à leur profit. Ou alors ils souffrent, résignés ou révoltés, de ce qui paraît faire beaucoup moins souffrir leurs parents qu'eux-mêmes. C'est en eux, surtout, que le monde se déchire, que le doute s'introduit, à un âge où il importe plus qu'à tous les autres, de voir l'amour pour y croire.

Voir la haine, jette l'esprit et l'âme dans un trouble dont il est impossible à l'enfant de se défendre. Les enfants du divorce sont les enfants d'un refus d'aimer assez implacable, pour avoir séparé les deux êtres qu'ils ne sépareraient jamais eux-mêmes dans leur cœur. Ils le savent, en dépit de tous les camouflages distingués que le monde invente pour masquer de beaux noms ses carences. Mais l'enfant qui voit son père et sa mère s'aimer d'un amour profond, et tout préférer à cet amour, en conçoit l'amour de l'amour, et le désir d'aimer de même. Il trouve dans cette plénitude d'un couple, la certitude que l'amour existe, qu'il est capable de survivre à tous les démentis que paraît lui apporter souvent l'existence. Il y croira au-delà de cet amour même.

Certes, on ne peut pas s'aimer uniquement pour faire plaisir à ses enfants ! Mais on peut, du moins, refuser son cœur à la haine. On est responsable de ses haines. Et si l'on sait qu'elles ne font pas seulement pour victimes leur cible privilégiée, mais des êtres démunis qui se tiennent sur leur passage, l'étendue de la responsabilité n'apparaît que plus vaste. A l'enfant qui voit qu'on ne s'aime pas, on a beau prodiguer toutes sortes de paroles et de gestes d'amour, ce n'est pas l'amour seul qui devient sensible. Il est nourri aussi de cette inimitié, de ces querelles et de ces ruptures dont il mesure les méfaits perpétuels autour de lui, sur la difficulté qu'il a désormais, à centrer sa vie : une existence d'où l'amour a fui, n'a plus de centre. Plus de foyer, en tous les sens du mot. Plus de feu où situer sa propre flamme, qui, alors, brûle tout et n'importe quoi. Il lui est d'autant plus douloureux et incompréhensible de voir un visage se crisper tout à coup à l'approche d'un être qu'il déteste, que ce même visage lui offrait à lui-même, un instant plus tôt, les marques de l'affection.

Quoi de plus déroutant, que d'entendre les deux créatures les plus irréductiblement liés à sa vie, proférer à l'endroit l'une de l'autre, des paroles de mépris et d'insulte ? De quelque amour dont ils puissent par ailleurs témoigner envers le tout petit, celui-ci reçoit plus encore à travers ses parents, le témoignage de l'amour brisé, du non-amour. Et le premier ne suffit jamais à faire contrepoids à l'autre, quoi qu'en puissent dire certains divorcés qui affirment s'être séparés en « bons termes », et sans dommage pour les enfants. Il y a toujours dommage, qui interdit à quelque couple que ce soit de se fabriquer une bonne conscience à bon marché.

J'ai gardé un souvenir humiliant et cuisant d'une dispute — sans importance, puisque le sujet nous en a échappé —

que nous avions eue avec ma femme, alors que l'aîné de nos enfants était encore très jeune. En sa présence, nous avions laissé le ton monter stupidement, et soudain, nous avons vu le visage souriant du bébé s'altérer. Il était assis dans sa chaise, et ses yeux nous fixaient avec une sorte de doute immense, comme si quelque chose d'impossible se déroulait devant ses yeux. Puis les larmes ont commencé à couler, et de sa petite bouche, il est sorti la seule protestation qu'il pouvait émettre à un âge où il parlait encore à peine : « Non, maman ; non, papa, non ! » Et soudain, sa mère et moi, nous nous sommes regardés du regard que l'enfant posait sur nous. La honte nous a saisis et moitié pleurant, moitié riant, nous sommes tombés dans les bras l'un de l'autre.

Mais il a fallu un long moment pour que l'enfant retrouve son calme : tant qu'il n'a pas été assuré, par des signes indiscutables, que ses parents étaient revenus à la paix, il n'a pas retrouvé la paix. Nous n'avons jamais oublié cette leçon, qui nous a éclairés à propos de nos relations avec nos enfants, certes, mais plus encore sur nos propres relations devant nos enfants. Il suffit en effet que nous nous donnions sous leurs yeux une marque d'amour, pour voir leur visage s'éclairer au contraire d'un sourire affectueux, la joie monter en eux... Ils ont non seulement besoin de l'un ou de l'autre, de l'un et de l'autre, mais plus encore de l'amour qui lie l'un et l'autre. La rupture, ici, les livre à une peur qui l'emporte sur toutes celles qui peuvent autrement les affecter.

La mode était, il n'y a pas longtemps — et certaines habitudes survivent à la mode —, de « faire un enfant » hors mariage et de s'offrir le luxe d'un jouet animé. Un enfant de compagnie, pour sa vie privée et pour soi tout seul, persuadé qu'on avait assez d'amour à soi tout seul pour avoir le droit de le priver d'un père ou d'une mère. J'ai vu — et je vois encore — quelques exemples de ces fruits d'un égoïsme aveugle : ils sont déplorables. Certes, la plupart de ces enfants constatent qu'on les aime, sinon d'un amour véritable et profond du moins d'un amour sélectif et exclusif. Et ils se mettent donc aussi à jouer un drôle de jeu, comme leur père ou leur mère ont joué eux-mêmes, avec cette existence qu'on leur a offerte à moitié.

Qu'un homme et une femme ne se soient pas assez aimés pour les mettre ensemble au monde, les voue à regarder une moitié de celui-ci comme étrangère à leur destinée. Que le père ou la mère ait été rejeté, qu'on ne l'ait pas estimé nécessaire à l'enfant non plus qu'au partenaire de sa naissance, provoque chez la plupart une sorte d'hémiplégie incurable. Tout un côté de leur vie demeure insensibilisé, atrophié, ou au contraire ouvert sur une plaie qui ne cesse de saigner. J'en connais au moins deux, privés de père, qui n'ont de cesse, lorsqu'ils m'accueillent dans leur maison célibataire, de m'inviter à venir habiter chez eux. Ce n'est pas dans mon propre foyer qu'ils voudraient vivre, où ils considèrent qu'il ne manque personne à mes enfants, mais chez eux qu'ils souhaitent me voir rester, chez eux qu'ils ressentent le vide d'une absence. « Tu sais, maman est toute seule », m'a dit l'autre jour celui-là, pour me dire que lui aussi est tout seul.

En fait, montrer à des enfants que l'on s'aime, c'est aller jusqu'à prendre sur soi, parfois, de leur offrir ce dont ils ont le plus expressément besoin, plus que de toute autre preuve d'amour, en même temps que l'on s'offre à soi-même ce dont on a aussi besoin. Leur montrer que l'on ne s'aime pas, c'est faire payer à d'autres — en l'occurrence des êtres désarmés — ses propres incuries.

Je ne sais rien de plus bas qu'une telle attitude : choisir des victimes sans défense. Des parents qui s'offrent le luxe ignoble de prendre à témoin leurs enfants de leurs différends, font preuve d'une vilenie à côté de laquelle je serais indulgent pour beaucoup d'autres. L'enfant kidnappé par l'un des siens pour servir d'otage contre l'autre : quel affolement dans sa jeune conscience ! A en perdre tout fondement ; à les amener pour jamais à confondre avec le chaos, le monde du sentiment. Les obliger à se poser en arbitre, voire en juge, de celui ou de celle qui est pour eux, non au-dessus mais en dehors de tout jugement, c'est blesser dans leur âme le lieu le plus sacré de toute référence.

Je connais de ces êtres terrorisés et désaxés depuis que l'on a fait tomber sur leurs frêles épaules cette responsabilité écrasante de juger d'un père ou d'une mère, à parler de ce qu'ils ne savent pas et ne sauront jamais. Une attitude aussi méprisable est certes le fait de parents indignes, qui ne se respectent pas plus eux-mêmes qu'ils ne respectent leur enfant, mais elle est aussi, de manière moins violente, plus répandue qu'on ne voudrait le reconnaître. J'entendrai toujours cette parole d'un petit garçon bouleversé : « Tu sais, je crois que mamy n'aime pas papy. » Et son frère de lui répondre : « Mais si, puisqu'ils sont mariés. » Logique supérieure et suprême d'un esprit d'enfant ! Et les deux petits garçons de discuter sur cette contradiction qui mettait le scandale dans leur jugement si net.

Les couples qui sont incapables de faire passer leur haine réciproque, après l'amour de leurs enfants, témoignent qu'ils n'aiment pas leurs enfants d'un véritable amour ; qu'ils ne cherchent en eux qu'un aliment à leur égoïsme. Et c'est cet égoïsme qui éclate soudain aux yeux de l'enfant jusqu'à lui inspirer une horreur ou un dégoût insurmontable, des attitudes de fuite devant la vie, ou un dessèchement du cœur qui n'était pas dans sa nature. Voir qu'on ne s'aime pas est pour lui le témoignage le plus irréfutable de la misère des adultes. Que ceux-ci continuent à l'aimer lui-même ne les rend pas moins misérables à ses yeux. Il semble d'abord qu'il prenne parti pour l'un ou pour l'autre — au hasard des circonstances, d'ailleurs, incapable qu'il est de savoir si ce parti est le bon. Mais bientôt, c'est l'un et l'autre qu'il renvoie dos à dos avec le même mépris, avoué ou non. Cet étalage que des aînés — et qui plus est : ses parents —, font de leur détresse et de leur misère, l'amène à ne plus rien attendre d'eux. Ni exemple, bien sûr, mais ni conseil et ni secours, dans les moments de ses propres difficultés. Abandonné qu'il est à lui-même, à ne croire plus qu'en lui-même.

« Les trois quarts des enfants de France sont des enfants abandonnés », écrivait il y a cinquante ans Montherlant. La proportion n'a pas varié au temps de l'Enfant-Roi : l'abandon essentiel n'a même fait que grandir, et on le voit bien à leur désespoir et à leur révolte. La plupart des enfants font seul l'apprentissage du plus important de la vie, tant les parents sont occupés de leurs démêlés personnels, jusqu'à obliger l'enfant à les porter. Combien sont à eux-mêmes leur propre père ou leur propre mère, parce que ceux-ci ont démissionné de leur fonction irremplaçable — quand ils ne l'ont pas dénaturée — : vivre la joie profonde de l'amour. Les difficultés du couple, de tout couple, que celui-ci n'a pas eu le courage et la noblesse de porter seul — je veux dire à deux —, qu'il a fait subir à ses enfants pour s'en décharger lui-même, conduisent ceux-ci, étrangement, à devenir les pères de leur propre père, les mères de leur propre mère, et à tirer d'eux-mêmes ce qui a manqué à leurs géniteurs. Ils ont charge d'adultes, et d'adultes en détresse. Mais leur horizon en est alors obstrué pour longtemps, sinon pour jamais. Et ce qu'on ose leur conseiller, sans manquer à l'amour du père et de la mère, c'est d'apprendre à se détacher, à s'écarter le plus loin possible, sinon de leurs parents eux-mêmes, du moins de cette part de leur histoire qui aurait dû leur rester en grande partie étrangère. Mais à quel prix, un tel détachement !

Parce que des parents ont contraint l'enfant à se poser indûment en juge de leurs propres actes, inviter alors celui-ci à les abandonner à leur tour sans pitié à leurs querelles, afin qu'ils en assument seuls la responsabilité, n'est pas un conseil que l'on donne volontiers et que l'on suit sans risque et sans douleur. Mais c'est la seule manière, pour l'enfant, de se délivrer du contre-témoignage qu'il a reçu la seule possibilité qui lui reste de revenir à l'amour qu'il est appelé lui-même à vivre, et à ne pas s'abîmer dans la mémoire d'un échec dont il n'est pas responsable. De toute manière, il fut déjà assez victime.

Et n'est-ce pas ce qu'obscurément, avec une malignité

qui les dépasse eux-mêmes, certains parents ont au fond voulu ? Faire payer à l'enfant leur propre impuissance à vivre l'amour ; le priver d'un bonheur qu'ils n'ont pas eux-mêmes connus. Fruit amer d'une haine qui descend bientôt du conjoint sur l'enfant, même quand elle se déguise sous des apparences contraires. C'est à l'enfant que l'on veut faire porter la rupture entre son père et sa mère, en ruinant en lui, par avance, sa faculté d'aimer. Non seulement on lui montre que l'on ne s'aime pas, mais on tue la possibilité qui lui reste d'aimer lui-même. Quand la démission parentale va jusque-là, elle est non seulement faiblesse, mais crime.

Certes, voir au contraire l'amour du père pour la mère, de la mère pour le père, c'est comme assister en permanence à ce qui fut l'origine de votre propre vie et qui se perpétue dans cet amour quotidien. Découvrir que l'on est, non le fruit du hasard, ou de l'indifférence ou d'une volonté particulière et égoïste, mais de l'amour qui a soudé et soude encore deux êtres l'un à l'autre, c'est apprendre à s'aimer soi-même comme le fruit de cet amour d'élection. Non à se mépriser comme le résultat d'un acte indifférent. Alors le père et la mère ne sont pas des adversaires, ou des ennemis ; ni même, seulement, des camarades d'existence, mais les introducteurs privilégiés et irremplaçables de notre propre vie au mystère de la vie. Des parents unis, non sur un intérêt provisoire, ou sur des passions étroites, mais dans l'amour, ouvrent aux enfants un horizon sans frontière. Ils savent alors qu'ils sont eux-mêmes appelés à la même aventure que celle dont ils ont vu l'exemple si heureux.

Chapitre VIII

Adopter son enfant

Certes, l'instinct maternel existe, disait-on volontiers autrefois, l'instinct paternel : non. Mais cette affirmation même est aujourd'hui contestée : seule l'éducation imposée dans certains types de sociétés aurait amené une femme, un homme, à ressentir l'enfant comme un besoin dit naturel, et partant, à s'estimer responsables des êtres auxquels ils pourraient donner la vie. Une publicité habile ne vous amène-t-elle pas à croire aussi que vous ne pouvez vous passer d'une automobile ou d'un voyage ? En réalité, l'homme ne s'intéresserait pas naturellement au fruit de sa copulation, et qui plus est, il n'attendrait jamais de celle-ci qu'elle produise un fruit. D'autres poncifs sociaux aidants, il serait même disposé à agir en sorte qu'elle ne donne aucun fruit. Beaucoup de femmes, mais pas d'enfants : voilà où iraient vraiment l'instinct et les vœux de l'homme. Et la femme ayant tiré du légendaire affranchissement masculin son propre idéal, lui emboîte le pas dans la même direction.

Rien de neuf : la seule nouveauté étant de l'avoir théorisé à l'échelle universelle. Il ne s'agit que de creuser un peu plus la distance entre l'homme et la femme, de la transformer en rupture irrémédiable. En niant notamment que l'enfant, ce trait d'union naturel entre eux, et qui les appelle d'abord à un contact si étroit, puisse, surmontant leurs différences, les lier l'un à l'autre au-delà d'une minute éphémère. Le fait que le fruit de la copulation soit déposé en elle, ne crée qu'un embarras de plus à la femme ; pas un instinct de plus.

Il lui suffit d'essayer, et elle s'apercevra qu'elle se débarrasse aisément de lui dès les premières semaines où il commence à germer. Ce qui faisait rougir les générations précédentes lorsqu'elles le pratiquaient, n'est plus qu'un geste clinique sans conséquence, qui a l'air de témoigner facilement contre tout instinct maternel. Et surtout ce qu'il impliquait de contraintes pour la femme. Après l'accouchement même, il suffit de se défaire des anciens préjugés, pour s'apercevoir qu'il n'est pas plus difficile d'abandonner un enfant de six mois, de un an, de dix ans, qu'un fœtus. Nous appartenons à une génération et une société où il n'est pas question de contester nos liens avec le social tout-puissant. Un social anonyme. Mais les êtres personnels qui constituent le tissu de ces sociétés et de nos destinées, sont faits au contraire pour aller, venir, apparaître et disparaître au gré des événements, tous interchangeables qu'ils sont ! Et les enfants comme les autres. Être ou ne pas être père et mère, importe peu.

Ceux qui, privés d'enfants, éprouvent cependant quelque amertume de leur situation, ne sont, dans cette mentalité, que les victimes d'une interprétation erronée de leur désir. On leur dira qu'il ne leur manque qu'un peu d'amour, n'importe quel amour, qu'ils n'ont pas à demander à l'enfant. Il n'est pas certain que celui-ci soit en mesure de le leur offrir. Être délivré de ce fruit — ou plutôt de ce risque qu'est l'enfant, paraît alors un avantage considérable qui libère l'amour de ses chaînes, c'est-à-dire de sa responsabilité. En cet amour-là, on ne s'aime plus que soi-même. Enfin soustrait à la menace qui pesait sur la vie à deux, l'amour se développe pour lui tout seul. Vivre dans un monde où seules les passions fugitives présentent queique intérêt provisoire, quel idéal plus accessible ? On est tenté de présenter alors le couple stérile comme exemplaire pour tous les autres. Et il n'est pas rare qu'on le fasse.

Que beaucoup de ces couples, stériles sans l'avoir voulu,

persistent à affirmer le contraire avec un désespoir déconcertant, soulève certes un embarras dont il faudrait se délivrer. Que leur amour le plus intense ne leur tienne pas lieu d'enfants, gêne les solutions faciles de l'égoïsme.

En parallèle au couple qui refuse l'enfant, il est éclairant en effet de présenter celui qui l'appelle de ses vœux et doit se résoudre à accepter un jour sa stérilité. J'en connais d'âgés, j'en connais de jeunes, et le pathétique de leur situation varie avec chacun, mais tous ont en commun d'avoir découvert l'amertume d'un amour qui ne peut se donner plus loin que soi, et réduit à se clore sur lui-même. Un couple marxiste me le disait fort bien un jour : « Il y avait, malgré cette confiance, ce bonheur de connaître un amour vrai, un sentiment de malaise, parce que je me disais, confesse Juliette Darle : ce n'est pas suffisant que l'amour existe seulement jusqu'à la fin de notre vie. L'arrivée de notre fille a été une révélation profonde. Là, je me suis dit : voilà enfin ; cet amour aura une dimension éternelle, mais par l'enfant qui continue la vie au-delà de nous. C'était pourtant la plus simple des choses, mais je ne l'ai vue qu'en la vivant. Cela devrait être une évidence pour tout le monde mais je ne l'ai ressentie qu'à la naissance de notre fille *. »

Quand il s'agit de couples profondément unis, ils partagent cette déréliction et y trouvent une occasion supplémentaire de se témoigner leur amour réciproque. Tous n'en sont pas acculés au geste politique mais douloureux du Shah d'Iran contraint de répudier Soraya, l'impératrice stérile, afin d'assumer dans une nouvelle union un successeur à son trône. La plupart devront au contraire vieillir ensemble dans le regret de cet enfant qu'ils n'ont pas eu, aussi poignant souvent, que la détresse de ceux qui ont perdu un enfant. C'est une forme de mort lovée au cœur de ce qu'il y a en eux de plus vivant. Ils mesurent, plus profondément parfois que certains parents comblés, le privilège inouï de communiquer la vie à d'autres êtres.

* Christian Chabanis : *Dieu existe-t-il ? Non...*, Fayard, p. 313.

Combien se plaignent des difficultés de l'existence, gémissent sur leur sort, voué ni plus ni moins que les autres à affronter des obstacles, mais ne se félicitent jamais de la bienveillance du destin envers eux, qui leur a accordé un ou plusieurs enfants ? Il leur paraît si naturel d'être ainsi comblés qu'ils en oublient les couples qui ne le sont pas. Il semble facile, à priori, de « faire un enfant » ! Comme s'il n'appartenait qu'à nous d'en décider.

Je me souviendrai toujours, dans le temps où mon épouse attendait notre premier fils, de ce dîner en compagnie d'un ménage qu'elle ne connaissait pas encore, mais pour lequel je lui avais dit mon amitié profonde et déjà ancienne. J'avais justement vanté plus que de coutume leur qualité, et la grâce tout à fait exceptionnelle de la femme qu'elle allait rencontrer. Or, durant tout le repas, celle-ci ne desserra pas une fois les dents, jusqu'à installer à notre table une gêne palpable. Les efforts de son mari et les miens pour la dérider n'avaient l'air que de l'enfoncer davantage dans son mutisme et l'espèce d'absence où elle flottait. Ils repartirent assez rapidement, le repas achevé, et ma femme s'étonna de cette relation glaciale, qui me stupéfiait plus encore.

Nous eûmes le lendemain la clef de l'énigme. Très tôt, son mari nous téléphonait, et bientôt tendait l'écouteur à son épouse elle-même, qui tenait à s'expliquer. Ils avaient d'ailleurs passé une partie de la nuit en conversation. Devant ma femme à quelque jour de son accouchement, si visiblement et comme insolemment enceinte, notre amie avait soudain craqué. Elle qui ne pouvait mettre au monde un enfant, et l'avait pourtant souhaité, au point d'aller longtemps de médecin en médecin et de clinique en clinique, s'était soudain sentie saisie d'un désespoir invincible. Son enjouement, sa gentillesse si constante, avaient été brisés d'un coup dans leur élan, par le spectacle de cette maternité prochaine, et elle était revenue sur trente années, passées à attendre en vain ce qui nous était donné si généreusement après dix mois de mariage. Depuis lors, elle est l'amie de nos enfants comme elle est restée la nôtre, mais je n'oublie jamais sur quel désespoir silencieux repose son amitié. Jamais, non plus, que la paternité et la maternité sont un don rare, mais dont beaucoup ne mesurent pas qu'il est si rare avant d'avoir compris la souffrance de ceux qui en sont privés.

L'adoption est-elle le remède à un tel dénuement ? On ne saurait précipitamment répondre à la question. D'abord parce qu'elle ne concerne pas seulement le couple mais l'enfant. Remède pour l'un, il arrive qu'elle ne le soit pas pour l'autre, et chaque histoire ici comporte ses données particulières.

Il est vrai que l'adoption prétend répondre à deux désarrois : celui des couples sans enfants, et celui de l'enfant sans père ni mère. Ce qui manque à chacun paraît si complémentaire du manque de l'autre, qu'on les imagine tout naturellement allant au secours de chacun, et le comblant. Il arrive d'ailleurs, par le jeu des circonstances, qu'une telle rencontre s'opère seule. Un enfant abandonné, ou simplement délaissé, se détache peu à peu de son foyer naturel, adhère à un autre, et y trouve une si profonde résonance à son besoin d'amour, qu'il finit par rompre avec le premier et considérer le second comme sa vraie famille. Il arrive aussi que la solitude d'un couple sans enfant, ou qu'une femme délaissée, un homme solitaire se prennent d'affection pour un petit être que le destin a placé sur leur chemin.

Dans les deux cas, tout ce que l'amour de l'enfant pour les parents, des parents pour l'enfant, peut susciter d'indicible, surgit de la rencontre. L'attachement est d'autant plus puissant que chacun mesure combien il est abandonné sans l'autre. Leur vie aurait pu se poursuivre sans qu'ils connaissent jamais le bonheur qui leur est enfin donné, et ils le savent. Il existe une adoption réciproque qui révèle, s'il était nécessaire, la nécessité de ce lien qui va des parents à l'enfant et de l'enfant aux parents. Nul ne saurait s'en passer. Un petit être reconnu par un couple qui le prend soudain en charge et lui manifeste son amour, en est certes transfiguré. Tel, qui a vécu longtemps dans la disgrâce, ne croit même pas, dans un premier temps, que son sort ait pu changer. Il hésite à accepter ce don, le met d'abord à l'épreuve, quelquefois avec sauvagerie, comme pour vérifier que sa sauvagerie même ne le fera pas repousser.

Je sais un enfant venu dans un foyer aimant alors qu'il avait déjà trois ans, et après avoir vécu plusieurs rejets, qui n'ose pas encore, trois ans plus tard, user librement de l'amour qui s'offre à lui. Il a si peur, obscurément, de le perdre encore, qu'il fait tout ce qui pourrait décourager les parents adoptifs. Petit animal sauvage, dont le lien avec le monde était rompu, il faudra combien de temps pour le renouer, combien d'amour ? Et pourtant, il a envie d'y croire. A la dérobée, il observe le père et la mère que le destin vient de lui rendre. Son visage d'enfant meurtri parle malgré lui : il se demande si ces parents, comme ils le disent, sont les siens. Ou ceux d'un autre, qu'on lui a seulement prêté et qu'on va lui reprendre, comme on lui a toujours tout repris. N'est votre père ou votre mère que celui ou celle dont personne ne vous dépouille, qui ne vous abandonne plus au milieu des étrangers. C'est ici qu'un homme et une femme privés d'enfant peuvent révéler combien ils étaient père et mère, autant que d'autres qui le sont naturellement. A côté des parents indignes il est ceux tellement dignes de l'être, qu'ils finissent par le devenir quand bien même ils n'auraient pas enfanté charnellement. Ils créent l'enfant autrement que par la chair, je veux dire qu'il établissent entre un petit être et eux-mêmes, ce lien dont l'enfant a besoin pour se risquer à vivre sans trembler. Et dont ils ont eux-mêmes besoin pour vivre. Non seulement ils lui tiennent lieu de père et de mère, mais ils sont père et mère, grâce au bambin inespéré qui vient combler l'abîme dont leur cœur, sans lui, serait resté à jamais béant.

De tout enfant, on peut dire qu'il est adopté ou ne l'est pas, suivant qu'il a, ou non, rencontré le père et la mère dignes de leur nom. D'abord les siens, certes. Car même celui que ses parents ne confient pas à l'assistance publique n'est pas étranger à ce besoin d'être reconnu pour l'enfant irremplaçable qu'il est. Qui peut se passer en venant au monde d'être pleinement adopté par un homme et une femme ? Heureux pour lui s'il s'agit de ses parents selon la chair, qui n'ont pas redouté de le reconnaître pour leur. Il ne suffit donc pas de demander égoïstement si la femme et si l'homme éprouvent l'instinct de l'enfant, mais plus profondément si cet instinct répond à un besoin de l'enfant lui-même. Celui-ci ressent-il la nécessité du père et de la mère, ou seulement d'aimer indifféremment n'importe qui et d'être aimé par n'importe qui ? Et alors la réponse ne souffre pas une hésitation.

Il est évident que même l'enfant abandonné par ses géniteurs n'est pas pour autant en mesure de s'en passer. Cet abandon justifie amplement qu'il s'adresse à une autre femme, à un autre homme pour en recevoir ce que lui refusent son père et sa mère légitimes : à penser que son véritable père, sa mère véritable sont ceux qui l'ont reconnu pour leur enfant. L'adoption, et ce qu'elle implique de réciprocité — se reconnaître père et mère, se reconnaître fils et fille —, ne relève pas de l'arbitraire d'une société. Elle rejoint les êtres en ce qu'ils ont de plus essentiel : s'inscrire dans une filiation.

Est-il indispensable de dire à un enfant adopté qu'il l'est ? Un père et une mère d'adoption le deviennent au point qu'ils ont certes le droit de se considérer comme les géniteurs de cet enfant : il n'a plus d'autres parents. A moins de raisons tout à fait particulières — races différentes, orphelin adopté tard — est-il absolument nécessaire de lui apprendre qu'il a été abandonné par d'autres ? Est-il encore leur fils ? Ne l'est-il pas plutôt de ceux auxquels il doit, sinon la vie, du moins de lui avoir sauvé la vie ?

Leur adoption révèle assez combien eux-mêmes étaient fondés à désirer un enfant, combien l'instinct qui l'appelait avait raison, malgré les preuves cruelles de la stérilité. Paternité et maternité sont si expressément inscrites dans la nature humaine, qu'il serait futile de les lier au seul fait d'avoir ou non un enfant. Le besoin d'une filiation est le plus radical des besoins, et le rompre revient à renier son être même. Nous sommes un jour naturellement père comme nous sommes naturellement fils, et quand les circonstances et le destin entravent ce mouvement de la vie en nous, il trouve d'autres manières de se manifester, sinon l'harmonie intérieure et privée en est rompue. L'adoption d'un père et d'une mère par l'enfant, d'un enfant par un père et une mère, est si nécessaire qu'elle répare même les injustices du destin à l'endroit de certains couples et de certains enfants.

Il est d'autres adoptions d'ailleurs qu'au plein sens du mot, et elles ne sont pas moins révélatrices de ce besoin. Elles ne font que tenter aussi de rétablir les liens défaillants. Elles ne les remplacent certes pas, mais réparent quelques-uns des dégâts causés par l'abandon. Les orphelinats n'ont jamais eu très grande réputation, et n'ont pas guéri de tout leur désespoir les petits êtres qui leur étaient confiés. Preuve que ces institutions sont peut-être inadéquates, mais preuve d'abord que cette soif d'amour est sans doute trop grande pour qu'une institution seule y réponde. Quelle que soit la qualité de ceux qui acceptent de consacrer leur vie à des enfants abandonnés, l'enfant est toujours exclusif dans son amour, il a besoin d'un père et d'une mère qui ne soient qu'à lui. Les partager déjà avec des frères et sœurs ne s'apprend pas d'un coup. A fortiori avec des étrangers.

Il reste alors dans le petit être ce lieu solitaire qui cherche désespérément celui ou celle qui l'adoptera comme un être unique. Nous avons tous vu venir à nous de ces enfants sans mère ou sans père qui attendaient de nous de les remplacer. Et comment ne pas répondre à cet appel, non dans toute l'acception du mot adoption, mais en écoutant cette part inviolable de l'âme qui cherche sa filiation. Il arrive alors qu'une sorte de paternité spirituelle supplée à l'absence de l'autre, et rétablisse l'harmonie rompue dans une vie d'enfant. Et sans doute est-ce là que nous touchons au fondement de l'instinct maternel et paternel, tant dans le rôle qu'il joue auprès de l'enfant que dans celui qu'il joue pour les parents.

Quelle est cette filiation si nécessaire à l'harmonie profonde de l'existence, qu'on peut lui trouver des substituts, mais dont on ne peut se passer sans manquer à sa propre vie ? Le fait est que nous sommes fils. L'homme ne s'est pas donné à lui-même la vie : il l'a reçue. Que cette situation lui agrée ou non, elle correspond à sa réalité fondamentale. Le reconnaître, c'est reconnaître l'évidence. Et quand on s'interroge sur cette paternité à laquelle on doit la vie, à laquelle notre père lui-même la doit, on se souvient que la prière laissée aux hommes par le Christ, commence par les mots révélateurs : « Notre Père... » Voici le nom du Père. Nous ne tenons pas la vie de nous-même, et pas seulement d'un dieu, mais de Dieu qui est le Père. Toute filiation est fondée en Lui, et par là s'explique cette nécessité pour tout homme de s'inscrire dans ce qui fonde son existence. Il ne suffit pas de Dieu qu'il soit l'Ami, qu'il soit le Frère, qu'il soit l'Amour, etc. Dieu est le Père. Il est le lieu de toute paternité, et dont les autres tirent leur densité. Toutes remplissent alors une fonction divine par l'homme interposé, mais le père, c'est d'abord LUI. Filiation du Dieu qui est Père, sacralisant toute filiation de l'homme lorsque Jésus, Fils unique du Père, devient cependant le Fils de l'Homme en devenant fils de Marie. La maternité est élevée alors à une dignité quasi divine. « Vous êtes bénie entre toutes les femmes » parce que « le fruit de vos entrailles est béni ». Marie, et le oui qu'elle a prononcé à la maternité, fait entrer celle-ci dans la filiation éternelle dont elle semblait exilée. D'où la joie essentielle de se reconnaître fils, et d'abord de ceux à qui Dieu a dévolu toute paternité pour nous donner la vie. D'où la joie, aussi, de se reconnaître père, qui est de participer à cette filiation, dans un acte d'amour autrement vaste que nos premières vues de l'amour pouvaient nous le laisser penser.

Nous sommes celui en qui la vie est reçue pour être

donnée, reçue gratuitement pour être donnée gratuitement. Nous pouvons briser la chaîne, refuser la vie qui nous est offerte et nous donner la mort ; refuser le père qui nous l'a donnée et lui donner la mort. Mais notre refus, s'il témoigne de notre liberté, ne dérange pas pour autant l'ordre du réel : il n'est que fuite dans l'imaginaire.

Nous pouvons aussi considérer que cette vie donnée l'a été arbitrairement, sans que nous la devions à quiconque, ni père, ni fils. Nous l'approprier exclusivement, et rompre la filiation dont nous ne sommes que l'un des chaînons. Nous pouvons tuer les fils en refusant de leur donner la vie, mais nous tuons plus que nos propres fils : nous altérons la création. Dans la crise de paternité qui stérilise le monde contemporain, tous ces éléments se trouvent réunis à dose plus ou moins importante. Mais le meurtre du Père est d'abord le meurtre de Dieu, c'est-à-dire de la filiation qui inscrit la destinée humaine dans la seule dépendance où s'exprime sa liberté.

Refuser cette paternité, c'est nécessairement en inventer une de rechange, mensongère, et qui situe l'homme dans une dépendance autrement plus étroite et rigoureuse. Fils du social ou du politique, fils de soi-même ou du hasard, pour ne pas se reconnaître fils de Dieu : la méprise est tragique, qui désespère peu à peu tous ceux dont elle s'est emparés. L'enfant sans père est toujours un enfant perdu ; l'enfant sans Dieu, un enfant abandonné, livré à tous les caprices de l'histoire. C'est pourquoi ce siècle est témoin d'oppressions plus systématiques que toutes celles dont les siècles les plus noirs du passé ont été les victimes ; de dépressions plus insolubles que toutes les détresses humaines jusque-là dénombrées. Et il est digne d'attention, que la crise de paternité touche les églises elles-mêmes. Des clercs — que l'on appelle encore « pères » par habitude lorsqu'ils n'imposent pas de leur donner de leurs prénoms à la manière nord-américaine — répugnent à assumer la paternité spirituelle qui leur est dévolue, et qui témoignait du fondement de toute paternité, parce qu'ils ont eux-mêmes refusé d'assumer la filiation spirituelle dans laquelle ils étaient appelés d'abord à reconnaître leur identité de fils.

Un grand nombre s'est jeté par exemple dans le mariage comme s'il n'avait été inventé que depuis vingt ans, et prétend suppléer à son impuissance spirituelle en procréant deux ou trois rejetons. Peine perdue : rien ne remplace rien, et ce qui leur manque dans le célibat continue de leur manquer dans le mariage : leur fuite, où qu'elle aboutisse, révèle à quel point le sens profond de la filiation divine s'est émoussé en eux. La paternité que le prêtre incarne, et que personne n'est en mesure d'assumer à sa place — les laïcs ne seront jamais que nos frères —, est celle qui nous rend au sens premier de toute paternité, à l'adoption fondamentale dont nous sommes l'objet de la part de Dieu lui-même. A travers eux, l'homme se souvient que pas un être n'est « le fils de personne ». Si solitaire soit-elle, toute destinée s'alimente à l'amour d'une adoption qui l'a reconnue dès son origine. L'enfant abandonné, le père ou la mère abandonnés, renouent à travers le prêtre avec le sens de toute filiation. Mais emporté par la facilité qui entraîne le monde, celui-ci a souvent renoncé à son témoignage le plus essentiel, et renvoie à leur détresse les enfants de Dieu qui attendaient à travers lui le salut ; il les abandonne à leur désarroi comme le monde les a abandonnés.

Mais quelle réduction du destin humain ! Adopter son père, puis son fils, s'inscrire dans cette filiation, c'est en effet découvrir l'humble mais superbe condition de l'homme qui est fait pour recevoir et pour donner beaucoup plus que lui-même. C'est si peu de ne donner que soi ! Il appartient toujours à l'esprit de rappeler la dimension spirituelle de cette filiation, sans laquelle l'autre ne serait rien. Il revient aux pères qui ne le sont pas selon la chair de nous ouvrir à une autre dimension de la vie. Là où ils manquent à leur vocation, la vie manque à la sienne. Responsabilité tragique de ces clercs qui ont abandonné la paternité spirituelle dont ils sont investis, et qui privent ainsi le monde de la vie de l'esprit.

Quelle plénitude, en revanche, lorsqu'ils l'assument ! Celui qui n'a pas renoncé à sa mission, qui accueille tout homme comme un enfant pour l'enfanter à la lumière, inscrit son existence — et la nôtre — dans la relation qui réconcilie chaque destinée avec son origine et sa fin. Il est témoin que nous ne sommes pas seuls, ainsi qu'en ont témoigné avant lui, et aujourd'hui encore, ces millions d'hommes et de femmes qui déploient la paternité et la maternité divines jusqu'aux extrémités du monde. Vocation fondamentale, qui retrouve au profond du mystère, le vrai sens de toutes les adoptions.

Chapitre IX

Et s'il n'était pas comme les autres...

Tous les couples qui attendent un enfant se posent quelquefois la question : et s'il était anormal ? Faudrait-il le laisser en vie ? A première vue, personne ne se sent capable d'assumer la paternité et la maternité à ce prix : l'enfant qui transforme une source de joie en source de souffrance, inspire un effroi justifié. Car c'est bien ce que l'on entrevoit aussitôt : une croix quotidienne sans rémission, parce qu'elle vous touche à l'endroit le plus sensible, où les blessures ne cicatrisent pas. On regarde près de soi, ou un peu plus loin, tel couple « à qui c'est arrivé », et l'on éprouve à son endroit toutes sortes de sentiments confus, où l'envie n'a en tout cas aucune part. On accorde volontiers qu'ils ont une vertu dont on se sent à première vue incapable, et le cœur le mieux trempé est tout à coup saisi par l'angoisse : il est vrai que la paternité et la maternité peuvent exiger de nous d'aller jusque-là. Est-ce tolérable ? Faut-il accepter de payer d'un tel risque la joie de donner la vie ou bien trier les enfants qui vous conviennent de ceux qui ne vous conviennent pas, les moments où ils vous agréent des autres ?

Les seuls qui soient véritablement en droit de répondre sont les parents qui assument une telle infortune, et avec eux, les enfants qui ont bénéficié de leurs soins, pour ceux d'entre eux qui sont du moins en mesure d'en prendre conscience. Mais à vrai dire, la plupart n'ont eu à se poser la question qu'à dater du jour où elle était résolue, c'est-à-dire du matin où ils se sont trouvés en présence de cet enfant, le leur, qui n'était pas comme la plupart des autres. Le malheur a fondu d'un coup, sans crier gare. Ils n'avaient d'autre solution que de reconnaître pour leur enfant celui qu'il n'attendait pas, au lieu de l'autre qu'ils attendaient, ou de le repousser aussitôt, de s'en défaire comme s'il n'était pas le leur, en le reniant, ou en le confiant le plus loin possible. Et l'on s'interdit de porter le moindre jugement sur ce refus. Mais il est vrai que le père, la mère, ce sont les autres : ceux qui ont accepté la paternité et la maternité à ce prix. Et qui ont entamé une longue aventure dont l'histoire ne sera jamais écrite et dont leur cœur seul connaît le secret détail quotidien.

Il y a quelques années, un couple stérile que j'ai la joie de connaître, avait décidé d'adopter un enfant. Comme il porte le nom d'une famille illustre, celle-ci, plutôt réticente à leur projet, avait demandé que, faute de pouvoir s'abstenir de le mettre à exécution, ils choisissent au moins un enfant du sexe féminin. Or, une veille de Noël, on leur apprend qu'une petite fille vient de naître dont ils pourront disposer dans les heures qui viennent. Mais la voix qui les appelle au téléphone d'ajouter : « Avec la fille est né un garçon, son jumeau. » Ils ne sont nullement obligés, bien sûr, de l'adopter également : l'administration leur laisse à cet égard toute liberté. Cependant, on a tenu à les informer de la situation particulière de la fillette.

L'homme qui tient l'appareil demande un instant, le temps de répéter à sa femme ce que l'on vient de lui annoncer. Puis l'homme et la femme s'interrogent et se répondent longuement du regard, en silence. A la fin, c'est lui qui se risque : « Nous les prenons tous les deux, n'est-ce pas ? » La femme acquiesce et sourit. Et le père transmet aussitôt leur réponse : « Nous viendrons les chercher le plus tôt possible. » Silence, alors, à l'autre bout du fil. Puis la voix reprend : « Je dois ajouter encore une chose : le garçon a un pied-bot. Pour le reste, il est tout à fait normal. Mais comme il a ce handicap, je vous laisse le temps qu'il vous plaira avant de prendre une décision définitive. Il suffira de me rappeler après Noël. » « Attendez, dit l'homme, attendez un moment. » Il se tourne à nouveau vers sa femme : « Non seulement il y a un garçon avec la fille, mais le garçon a un pied-bot. » Nouveau silence, qui dure un peu plus longtemps que le premier. Et c'est elle, alors, qui le rompt : « Nous l'avions déjà accepté, n'est-ce pas ? Moi qui ne peux pas avoir d'enfant, il pouvait aussi m'arriver d'en avoir un comme lui. Nous ne l'aurions pas repoussé ? » Le père reprend l'écouteur : « Quand pouvons-nous les voir ? Et les emmener avec nous ? Le jour de Noël, ce serait tellement beau ! » « Eh bien, venez les chercher ; nous réglerons les formalités après. »

Depuis plus de six ans qu'ils sont entrés dans ce foyer et dans cette famille, les jumeaux en sont la joie et l'honneur. Le garçon, notamment, surdoué, fait l'admiration de ses oncles et de ses tantes qui, l'émotion passée, l'ont heureusement adopté à leur tour. L'histoire, vraie, se passe de commentaires, mais elle révèle assez que nul ne peut préjuger tout à fait de ses réactions devant un enfant qui n'est pas celui qu'il attendait. A fortiori le vôtre. Nul ne sait tout de lui-même.

Je pourrais citer aussi les exemples de couples qu'un tel enfant — plus touché, il est vrai — a jeté dans une déréliction irrémédiable. Soit qu'ils l'aient confié à des institutions spécialisées — ou même carrément abandonné —, soit qu'ils l'aient gardé dans leur foyer pour l'entourer de leur amour et de leurs soins, ils en sont pourtant comme blessés à mort. Et il n'est personne qui ne les comprenne profondément, quand même on ne puisse approuver aucun abandon. J'ai le souvenir des heures horribles que nous avons vécues lorsque, pendant une semaine, notre fille, alors âgée de deux ans, s'est retrouvée paralysée à la suite, certainement, d'un vaccin douteux. Elle est aujourd'hui totalement rétablie, Dieu merci. Mais durant huit jours, nous n'avons plus tenu entre nos bras qu'un corps désarticulé, nous n'avons plus renconté qu'un petit regard affolé par son étrange situation, et les manipulations, les examens auxquels il fallait la livrer. D'un coup, sa mère et moi n'étions plus que deux êtres aux abois, totalement soumis à tous les possibles. D'un coup, nos garde-fous, nos critères, s'étaient évanouis, suspendus que nous étions au diagnostic que la Faculté allait porter sur ce mal brutal et sur les possibilités de guérison. L'avenir nous apparaissait si effrayant, si hasardeux, que rien ne semblait pouvoir faire contrepoids à la terrible emprise du mal sur l'enfant, notre enfant, soudain prisonnière d'un corps inerte.

Alors, les parents que nous avons croisés durant huit jours, dans les couloirs et les chambres des Enfants Malades, et dont les gosses revenaient là depuis des mois, quelquefois des années, pour des opérations interminables et peut-être inutiles, ces pères, ces mères m'ont donné une autre mesure du sentiment paternel et maternel. Sa vraie mesure est d'être sans mesure, et d'aller jusqu'au bout de ce qui lui est demandé, fut-ce l'impossible. Oserait-on parler en leur nom ? Mais qui ne serait emporté aussi avec eux vers cette autre face des choses, qui ne concerne plus le bonheur de vivre, la fête humaine, mais son malheur, sans que la vie en soit moins humaine pour autant.

« Il y a le monde de ceux qui aiment, et le monde de ceux qui n'aiment pas ; le monde de ceux qui souffrent, et le monde de ceux qui ne souffrent pas : ces deux mondes ne se rencontrent jamais », écrivait Montherlant, dans *Le Cardinal d'Espagne*, dramatisant la distance jusqu'à la rupture. Il est pourtant vrai que ces deux mondes ne se rencontrent d'ordinaire que pour s'exclure l'un l'autre, qu'ils éprouvent une sorte de répulsion réciproque, alors qu'ils sont si profondément complémentaires dans la réalité de l'existence.

Les visages que j'ai croisés dans cet hôpital sont de ceux qui ne s'oublient jamais. Auprès d'autres enfants malades, auprès d'êtres meurtris, parfois difformes et monstrueux, j'ai rencontré des pères et des mères qui ne sont plus habités que par l'amour. J'ai vu de quoi l'amour est capable quand il soutient le désespoir. Lorsqu'il n'y a plus rien à attendre, pour certains, qu'une souffrance renouvelée chaque jour, on découvre avec stupeur qu'il leur reste l'amour, que cet amour est entré dans la dimension infinie pour laquelle il est fait. Au point que, lorsque notre propre cauchemar a pris fin, aussi soudainement qu'il avait commencé, lorsque Marie nous a été rendue, guérie presque totalement, ou du moins en voie de l'être à brève échéance, ce n'est pas l'envie que j'ai lue sur ces visages, mais la joie qu'une enfant ait été épargnée, même si cette enfant n'est pas la leur. J'ai vu ces regards admirables, où la détresse le dispute au courage, s'emplir du bonheur des autres. Mais un bonheur qui n'était pas non plus le nôtre, parce que rien ne le méritait en nous plutôt qu'en eux. J'ai senti, dans l'humilité avec laquelle ces parents la regardaient, le don gratuit de cette joie qui nous était restituée. Son miracle nous révèle violemment qu'elle ne nous appartient jamais, qu'elle n'est jamais acquise comme un droit ou un dû. J'ai senti le don qui est au cœur de toute vie, même quand celle-ci l'ignore. Et notre gratitude est devenue prière.

Le malheur invite à prier, mais l'homme est né pour une prière plus haute : celle du bonheur qui prie. La prière qui monte du bonheur est la plus noble, non seulement parce qu'elle ne demande rien, mais parce qu'elle reconnaît que ce qu'elle possède ne vient pas d'elle. Elle n'oublie pas ce que le malheur lui a révélé : qu'elle est tout entière livrée au mystère, dans le meilleur et le pire. Comment ne pas tout apprendre de ces visages humains que les angoisses marquaient de manière indélébiles, mais où l'amour, cependant, l'avait emporté sur elles. Il suffisait de les voir penchés sur leur enfant pour comprendre que rien ne comptait davantage que lui, quand certains n'étaient même pas en mesure de témoigner la moindre gratitude. Mais est-ce de la gratitude que leurs parents demandaient ?

L'amour gratuit, qui n'attend rien en retour, n'est-ce pas en vérité l'amour ? Pas un instant, l'on n'éprouve auprès de ces hommes et de ces femmes, le sentiment de vanité, de néant, qui vous saisit dans la plupart des rencontres humaines, mais au contraire celui d'une mystérieuse coïncidence avec la face suprême et cachée du monde. La puissance de cet amour est d'une telle évidence qu'elle vous remplit tout à coup de sa force, et tandis que nous nous interrogions sur les suites qu'aurait le mal de notre fille, tandis que nous basculions d'un coup dans cet univers qui semble sans issue, nous découvrions aussi qu'il existe en chacun un héroïsme inconnu qui se révèle quelquefois à la hauteur de l'événement impossible. De toute notre âme, nous avons prié pour que ce calice s'éloigne, mais de toute notre âme, aussi, nous avons contemplé ce mystère auquel nous étions un moment associés. Il est vrai que le destin humain ne se réduit pas à ses bonheurs et à ses souffrances. Et que quelque chose, en lui, les transcende les unes et les autres. Ils nous l'ont prouvé, alors qu'éperdus de joie, nous emmenions notre fille loin de l'hôpital. Notre bonheur était devenu leur bonheur. Je n'oublierai jamais ces timides sourires qui saluaient notre départ, ces regards où tenait l'humanité dépouillée de tout artifice.

Aurions-nous partagé leur courage si notre enfant avait été frappée pour toujours ? Je n'ose répondre à la question, et j'ose à peine la formuler. Je sais seulement que d'autres ont ce courage, et qu'il faut chercher un exemple du côté le plus haut, non de la démission. Pour cela, nous n'aurions qu'à nous abandonner à nous-mêmes. Je sais aussi que ces enfants n'ont pas moins besoin que les autres de parents, et sans doute davantage encore. Le soir, quand il fallait quitter notre fille, l'abandonner à ces étrangers — même infiniment attentifs — auxquels elle était confiée, dans un monde étranger, qui, d'elle ou de nous, éprouvait le plus grand désarroi ? Elle, autant que nous. Et soudain, sans négliger les autres enfants, c'est à elle, en effet, qu'allaient nos préoccupations constantes.

Les parents dont un enfant, parmi les autres, n'est pas comme les autres, ne disent-ils pas volontiers que c'est au plus démuni que va leur prédilection ? Un couple ami, dont le dernier garçon est mongolien, me disait que ses cinq frères et sœurs, jusque-là égoïstement consacrés à leurs seuls intérêts immédiats, avaient fait soudain entrer dans leur vie un autre regard et donné un sens nouveau à leur fraternité. Ces petits êtres suscitent comme une sorte d'élévation du niveau moral dans leur entourage. Ils l'appellent à ne donner que le meilleur de lui dans la gratuité d'une générosité sans réserve. Comme si, tenus en deçà de l'humain, ils nous invitaient au surhumain, dans une sorte de compensation mystérieuse.

Si l'on oppose à cela que certains parents éprouvent pourtant le sentiment que leur vie en est gâchée pour jamais, il vaut la peine de se demander ce qu'on appelle, après tout, une vie réussie. Suffirait-il de n'avoir pas d'enfant anormal pour oser dire que l'on n'a pas perdu sa vie ? Les hommes et les femmes dont la destinée est de se trouver dans cette situation, n'estiment pas que leur existence soit moins remplie que d'autres : simplement plus difficile, parfois, à assumer. Tout dépend alors du sens qu'ils donnent à cette difficulté, de la force qu'ils éprouvent pour l'affronter et dénouer son maléfice. A priori, bien sûr, rien n'est moins acceptable que de voir l'enfant devenir monstre. S'agit-il encore d'un enfant ? La plupart de leurs parents n'hésitent pas à répondre oui, qui ont établi avec lui des relations privilégiées et indicibles ; quelques-uns : non. Mais c'est surtout de l'extérieur que des voix non autorisées interviennent dans le débat, osant avancer, dans leur terreur d'être un jour soumises à une telle épreuve, qu'il faut supprimer d'emblée l'enfant malformé. Condamner ces êtres à mort serait une sorte d'assurance pour notre propre bonheur, et, s'empresse-t-on d'ajouter, pour le leur aussi.

Mais la question que posent plus profondément de tels enfants ne fait que pousser jusqu'à l'extrême celle que tout enfant nous pose : sommes-nous décidés à l'accueillir envers et contre tout, ou seulement selon nos humeurs, nos idées, nos dispositions particulières ? La vie même nous interroge : qu'attendre d'elle ? Qu'elle nous comble indéfiniment de félicité ? Ne sommes nous décidés à la reconnaître que dans les moments où elle est heureuse et à la désavouer dans les autres ? Que prétendre de l'existence humaine, pour nous permettre de penser que cet enfant n'en fait pas autant partie que nous ? Est-ce à nous seul de trancher qui est plus vivant qu'un autre, et alors de quelle vie s'agit-il ?

Une société hédoniste jusqu'à l'idolâtrie, a brouillé les cartes, laissant entendre que le bonheur était indéfiniment à portée humaine, qu'avec quelques traitements individuels, quelques révolutions collectives, on allait tout changer des perspectives de la condition humaine, jusque-là si inclémentes à la plupart. Or il apparaît que les sociétés qui ont promis le plus à l'homme sont celles qui le déçoivent aujourd'hui le plus et où son malheur, son dénument est le plus extrême. Des millions d'êtres sont actuellement prisonniers des gouvernements qui prétendaient les libérer de toutes les chaînes. Plus la promesse était universelle, plus la prison l'est aussi. Mais les civilisations qui disent sans ambage la condition ambivalente de l'homme, où bonheur et malheur sont mystérieusement liés dans l'édification de sa destinée ultime, sont celles aussi où l'homme est le moins désespéré. « La vérité vous délivrera », annonçait le Christ : la seule prison est le mensonge, si peu avare de promesses impossibles à tenir.

Il est certain que l'on n'apprend plus aux hommes à vivre de la réalité de la vie. Lorsqu'elle se manifeste tout de même, en dépit des précautions prises et des obstacles qu'on lui oppose, la surprise est totale. Et la réalité, ce peut-être cet enfant qui ne paraît plus cadrer avec ce qu'on estimait être la vie, et la vie, c'est aussi ce mystère impénétrable de la déréliction. Certes, nous sortons alors des programmes idylliques en cinquante ou cent points, des idées courtes et confortables de ce petit monde contemporain qui fabrique un univers de confection à ses mesures stéréotypées. Il faut avoir l'âme d'une trempe autrement solide que celle de nos idéologues de tout poil pour accepter la réalité dans toutes ses dimensions. Mais ce petit monde n'est pas celui de la réalité, qui contient infiniment davantage que ce qu'ils peuvent y voir ou y mettre. Je ne sais si le mot prêté au général de Gaulle est historique, mais il serait admirable qu'à la mort de sa fille infirme, il ait pu dire à sa femme qui pleurait : « Ne pleurez pas, voyons, maintenant, elle est comme tout le monde. » Il est une heure et un lieu où, l'apparence dissipée, c'est la réalité profonde qui reprend ses droits.

Sans doute n'est-ce pas avec des idées, même bonnes, que l'on assure une telle situation, mais avec son cœur et avec son âme. Il faut faire appel à eux, parce qu'aucune autre part de nous-même ne suffit alors à répondre. On le sait à Lourdes comme nulle part ailleurs. Quand on se retrouve, avec ces foules immenses, au pied de la Mère de l'Espérance, mais au milieu de ces enfants déshérités, cloués sur des fauteuils et des lits de souffrance, on voudrait qu'une telle vision s'efface d'un coup, et que ces petits êtres — les grands aussi —, reçoivent de la puissance divine cette guérison miraculeuse qu'ils viennent demander, et que nous demandons avec eux. Quand on entend monter ces appels de l'aveugle, du sourd, du paralytique, et de ceux qui ne sont même pas en mesure d'appeler : « Seigneur, faites que je vois ; Seigneur, faites que j'entende ; Seigneur, faites que je marche... », on se demande pourquoi Dieu ne les a pas prévenus avant même qu'ils ne soient formulés. On voudrait être Dieu soi-même pour répondre à ces prières pathétiques qui montent vers lui. Dans la tragique impuissance où l'on se sent, on se demande si la toute-puissance céleste est à ce point indifférente, qu'elle ne ressente pas cette élémentaire pitié que nous ressentons nous-même devant la détresse humaine. Faut-il donc que l'homme soit meilleur que Dieu, puisque celui-ci a l'air d'abandonner des innocents à des supplices auxquels nous ne les condamnerions pas nous-mêmes ? A quelle étrange comptabilité se livre donc l'infini, si la souffrance des uns est nécessaire au salut des autres, si l'innocent doit payer pour le coupable ? Qui est Dieu pour qu'il ne consente pas à épargner l'enfant ? Quel intérêt peut-il tirer de ce spectacle insoutenable parfois, à quoi sont réduits les hommes ?

Mais on se souvient alors, devant l'aveugle, le sourd, le paralytique, que tout le malheur de l'homme est né de ce qu'il a voulu voir seul, entendre seul, marcher seul, et posséder tout seul sa vie. De ce qu'il a cru se donner à lui-même ce qui lui vient d'un Autre. A qui s'en prendrait-il, sinon à soi, d'avoir voulu construire un monde sans Dieu, qui n'est plus qu'un enfer ? « Je suis assez grand pour marcher seul », a dit l'homme, ivre du don de la santé et de lui-même. Mais son fils n'a plus de jambes, et supplie ardemment au pied de la grotte : « Seigneur, faites que je marche. » Rendez-moi ce que l'orgueil de l'homme m'a ôté et à quoi vous m'aviez destiné au premier jour. Ne me retenez pas prisonnier de ce monde que l'homme lui-même s'est fabriqué dans son refus de Vous, quand il prétendait oublier qu'il n'est pas à lui-même sa propre source. Ni la source de ce qu'il y a en lui de meilleur.

Lourdes est ce lieu où la faiblesse humaine se reconnaît comme telle, au pied de celle qui a partagé sa déréliction et n'en a pas été ébranlée dans son amour. Marie a souffert d'une blessure maternelle, non point avec le stoïcisme fier des héros antiques, mais dans l'ombre d'une croix qui portait son fils innocent. Elle connaît tous les noms de la souffrance humaine. Ou bien celle-ci s'appelle le désespoir, ou elle s'appelle la croix ; ou elle débouche sur la mort suicidaire, ou bien sur une résurrection imprévisible dans la nuit. Et certes, d'aucuns l'apprennent à leurs dépens plus cruellement que d'autres. Il est des êtres dont toute la vie est une plaie et qui ne cessent point pour autant de vivre. Être père et mère de tels êtres exige de la paternité et de la maternité plus que quiconque n'est en droit de lui demander : ce qu'elle ne peut donner que d'elle-même, dans un don gratuit. Mais c'est le miracle de la vie humaine qu'elle s'inscrive tout à coup dans une dimension où elle se dépasse. Une telle douleur, quand elle est assumée dans la lumière de l'amour, fait soudain la preuve que la totalité du destin de l'homme ne s'inscrit pas entre une naissance et une mort qui finirait tout, mais dans une histoire qui l'appelle à retrouver un jour sa dignité originelle. « Maintenant, elle est comme tout le monde. »

Lourdes est ce lieu où, de la déréliction surgit l'autre visage de l'homme, son visage sauvé. Le mal et le malheur, si pathétiques soient-ils, ont alors moins de force que cette révélation d'un salut qui l'emporte sur eux. Si déformé soit notre visage, extérieur ou intérieur, il est encore à cette image originelle que nous avons tant de peine à retrouver en des traits altérés. Être « comme tout le monde », c'est en effet franchir l'obstacle des apparences pour regarder en tous, et surtout dans le plus déshérité, ce visage originel.

Chapitre X

La vocation de l'enfant à être un homme

« Rien n'est plus important que le choix d'un métier », écrivait Pascal, qui ajoutait, pour souligner la légèreté et l'improvisation de notre comportement dans les choses essentielles : « le hasard en dispose ». Et encore son propos se plaçait-il à une époque où la vocation du fils de roi était de devenir roi, du fils de paysan de reprendre la ferme familiale, et du fils de notaire ou de médecin de succéder à leur père dans sa charge. Il suffisait d'être cadet de famille pour embrasser la carrière militaire, et le troisième pour entrer dans les ordres. Bien des carrières et des métiers, sinon des vocations, étaient ainsi tracés dès la naissance, quelles que puissent être par ailleurs les qualités et les goûts d'un enfant. Et il est vrai que le hasard seul vous avait fait cadet de famille ou fils de roi.

Les temps ont-ils changés au point que la plupart des hommes — dans les sociétés qui se disent évoluées — exercent aujourd'hui le métier de leur rêve ? A les entendre, certainement pas. Beaucoup éprouvent une aversion déclarée pour la profession qui est la leur, à commencer par des clercs qui ont véritablement honte de l'être et s'emploient de mille manières à faire oublier qu'ils le sont, pour finir par les ouvriers sans qualifications aucune, qui ont souvent quitté un lointain pays ou une campagne reculée pour l'usine, et proclament à qui veut l'entendre, qu'ils ont tout perdu au change, passant leur existence à obtenir quelques avantages dont ils disposaient largement chez eux. Le militaire renonce à porter son uniforme avec fierté et se met en civil pour rentrer chez lui, et le paysan ne souhaite plus qu'écarter son fils de la terre. La plupart des pères, d'ailleurs — et l'attitude est révélatrice —, ne rêvent point pour leur fils ou leur fille du même métier qu'ils exercent. Bien entendu, ils en rêvent d'un meilleur, le leur fut-il déjà le meilleur : en bref, d'un métier qui leur apporterait plus d'aisance, avec moins de fatigue. Ou plus de gloire. Je sais bien qu'à cette loi générale il y a des exceptions, mais la majorité des pères et des mères proposent à leurs enfants des ambitions de cet ordre. « Surtout, qu'il ne travaille et ne lutte pas autant que moi, et qu'il gagne davantage. » Et aussitôt de rêver pour eux « au saint des saints » : « tâche de devenir fonctionnaire ».

Je ne dis pas que tous les fonctionnaires gagnent beaucoup et font peu, mais la mentalité publique le pense. Et surtout, quels que puissent être les événements, qu'ils auront leur « fin de mois » assurée. Le hasard, alors, dispose totalement de vous, qui vous pousse vers telle administration plutôt que telle autre, et de l'une vers l'autre, indifféremment. Le meilleur diplôme est celui qui vous ouvre le maximum de portes. A l'instar des ministres qui passent de l'agriculture à la culture sans compétences particulières pour l'un et l'autre ministère, et qui s'y montrent également « à la hauteur » ou « au-dessous de tout », tel haut fonctionnaire vous avouera que c'est le hasard d'une carrière qui l'a conduit à s'occuper de théâtre et de musique plutôt que de légumes. Et on l'aurait deviné, d'ailleurs, à la manière toujours étrangère et administrative dont il traite et tranche de ces questions auxquelles il serait à jamais resté indifférent sans les hasards d'une ascension bureaucratique. Quand il affirme avec cérémonie préférer un auteur ou une œuvre, on voit bien qu'il ne préfère rien du tout et que sa prestation n'est que le résultat des devoirs de sa charge. Et combien de nos braves jeunes gens, nantis de l'indispensable baccalauréat, entrent dans l'enseignement uniquement parce que la porte est plus facile à pousser. On leur confie des générations de gosses, alors qu'ils n'avaient aucune vocation à enseigner quoi que ce soit à qui que ce soit.

Passe encore lorsque ce même baccalauréat ne leur ouvre que les portes d'un bureau où ils n'auront à manipuler que des papiers : leur indifférence et leur ennui sont inoffensifs pour les notes de service et autres documents du même genre. Encore que certains de ces papiers concernent des êtres vivants qui ne seront jamais autrement traités que les papiers eux-mêmes. Gare à la personne qui s'aviserait, en effet, de surgir au milieu de ces pages avec un visage et une voix singulières : on la renverrait à son anonymat avec promptitude ; et violence, s'il le fallait. Il y a intérêt, plutôt, à se confondre avec le silence de la fiche qui vous concerne. Le traitement qui est fait à la personne dans les administrations est devenu légendaire : de même que l'on fait allégrement passer de bureau en bureau une fiche, on fait passer de bureau en bureau les gens. Mais cette indifférence à la personne, la première victime en est l'employé lui-même. Quel bonheur trouverait-il à son métier ?

Ce n'est rien, pourtant, auprès de ceux qu'un diplôme a fait instituteurs ou professeurs, et que l'enfant n'intéresse pas outre mesure. Le hasard atteint ici au scandale : il autorise des hommes et des femmes à détruire peut-être, avec les garanties qu'il faut et la bénédiction administrative, des enfants qui attendent de l'école de les ouvrir à leur destin. Ils n'auront été que noyés dans l'indifférence collective. En fait, les étudiants sont aujourd'hui exemplaires de ce hasard systématisé qui dispose de la plupart des vocations : ils ont moins l'ambition de conduire une carrière proprement personnelle que de détenir ce sésame qu'est un examen. Après lui, qu'importe : leur désir de réussite s'arrête là.

Si la plupart de ces hommes et de ces femmes manifestent ensuite quelque morosité à l'endroit de leur profession de hasard : on le comprend aisément. Mais alors, qu'auraients-ils pu et dû faire d'autre, s'ils en avaient eu le choix ? Chacun possédait-il réellement une vocation que la nécessité sociale les a contrait d'abandonner ? Ont-ils renoncé à leur propre vie pour entrer dans les moules que le monde leur présentait, et serait-ce là une raison fondamentale de leur malaise ? Oui et non.

Oui, parce que s'il est de la destinée de l'homme de « gagner son pain à la sueur de son front », c'est-à-dire de travailler dans des conditions quelquefois ingrates, — seul, « le premier vers est donné par les dieux » — il ne l'est pas de garder un talent inexploité. Or chacun a quelque talent, cultivé ou non, utilisé ou non à construire sa destinée. Talents manuels ou intellectuels, n'importe, mais qui contribuent en tout cas à réaliser l'harmonie d'une existence quand ils sont mis à jour, son désarroi quand ils ne le sont pas. Et en fait, tout le débat se joue, au cœur d'un homme, sur son courage à choisir pour dessein ultime de sa vie, de réaliser cette harmonie. C'est elle qui préside à tout choix éclairé. C'est elle que l'on sacrifie, en cédant à l'ambition de telle ou telle fonction, quelles que puissent être par ailleurs ses dispositions à la remplir.

Il faut reconnaître que la plupart se soucient aujourd'hui de cette harmonie profonde entre leur cœur, leur esprit et leur destinée comme d'une guigne, et ne font que loucher vers la position sociale que le hasard leur a présentée comme la plus enviable de toutes. Sans s'interroger si elle est faite pour eux et eux pour elle. D'où le spectacle étonnant que nous offre toujours les sociétés — et les choses sont allées en empirant dans tous les régimes qui ont prétendu y remédier — de gens qui ne sont jamais à « leur place », soit que la place qu'ils devraient occuper le soit par d'autres qui n'ont aucune qualité pour le faire, soient qu'eux-mêmes soient investis de missions qu'ils sont impuissants à remplir.

Si les réformes dites démocratiques, et les révolutions qui le sont moins, n'apportent à cela aucun remède, c'est qu'elles se bornent à prétendre libérer les places de ceux qui ne méritent pas de les occuper, ajoutant qu'elles seront ipso facto occupées par ceux qui le méritent. La farce est assez grosse, mais elle est pourtant entretenue par des gens que l'on veut croire intelligents. Ainsi passe-t-on à la première phase de l'opération, qui est relativement facile — à moins que les gens « en place » ne s'accrochent violemment à leur position. Mais on attend toujours — et il n'y a pas d'exceptions — que la deuxième phase produise les fruits qu'on annonçait. Il s'avère assez vite que le but d'un réformateur ou d'un révolutionnaire n'est en l'occurrence que d'occuper la place des premiers, non de s'y montrer plus compétents. Et surtout d'y accomplir sa destinée profonde. D'où le désarroi considérable de nos sociétés à cet égard : des millions de travailleurs ne sont pas satisfaits de leur travail, sans qu'ils sachent dire pour autant quel travail comblerait vraiment leurs vœux.

La pétition de principe qui fausse toute la question, est certainement celle qui consiste à affirmer, au nom d'une pensée égalitaire mal ajustée au réel, que l'on est toujours plus capable que quiconque d'occuper une fonction, pourvu que celle-ci soit plus importante que celle que l'on remplit déjà. Par conséquent, à s'intéresser beaucoup moins à la réalité profonde de sa vocation et aux talents qui nous sont donnés pour l'accomplir, qu'au prestige, à nos yeux, de tel ou tel métier. Mais s'interroger sur sa vocation, c'est évidemment placer sa vie dans une tout autre perspective que celle du social.

On ne considère plus seulement que l'on a une carrière à remplir, mais une destinée à réaliser. Il y a entre l'homme qui fait une carrière et celui qui accomplit sa destinée, un abîme. Le second définit son projet de vie en vertu de critères qui prennent en considération non seulement les avantages matériels, la dignité attachée à une profession, etc., mais l'engagement le plus essentiel de soi, dans une existence qui comble l'être même, fut-ce au prix de ces avantages et de cette dignité. L'exemple extrême et combien lumineux, est celui de ces héros qui renoncent à une situation assurée et confortable, à une fortune même, qu'ils distribuent pour s'en libérer, et suivent, en dépit de tous les obstacles, une vocation religieuse qui les conduit quelquefois aux limites de l'inconfort, voire au martyre. Un

François d'Assise, et la plupart des Franciscains qui ont suivi ses pas depuis des siècles — préférant renoncer à toutes les consécrations du monde pour choisir leur voie, illustrent de manière permanente qu'un certain appel résonne dans toutes les vies plus haut que les fascinations mondaines. Et à titre tout à fait laïque, ces jeunes gens bardés de diplômes scientifiques, qui préfèrent se consacrer à la recherche qu'à une profession plus lucrative, manifestent aussi bien la distinction radicale à opérer entre une vocation et les considérations purement matérielles qui s'y attachent.

Lorsque Blanche de la Force, l'héroïne bernanosienne du *Dialogue des Carmélites*, s'interroge sur son désir de quitter le monde pour entrer au couvent, elle n'entrevoit d'abord en celui-ci qu'un lieu de paix, un refuge contre sa peur panique devant la violence de la vie. Mais parce que sa vocation est la part la plus profonde d'elle-même, elle subsiste quand le couvent cesse d'être ce hâvre pour devenir lui-même lieu de violence. Et elle obéit à cette vocation jusqu'à mourir pour elle de la violence qui l'effrayait tant.

Les extrêmes éclairent les situations qui ne le sont pas. Si chacun employait à s'interroger sur sa vocation le temps qu'il emploie à le faire sur les avantages purement sociaux d'un métier, il est vrai que les métiers et les hommes y trouveraient des avantages. Or l'enfance est ce moment exceptionnellement favorable, où l'on peut inviter à examiner sa vocation personnelle la plus profonde, et à travers elle, le métier qu'elle engage à choisir, avec plus de pénétration qu'à d'autres âges. Toutes les authentiques destinées se sont affirmées clairement dès l'enfance, avec l'appui, ou contre l'avis de leur entourage. Mais avec une perspicacité rare. Et l'enfant sait déjà que ce choix ne peut pas être seulement celui d'une partie de lui-même contre une autre, au risque d'introduire en lui la division, source, plus tard, de déception devant sa destinée. Il sait qu'il doit y engager tout l'être, fut-ce dans une direction qui étonne les siens.

« Si un jour, un de mes fils, vers l'âge de douze ans, m'explique avec sérieux que son plus grand désir est de choisir le métier de mineur de fond, sans doute serais-je aussi étonné que le fut mon père lorsque je lui fis part de ma vocation d'agriculteur » *. Claude Michelet a dit, sans amertume, cette surprise d'une famille, quand un appel inattendu se manifeste au milieu d'elle. Caprice d'enfant et d'adolescent pensent d'abord la plupart des parents, qui ne prêtent en fait aucune attention à ces désirs d'être paysan ou soldat, maîtresse d'école ou mère de famille, alors qu'ils sont tellement révélateurs. Claude Michelet ajoute que son père « n'eut que plus de mérite à ne rien faire qui risquât de (le) dégoûter du métier choisi ». Ce n'est pas faute d'autres possibilités qu'il s'est déterminé à son choix, mais parce qu'il correspondait en effet à son amour de la nature, de la vie en plein air, à son recul instinctif devant les villes, etc. L'enfant à qui l'on affirme que sa vie sera comblée s'il occupe telle position « enviable » — ou plutôt enviée par les parents — au contraire de telle autre qui n'est « pas enviable du tout », est un enfant à qui l'on ment. Sous prétexte d'orienter sa destinée, on le désoriente en fait de son orient véritable, de sa vocation à s'accomplir non seulement dans un métier mais à travers un métier, dans toutes les dimensions de son être.

« Tout travail travaille à faire un homme en même temps qu'une chose », disait admirablement Mounier. Et il est bien évident que l'homme est plus important que la chose. Non pas un homme illustre de préférence à un qui ne le serait pas, un homme riche plutôt qu'un homme qui ne l'est pas, mais un homme, c'est-à-dire beaucoup plus et beaucoup mieux qu'un objet. C'est moins le métier que l'homme qui importe, et si le métier collabore, ou non, à l'accomplissement de cet homme. La carrière la plus prestigieuse et la plus avantageuse, si elle ne construit pas cet homme, et a fortiori si elle le détruit et le défait, est l'ennemie la plus redoutable d'une destinée. En ce sens, on

* Claude Michelet : *J'ai choisi la terre*, Robert Laffont,

pourrait entendre à la lettre le mot de l'Évangile : « Qui veut gagner sa vie la perdra. » Qui se borne à considérer le montant d'un salaire, n'aura rien gagné quand même il aurait gagné beaucoup. Peut-être même aura-t-il perdu son temps et sa vie. J'ai souvent entendu, dans la bouche d'hommes parfois considérables, et dont la place publique affirme avec envie qu'ils « ont réussi », le mot que Corneille prête à l'empereur Auguste : « L'ambition déplaît quand elle est assouvie. » Mais quelle ambition ? Il en est que l'on se réjouit profondément d'atteindre. Mais des gens dont on dit qu'ils sont « arrivés », confessent soudain leur sentiment de n'être en fait arrivés nulle part, dans l'impression où ils sont de se sentir très loin d'eux-mêmes en cette position que la plupart estime si enviable.

L'enfant est pris entre ce désir de paraître qui conduit à occuper n'importe quelle fonction pourvu qu'elle soit socialement considérée, et ce désir d'être qui l'invite à n'être que lui-même. Choix aussi redoutable pour ses aînés qui l'aident et le conseillent, que pour lui, contraint un jour de choisir. Et il est certain qu'une réflexion qui borne la destinée humaine à la mort, est invinciblement portée à préférer le social, c'est-à-dire le paraître à l'être. Il est erroné de prétendre que l'on peut concilier les deux. Certes, l'on n'échappe jamais totalement à l'un ou à l'autre, excepté chez les saints où l'être élimine totalement le paraître, et chez les snobs, où le paraître élimine l'être presque totalement. Mais pour la plupart des hommes, c'est de la primauté accordé à l'un ou à l'autre que dépend l'harmonie ou le dépit de leur destinée.

Choisir d'être un homme prime sur tous les autres choix, y compris celui du métier, même si c'est nécessairement à travers un métier qu'on y parvient. Andrei Sakharov a beau être un prestigieux physicien, il préfère encore être un homme libre, fut-ce en sacrifiant aujourd'hui son œuvre de physicien pour sauver sa dignité d'homme. Prestigieux ou non, le métier n'a pour but que de nous conduire à cette réalisation de nous-même, et c'est là une langue que l'enfant, pris entre le désir d'être et de paraître, est en mesure d'entendre parfaitement, pour peu qu'on l'y aide. L'inviter à apprécier la différence entre l'un et l'autre, ce n'est pas le pousser à renoncer à s'engager dans une carrière des plus ambitieuses et même des plus lucratives, c'est lui enseigner à subordonner d'emblée les moyens à la fin, en l'occurrence, la réalisation de sa destinée ultime et surnaturelle.

Autant le social a souvent désappris à l'adulte à entrer dans de telles considérations, jugées illusoires ou naïves, autant l'enfant est apte à les saisir dans leur profondeur. Quand la jeunesse use et abuse aujourd'hui du mot « authentique », elle ne fait que donner un écho affaibli de cette exigence, de rencontrer des êtres qui sont ce qu'ils paraissent, et même beaucoup plus qu'ils ne paraissent. L'inauthentique dénonce alors la vanité et l'inutilité du paraître, si brillant soit-il, pour en venir à préférer la densité d'un être simple à la superbe d'un être vide.

Ouvrir un enfant à sa vocation, c'est en fait l'ouvrir à lui-même. « Que veux-tu devenir, lorsque tu seras grand ? » A cette question, les enfants répondent d'abord toutes sortes de choses drôles ou excentriques, et seuls quelques-uns entrevoient d'emblée où ils veulent absolument s'engager. Suivant les rencontres et les lectures du moment, ils sont impressionnés par une profession ou une autre, mais toujours dans le sens qui correspond à leur nature profonde, car il est des métiers qui ne les impressionnent jamais. Mais quand s'affine et s'affirme leur vocation, c'est que l'un de ces attraits un peu superficiels s'est tout à coup approfondi au point d'évincer les autres.

Une jeune infirmière américaine me racontait comment, à douze ans, elle avait d'abord été séduite par les jolis costumes des jolies comédiennes qui incarnaient les rôles d'infirmières dans un feuilleton alors célèbre aux U.S.A. Ce n'était encore qu'un signe discret que lui faisait le destin. Mais plus tard, sa vocation est née réellement, ou du moins elle en a pris conscience, le jour où, devant la souffrance humaine, elle a décidé de la secourir en choisissant cette profession.

L'enfant est ainsi disponible à tous les signes, essentiels ou superficiels, mais il sait bien distinguer ceux qui le touchent plus profondément que les autres. Les parents de cette jeune fille — fille unique qui plus est — auraient pu lui faire valoir qu'ils avaient les moyens de la préparer à une profession moins contraignante, sinon aussi noble, et elle aurait pu entrer dans ces considérations. Ils ne l'ont pas fait ; et elle non plus. A l'enfant qui reçoit l'appel de sa destinée irremplaçable, nous pouvons opposer nos arguments étroitement utilitaires. Nous pouvons le préparer à se trahir lui-même et à entrer dans l'innombrable cohorte des hommes et des femmes qui accomplissent leur métier sans vocation de l'accomplir. Nous pouvons nous préférer à lui, avec nos préjugés aveugles ou superficiels, sans comprendre que c'est au contraire de la réponse qu'il fera à sa vocation personnelle que dépendra le véritable accomplissement de son destin, et sur le plan de l'être, certes, mais éventuellement sur celui du paraître.

Le rayonnement d'un homme qui a véritablement rempli sa destinée est en effet incomparable, et il dépasse de loin la seule « surface sociale » du paraître. Il est des hommes ou des femmes en situation très « enviable », qui ne rayonnent rien que le creux, l'amertume, la sécheresse. Mais qui n'a jamais été saisi par la limpidité et la lumière de telle humble figure qui vous révèle soudain la véritable dimension de l'être humain ?

Les intellectuels, notamment, nous ont souvent fait perdre de vue la vraie fonction de l'intelligence qui n'est pas de remplacer la réalité, mais, comme le dit saint Thomas d'Aquin après Aristote, « une adéquation de l'esprit au réel ». Ainsi, vous quittez des hommes ou des femmes qui occupent de hautes responsabilités, et ne vous laissent que l'impression terne et morose d'êtres sans relations avec les réalités profondes. Puis vous retrouvez un homme ou une femme simples, qui d'un mot aussi simple qu'eux, vous font entrer dans l'essentiel de la vie. Ils deviennent très vite des phares et des références pour leur entourage, et leur visage parle déjà pour eux, reflétant l'harmonie intérieure qui les habite, tant il est vrai que l'on finit par avoir le visage de son âme.

La vocation humaine, la voilà : garder un visage humain en dépit de toutes les traverses de l'existence pour altérer les traits originels. C'est de cette vocation qu'il importe de parler à l'enfant avant toutes les autres — la vocation à son visage d'homme — et en elle qu'il importe d'inscrire le choix qu'il peut faire d'un métier, quel qu'il soit. Celui-ci n'est jamais que moyen d'atteindre une fin qui le dépasse infiniment, et qui seule permet de juger si l'existence a atteint ou non son but. Le mot d'une jeune fille espagnole à propos de l'éducation que lui donnent ses parents, m'a beaucoup frappé : « Ils voudraient que nous soyons meilleurs qu'eux. » Elle n'a pas dit : plus heureux qu'eux, plus riches qu'eux, plus importants qu'eux, comme le pensent et le souhaitent aussitôt tant de géniteurs, mais « meilleurs qu'eux ». La plupart des parents s'estiment déjà les meilleurs de tous et prennent pour critère du bien la mesure qu'ils lui ont donnée eux-mêmes. Mais ils s'estiment, sinon les plus malheureux, du moins pas aussi heureux qu'ils pensent mériter de l'être, et situent leur ambition d'un « mieux » pour leurs enfants, sur le seul plan de l'avoir. D'où la déception à peu près générale quand un enfant manifeste une vocation religieuse. Même dans des familles croyantes. Un être qui n'a que l'ambition de devenir « meilleur » fait-il honneur à sa famille ? Des parents qui rêvent que leurs enfants soient « meilleurs » qu'eux, combien en est-il ? L'exigence de la perfection tient-elle la moindre place chez ceux que préoccupe l'avenir de leurs petits ?

Nous sommes au cœur de la vocation de l'enfant à devenir un homme, non un adulte seulement. On est « un homme pour l'éternité », mais on n'est pas un maître ou un esclave pour l'éternité : la coquille d'un métier et d'une situation particulière est toujours provisoire. Marc-Aurèle empereur ou Épictète esclave, remplissant l'un et l'autre leur charge du mieux qu'ils ont estimé devoir le faire, ont laissé des réflexions qui pourraient être indifféremment attribuées à l'un comme à l'autre, tant elles sont empreintes de la même idée profonde de la vocation humaine, et du même détachement à l'endroit de leur fonction respective. On ne saurait distinguer, à première vue, qui parle, de l'esclave ou de l'empereur, mais on sait reconnaître avec l'un comme avec l'autre, qu'un homme parle.

Le sens de toute éducation est d'amener ainsi l'enfant à regarder vers son « plus haut destin » comme le disait Nietzsche, qui ajoutait : « Par mon amour et par mon espoir, je t'en conjure, ne tue pas le héros qui dort dans ton âme. » Un héros qui n'est pas un surhomme imaginaire, mais l'homme simplement, l'homme à visage d'homme. Et il n'était pas si loin du Christ qu'il le pensait, lequel avait déjà dit avant lui : « Que sert à l'homme de gagner l'univers, s'il en vient à perdre son âme. » A perdre son visage. La vocation qu'il importe de révéler avant tout à l'enfant, alors qu'il fixe sur l'avenir des yeux interrogateurs, à la fois pleins d'espérance et d'inquiétude, c'est que, quel que soit le choix qu'il puisse faire d'un métier ou d'un autre, d'un destin ou d'un autre, non seulement il n'y perde pas, mais il y trouve son âme. Et que son choix aide beaucoup d'autres à y trouver la leur. C'est sur ce point, qu'au terme, on pourra le mieux juger s'il a véritablement répondu à la vocation particulière et irremplaçable qui était en lui dès l'aube de son existence.

Chapitre XI

L'école à l'école de l'enfant

Il y a l'instruction ; mais il y a l'éducation. Et elles ne sont pas nécessairement jumelles ; elles peuvent même entrer en conflit l'une avec l'autre. Combien, fort instruits, qui, faute d'une éducation, ne savent pas vivre. Car le mérite essentiel de celle-ci est justement de nous ouvrir à l'intelligence de la vie. Par l'instruction, nous partageons avec l'enfant ce que nous savons ; dans l'éducation, nous lui offrons ce dont il a besoin et qu'il demande au plus profond de lui. Si bien qu'on peut l'instruire indéfiniment, sans jamais répondre à son besoin. La première n'enseigne en effet que des disciplines particulières de l'esprit, et de plus en plus particulières depuis que la distinction des disciplines se traduit en fait par leur séparation. La seconde recherche le lieu où la personne et la vie trouvent leur unité. Un éducateur est la chose du monde la plus rare : l'enseignement en compte fort peu, et peut-être de moins en moins. Quand à ceux que les circonstances et des diplômes inattendus ont paré de ce titre glorieux, il leur reste souvent à faire encore la preuve qu'ils le méritent. Un éducateur ne se révèle qu'à l'expérience, c'est-à-dire aux résultats de son action sur ceux qui en sont les bénéficiaires... ou les victimes. Il n'est pas trop d'une vie entière pour qu'il fasse ses preuves.

Mais si les éducateurs sont rares, les instructeurs, en revanche, ne manquent pas, d'où la confusion qui nous invite souvent à attendre de l'école ce qu'elle est impuissante à donner à nos enfants. Sous les vocables de professeur, d'instituteur, on peut multiplier les instructeurs autant qu'on le désire, en usant du principe des vases communicants. Tout ce qui est dans un esprit — ou dans un livre — peut passer entièrement dans un autre, d'une capacité équivalente pour recevoir ce que l'on déverse en lui. L'instruction est anonyme et vise idéalement à la neutralité de l'anonymat. Pascal parlerait de l'esprit de finesse pour l'éducation, de géométrie pour l'instruction, le premier infiniment plus difficile à partager que le second, car il ne tient pas à la capacité en volume d'un esprit, mais à sa qualité. « Ce qui fait que des géomètres ne sont pas fins, c'est qu'ils ne voient pas ce qui est devant eux, et qu'étant accoutumés aux principes nets et grossiers de géométrie, et à ne raisonner qu'après avoir bien vu et manié leurs principes, ils se perdent dans les choses de finesse, où les principes ne se laissent pas ainsi manier. On les voit à peine, on les sent plutôt qu'on ne les voit ; on a des peines infinies à les faire sentir à ceux qui ne les sentent pas d'eux-mêmes... * »

L'éducation transmet de l'être, éveille à l'être, alors que l'instruction ne transmet que du savoir. Mais le savoir n'éduque pas, sans un mode d'emploi du savoir : il ne fait que remplir du vide. Et le remplir parfois d'une si haute idée de soi, que le savoir se prend volontiers pour l'éducation jusqu'à faire bon marché de celle-ci. Alors qu'il n'est rien sans elle. Voyez la différence entre un ouvrage de compilation et la plus modeste des pensées originales. J'ai connu par exemple des paysans de ma terre natale dont l'éducation est supérieure et souveraine, alors que leur savoir se limite précisément au champ — c'est le cas de le dire — dans lequel il doit s'exercer. L'éducation profonde d'un milieu, d'une tradition, de quelques exemples exceptionnels, leur a tout appris de la vie dans le même temps où l'instruction leur communiquait le strict nécessaire pour

* Pascal : *Œuvres complètes*, Galimard, Pléiade, p. 1092.

tracer droit leur sillon. Mais je vois en revanche tous les jours des intellectuels sans éducation prendre ces paysans pour des sots et vouloir les faire passer pour tels, alors que beaucoup de sottise peut s'allier à beaucoup de science. La sagesse est d'un autre ordre.

Il faut avouer d'ailleurs qu'intellectuels et intelligence sont de moins en moins synonymes, comme aristocratie et noblesse à la fin de l'Ancien Régime. Des intellectuels manquent à tout propos d'intelligence de la vie, comme certains aristocrates manquaient de noblesse et l'ont prouvé abondamment en des circonstances exceptionnelles qui leur étaient offertes. Une révolution importante serait de reconnaître aujourd'hui cette rupture nouvelle, mais les privilèges intellectuels ont la vie aussi dure que les autres. Ceux qui se considèrent comme les concessionnaires exclusifs de l'intelligence ne sont guère disposés à admettre qu'un homme moins instruit est en mesure de leur donner parfois de grandes leçons d'existence. Or l'enfant, au seuil de la vie, est disposé à l'instruction ou à l'éducation, comme il est disposé à user de ses jambes, soit uniquement pour marcher, soit pour aller vers un but. L'instruction lui enseigne la marche ; l'éducation, le but. Mais au fur et à mesure que l'on a vu, suivant la prophétie de Bergson, le vivant se dégrader en mécanique, on a vu aussi se déployer laborieusement l'enseignement de la marche et régresser celui des buts où peuvent conduire nos pas.

Or, quelle est la première et fondamentale question que posent toujours tous les enfants : celle du pourquoi, ou celle du comment ? Quel est le mot qui leur vient immédiatement et le plus volontiers à la bouche aussitôt que leur esprit s'éveille ? Nous le savons, parce que c'est ainsi que tous les enfants ont toujours embarassés tous les adultes : il y a infiniment plus de pourquoi que de comment dans leur interrogation. Avant de demander « Comment ça marche ? », ils demandent tous et toujours. « Pourquoi le monde ? » Dans la bouche de ces enfants qui venaient de perdre leur mère, je n'ai pas entendu un « Comment elle est morte ? », mais aussitôt un « Pourquoi elle est morte ? ». Qui a le courage de répondre à leur pourquoi ?

L'éducateur né est justement celui qui entend cette interrogation, qui ne l'élude pas, et l'éducation consiste à répondre à leur pourquoi, c'est-à-dire à leur question fondamentale, et ensuite à leur comment, en se gardant de séparer l'un de l'autre. Exactement le contraire de ce qui est le plus souvent pratiqué. On enseigne comment user de tout, voire en abuser, sans leur dire jamais pourquoi le faire. Et il n'y a pas d'autre origine à la crise contemporaine de l'école, car la question originelle de l'enfant revient un jour, après qu'on a fait dévier la réponse abondamment dans le comment. Mais pourquoi tout ce savoir, tout cet enseignement lui-même, et même pourquoi vivre ? La lâcheté du premier enseignement débouche sur la déroute du savoir.

D'abord et avant tout, l'école est faite pour répondre à ce pourquoi de l'enfant, c'est-à-dire à la vraie question qu'il se pose, et dans la problématique où il la pose. Confier un tout petit à quelqu'un qui lui enseigne à dessiner, à compter, à sourire à son voisin plutôt qu'à le maltraiter, sans lui découvrir une raison fondamentale à se laisser ainsi enseigner, est une aberration dont nous payons les frais aujourd'hui. Je sais bien que l'on a inventé toutes sortes de méthodes plus habiles les unes que les autres, pour transformer le pourquoi en comment, pour le refouler d'une manière indolore et subreptice, et que ces esprits merveilleux qui allaient d'emblée à la source du vrai se retrouvent piégés dans les embarras de circulation où les entraînent les adultes.

Une psychologie et une sociologie des plus élémentaires, ignorant et méprisant toute métaphysique, font dériver les esprits neufs sur ces « objets », sur ces « choses », qui encombrent d'abord l'horizon et le regard des aînés. Il leur faut à tout prix désamorcer cette bombe métaphysique qu'est en permanence l'esprit d'un enfant, et quand il vous parle de l'infini, lui raconter la géographie, quand il vous parle de l'amour, se rabattre sur l'instruction sexuelle nommée abusivement éducation ; se refuser absolument à tenir compte du regard intérieur — le plus aigu et le plus exigeant — et le rappeler constamment au seul regard extérieur qui réduit les êtres mêmes à leur dimension sociale, aux objets de plus en plus hétéroclites engendrés par le mécanique, au bazar à grande surface qu'est devenu l'horizon humain. Mais l'échec de ce système de formation des êtres humains se révèle de jour en jour plus cuisant. Et l'on n'ose plus appeler « école » un lieu qui ne répond pas au pourquoi de la vie, ou ne tente pas d'y répondre, et qui, en tout cas, refuse la question. Ce sont des jeunes sortis de cet enseignement qui le disent eux-mêmes. Certes, ils commencent par protester : « nos diplômes ne nous offrent aucun débouché », mais ils ne tardent pas à ajouter : « nos écoles ne nous ont pas préparés à vivre ». Et ils ont raison.

Une véritable école, une école pour la vie, est celle qui a le courage d'accueillir l'enfant dans toutes ses dimensions et son mystère. Une école qui se met à l'école de l'enfant. Certes, cet accueil devrait commencer avec les parents. Mais combien de ceux-ci, séparés, divorcés, occupés à d'autres tâches qu'ils estiment plus importantes ou plus agréables, ont renoncé les premiers à assumer la mission délicate de l'éducation. Conscients, quelquefois, de leur impuissance ou de leur démission, ils se disent que l'école va la réparer. « Tu demanderas à ta maîtresse. » Ils refilent à l'école l'enfant « abandonné ». On assiste même à ce paradoxe, d'écoles libres qui se remplissent d'enfants dont les parents ont renoncé pour eux-mêmes à toute exigence morale et religieuse, et qui espèrent déléguer à d'autres les responsabilités qu'ils ne peuvent plus soutenir et qu'ils fuient.

Mais les écoles démissionnent à leur tour de plus en plus, comme les parents l'ont fait, de leur responsabilité essentielle. Elles sont fières quand elles ont appris à lire et de leur pourcentage de réussite aux examens. Il n'y a pas de suite à l'histoire pour nous dire si les enfants réussissent aussi leur vie. La plupart des écoles ont renoncé à l'éducation au profit de l'instruction, et il n'y a pas beaucoup d'écart, quelquefois, sur ce point, entre enseignement public et enseignement libre. Les parents ont peur de l'enfant, mais l'école aussi : les uns comme les autres sont impuissants à assumer cet être qui vous impose, en dernière analyse, de vous éduquer d'abord vous-même si vous prétendez lui offrir un commencement d'éducation. On peut enseigner des théorèmes sans impliquer sa vie profonde dans cet enseignement ; on ne peut pas enseigner de la même manière un art de vivre. L'exigence de l'enfant qui vient à vous est alors à partager si profondément, que la plupart des instructeurs préfèrent l'ignorer et se rabattre sur une diffusion automatique du savoir, et de plus en plus automatisée afin d'entendre de moins en moins la question fondamentale qui jaillit de leurs bouches neuves.

Qu'il y ait donc de moins en moins d'écoles dans le monde, personne ne peut en douter au moment de trouver un établissement scolaire pour ses enfants. Les directeurs vous citent des statistiques quant aux diplômes, vantent les mérites de la cantine ou des dortoirs, vous certifient que leurs professeurs sont eux-mêmes largement diplômés, et qu'ils vous offrent toutes les garanties en matière de pédagogie, mais placez votre question sur le terrain de l'éducation, et c'est la débandade. On évoquera, au mieux, et avec un soupir de détresse, la permissivité de la société environnante, son emprise jusque dans les collèges les plus sérieux. Et il ne suffit pas, en effet, de répondre « discipline ». Celle-ci n'a aucun sens, et même peut-être aucune utilité, si elle n'est fondée que sur l'application de règlements favorables à la bonne gestion d'un établissement, mais sans finalité. La discipline ne garde sa vertu qu'en fonction d'un but qui la dépasse largement, celle du sport, par exemple, étant fondée sur le développement du corps. L'enfant comprend spontanément qu'un champion — ou un futur champion — vive selon un régime particulier et s'astreigne à des exercices éventuellement rébarbatifs. Lui-même est disposé à se plier à une telle discipline dont la finalité lui apparaît évidente. Mais il ne comprend pas, de prime abord, qu'on lui impose d'apprendre l'anglais qu'il n'aime pas comme les mathématiques qu'il aime, si l'on n'ouvre pas sa vie à des perspectives qui dépassent l'enseignement même, et de l'anglais, et des mathématiques. Et l'on en revient au « pourquoi » et à sa réponse, qui sont le fondement de toute éducation, de même que le comment est à la base de toute instruction.

Préparer un enfant à la vie, l'inviter à pénétrer sur ce champ permanent de bataille qu'est l'existence avec un regard assez clair pour oser tourner chacune des pages de sa vie sans trembler, c'est évidemment ce que nous demandons à l'école. Qu'elle leur révèle le sens de leur vie, et les moyens de la vivre. Mais parce que l'enfant lui-même le demande le premier et avant nous. Tout petit, il prétend déjà regarder au fond de sa destinée ; et de la nôtre. A cet égard, les enfants qui nous entourent, sont un enseignement permanent.

Dans le cours modeste où sont inscrits les miens, il leur est notamment dispensé un enseignement religieux, catholique, bien que le cours lui-même ne le soit pas officiellement. Le premier trimestre étant consacré à l'Ancien Testament, les enfants juifs et protestants ont toutes les raisons de le suivre normalement avec les autres : il s'agit d'un tronc commun aux trois religions. Mais au début du second trimestre, consacré au Nouveau Testament, la directrice croit devoir avertir les parents de ces derniers, qu'elle les dispense éventuellement de l'assistance à ces cours. « Nous allons parler du Christ, dit-elle aux juifs, de la Vierge Marie, dit-elle aux protestants, ou du pape, en des termes qui n'appartiennent pas à vos traditions religieuses. Je ne voudrais pas troubler la conscience de ces enfants, ou exercer une influence dans un sens qui vous déplairait : il vous appartient de décider pour eux de leur présence au cours de cet enseignement. » Et les parents de répondre unanimement, depuis quarante ans qu'elle préside aux destinées de l'école : « Nous n'allons pas priver nos enfants de ce qui représente leur plus grande joie de la semaine : votre enseignement religieux. Il arrivera ce que Dieu voudra qu'il arrive quand ils seront invités à un engagement personnel de leur foi ; mais nous ne vous les confions pas à moitié, ou alors nous irions ailleurs. » Et la directrice qui me faisait cette confidence d'ajouter : « Depuis que j'enseigne, je n'ai pas vu un seul petit enfant, en effet, pour qui cet enseignement ne soit pas le plus important. Pas un seul qui ne lui accorde pas la première place. » Il répond à la question qu'ils posent et se posent : celle du pourquoi.

J'en vois pour ma part les effets sur les quelques-uns que je connais, et d'abord les miens. Aussi turbulents et aussi résistants que n'importe quels autres enfants à la discipline scolaire, il y a cependant en eux ce lieu profond et réservé où naît le désir de connaître le secret du monde, de la vie, de leur propre vie, qui leur donne une si grande joie d'aller en classe, et même de s'y précipiter parfois, le jour où c'est de Dieu qu'on va leur parler.

A la vérité, l'éducation commence lorsque les enfants rencontrent chez leurs parents, chez un professeur, quelqu'un qui accepte de poser avec eux et d'approfondir la question du pourquoi. Un enseignement qui remplit au mieux cette fonction essentielle respecte ses devoirs envers l'enfant. Au lieu de dévoyer l'esprit sur des interrogations dérivées, il le situe dans l'axe fondamental de toute interrogation et lui offre pour sa vie entière, une orientation, un départ décisifs. Un esprit, même très jeune, auquel on n'offre que de se contempler lui-même, y compris dans ses productions ou ses connaissances les plus élevées, en est, aussi, pour toujours altéré. Quand on lui aurait montré tous les trésors de fonctionnement de son intelligence et de son corps, et la manière d'en user lui-même pour son plus grand profit ou sa plus grande gloire, on ne lui aurait encore rien dit de la valeur même de cet esprit et de ce corps. On l'en aurait même détourné. On n'aurait pas touché, en fait, à cette question qui le préoccupe si profondément, de savoir qui il est, et pourquoi il est. On aurait manqué à l'exigence pour laquelle il vaut la peine de confier ses enfants à des éducateurs. Quelle merveille, en effet, de les voir s'épanouir dans cette direction qui leur est si naturelle, et vous devancer si souvent dans une interrogation fondamentale, faire preuve d'une sûreté de jugement proprement stupéfiante. Le surnaturel leur est si aisément ouvert qu'ils s'y meuvent sans difficulté. Et alors tout le reste de l'enseignement en est du même coup rayonnant.

Il va de soi qu'ils doivent apprendre à lire, écrire, compter, user de toute l'intelligence que Dieu leur a offerte. Il va de soi qu'ils ne peuvent être des enfants paresseux ou malhonnêtes, menteurs ou prétentieux, et qu'ils manquent aussi à l'essentiel quand ils cèdent à l'attrait de ces pentes malheureuses. Il va de soi encore qu'ils y cèdent et qu'ils y céderont comme tout un chacun, mais leur conscience éveillée et avertie ne se trompe pas sur sa vocation fondamentale. On peut tomber, et même très bas, mais quand on a appris que notre être profond ne peut être en connivence avec sa chute, on sait l'essentiel.

Mais encore une fois, la joie de ces enfants parle pour la valeur de l'enseignement qui leur est offert. Depuis quarante ans que le cours existe, la preuve est faite que toutes les autres écoles leur sont ensuite ouvertes, et toutes les carrières, et d'avoir répondu d'abord à leur pourquoi, ne les a pas entravés — au contraire — dans la pratique du comment. Ils y mettent même une aisance toute particulière, parce qu'ils ne demandent pas au relatif de leur tenir lieu d'absolu. On peut prendre un soin extrême de sa voiture ou de ses vêtements, de ses études ou de ses voyages — il est même important de le faire — mais on ne peut les autoriser à devenir le point suprême de ses préoccupations. Et à sept ans, l'enfant le comprend d'emblée.

D'aucuns affirmeront qu'une classe est prévue pour traiter de la finalité de la vie et de l'école, celle de philosophie. Il serait grand temps de traiter du pourquoi à cet âge de l'adolescence où l'on remet justement tout en question dans ses fondements, puisque c'est l'âge du choix décisif d'une carrière, d'un état de vie, etc. Différons jusque-là notre réponse aux incessants pourquoi de nos bambins, et sachons nous borner à leur apprendre à lire. En bref, laissez-nous les abêtir à l'âge où ils ouvrent vraiment les yeux sur le monde, afin qu'il soit trop tard, à l'âge où ils n'ouvrent les yeux que sur eux-mêmes pour revenir au fondement de toute interrogation. Car il n'est pas plus vrai que la philosophie soit réservée aux philosophes que la réflexion essentielle à la classe de philosophie. C'est confondre habilement instruction et éducation : l'instruction philosophique ou religieuse, qui est le secteur particulier d'un programme d'enseignement ; l'éducation philosophique ou religieuse, qui imprègne tout un enseignement. Et dès les premiers bancs de classe. Réduire au savoir toute la démarche du connaître, c'est justement la séparer de la densité concrète du pratiqué et du vécu ; c'est tromper la formidable attente de l'enfant et de l'homme lesquels ont raison de penser que le sens de la vie leur est ouvert dès leurs premiers pas en ce monde.

Il est cité de plus en plus volontiers l'exemple tragique de ces enfants de huit, dix, douze ans, qui se donnent une mort volontaire, sans en tirer la conclusion logique, que cet âge a besoin qu'on lui ouvre la vie au sens plénier du mot. Quelle mort spirituelle leur a-t-on déjà infligée pour qu'ils se déterminent à se donner aussi la mort physique ? Il est vrai que beaucoup se refusent à offrir cette nourriture spirituelle que leurs enfants demandent : « je ferai baptiser mes enfants lorsqu'ils seront en âge de comprendre ce qu'est le baptême et décider s'ils veulent le recevoir. » Il arrive même à des clercs d'abonder dans ce sens et de donner leur bénédiction à ces décisions. Qu'ils ignorent ce qu'est le baptême et la foi de l'enfant leur attitude en témoigne clairement. Mais plus encore, ils témoignent qu'ils ignorent ce qu'est l'enfance. Ils ne la croient faite — comme les apôtres auprès de Jésus — que pour un demi-enseignement à une demi-existence. Parce qu'eux-mêmes se satisfont de cette existence-là, ils se croient autorisés à réduire au « comment » la vie de l'enfant comme ils ont réduit celle de l'âge mûr. Et malgré les échecs répétés et grandissants de cet enseignement amputé de l'essentiel, ils persistent à y engager des millions d'enfants désarmés.

L'école, oui, mais toute l'école, et non seulement pour

tous les enfants, mais pour tout l'enfant. Non seulement toutes les réponses, mais toute la réponse. Et d'abord, toute la question. Nos sociétés sont placées sous le signe de perpétuels attentats contre la vie, d'avortements perpétuels de la profondeur humaine. Dans le ventre des mères, certes, jusqu'où l'on va, désormais, persécuter la créature humaine, comme s'il n'était pas assez de l'existence pour le faire. Mais chaque âge de l'enfant est menacé par un avortement d'un autre genre, et l'enseignement est devenu spécialiste en ce genre d'opérations. Il est vrai qu'un enseignement placé plus ou moins explicitement sous le signe de Freud, dans la mouvance d'un psychologisme élémentaire, ne peut que refouler l'essentiel sous le prétexte immédiat de mieux défouler la relation sociale et précisément sexuelle.

S'il n'est pas moins vrai que, dans le passé, nombre d'établissements scolaires se fermaient les yeux et les fermaient aux enfants sur des réalités qu'ils découvraient maladroitement, seuls, au sortir de l'école — ou parfois à l'intérieur —, un excès ne justifie aucunement l'excès contraire. Outre qu'étendre à toutes les écoles d'autrefois ce travers, serait mensonger, il est utile, justement, de souligner que leur faiblesse tenait à ce qu'elle manquait à un des aspects importants de la vie humaine. Ce n'est donc pas en manquant à un autre qu'on le corrige, et il y a une différence certaine entre lui rendre la place qui lui revient et lui offrir toute la place.

L'instruction sexuelle est d'autant plus indispensable aujourd'hui, que l'enfant est assailli très tôt par ces questions d'adultes, sur tous les écrans et tous les murs. Elle l'est surtout du fait que l'éducation à aimer est la plus essentielle de toutes et que l'instruction sexuelle, si elle n'en est pas le fondement, en est un élément important.

Mais il est plus évident ici que partout ailleurs, et qu'en toute autre discipline, que c'est peu de communiquer un savoir dont on ignore la finalité. Et encore une fois, c'est tout ignorer de l'enfance et de la dimension essentielle de sa demande, que de réduire un enseignement à une description de phénomènes mécaniques ou animaux et l'école à un centre de dressage pour jeunes chiots de garde ou de chasse ! C'est ainsi que l'on découvre soudain avec stupeur qu'une illettrée au fond de sa campagne, passée par aucun des enseignements primaire, secondaire ou supérieur, mais seulement par l'école de la vie, en a plus long à nous dire sur l'essentiel, qu'un bachelier ou un agrégé. Il est vrai que son contact permanent avec la nature lui a offert une instruction sexuelle permanente que le pavé des villes n'offre pas, et qu'invitée à aimer, elle a su découvrir en son temps tous les gestes de l'amour, avec une simplicité que Don Juan lui envie. Il faudra bien tirer un jour de ces évidences, des conclusions pour nos écoles, avant d'avoir réduit tous les enfants du monde au désespoir, et les acculer à refuser — légitimement — toutes les écoles, pour découvrir enfin la vraie réponse à leurs vraies questions.

Chapitre XII

Lorsque l'enfant joue

L'heure de la récréation a sonné : la classe entière s'ébroue et pousse un soupir de soulagement. On a beau aimer un peu les mathématiques ou la lecture, il faut avouer qu'on leur préfère cet instant où l'on reprend en main — en partie du moins — la liberté de ses mouvements. Les adultes enragent à vous enfermer dans des horaires, des écoles, à des tables où il faut se tenir comme eux, alors qu'il est si bon de donner libre cours à son génie, même et surtout s'il est des plus facétieux ! Les anarchistes ne sont que les très pâles et tristes imitateurs de cette récréation permanente de l'enfance, d'autant plus pâles qu'ils réduisent en système ce qui est chez l'enfant mouvement naturel de l'être à disposer de lui-même. L'anarchie des enfants n'est pas anarchiste; elle est au contraire profondément ordonnée à une fin supérieure : l'activité ludique, le jeu, dont les ministères dits « du Temps Libre » ou « des Loisirs », n'ont pas non plus une idée bien nette.

Les adultes découpent le temps en heures de travail et de repos, en périodes de labeur et de vacances, et ne conçoivent les secondes que pour se remettre des premières, avant de reprendre le collier d'esclavage. Mais les enfants ont raison : tout devrait être jeu. Le travail est une sueur pour le front, une peine, le châtiment de Dieu sait quel crime ! Mais parce qu'il est naturel à l'homme de jouer autant que de vivre, le travail même ne devrait être qu'un divertissement supplémentaire. L'adulte — ou qui d'autre — en a fait une prison. Pourquoi ?

Quand on nous rapporte qu'au XIXe siècle l'industrie avait mis des enfants de huit ou neuf ans, au travail sur le carreau des mines, on ne peut penser que ceux-ci accomplissaient leur tâche en riant, mais plutôt qu'ils se soumettaient à la triste passion de lucre de leurs misérables aînés. Non plus qu'on ne pense que les enfants philippins livrés à la prostitution dès l'âge de neuf ou dix ans, le soient pour leur propre plaisir : c'est celui de l'Occidental en goguette qu'ils doivent satisfaire. Quant à eux, ils mourraient de faim, nous dit-on, s'ils ne cédaient à ces caprices des adultes. Ils gagnent donc leur pain comme ils peuvent, en se pliant aux lois de ce vieux monde qui ne sait plus jouer le jeu du rire et des larmes, qui veut tout soumettre, y compris l'enfance, au marché de la monnaie.

En fait, il faudrait savoir vivre comme l'enfant joue. S'attacher totalement à ce que l'on fait, sachant qu'il ne s'agit jamais que d'un jeu. Et qu'il faudra à quelque moment quitter la partie sans trop de regrets, pour pénétrer dans l'autre face de notre destin où tout est joué pour toujours. Le jeu est naturel à l'enfant ; il faudrait qu'il le soit encore à l'homme, afin qu'il sache se comporter dans l'existence comme l'enfant dans le jeu. Regardez-le : il sort de classe, et aussitôt il oublie tout des misères que lui a imposées le maître, avec ses dictées ou ses tables de multiplications. Il s'élance sur l'aire du jeu avec le sentiment qu'elle est le véritable lieu de son épanouissement jusque-là contraint par les lois inexorables de l'école. Je me souviens d'avoir attendu l'heure de la récréation, à la saison où l'on jouait aux billes, comme la plus importante de ma journée. Et elle l'était en effet : j'y retrouvais la fête du vivre. Tandis qu'il faut compter une à une les heures, voire les minutes d'une leçon que l'on n'apprécie qu'à moitié, ici, le temps ne compte plus : on passerait son éternité à jouer aux billes, et la cloche fatidique qui sonne la fin de la récréation, résonne comme un glas. Jusqu'au jour où l'on découvre, dans un travail lui-même, lorsqu'il est accompli à la perfection et de tout son élan, un autre jeu, et le même bonheur.

Le temps soumis et vaincu par le jeu, ces heures qui peuvent durer sans que la lassitude vous gagne est un secret que l'enfance emporte souvent avec elle, mais c'est à elle qu'il faut en demander la clef, pour découvrir justement comment se délivrer du temps. Et l'enfance répond que le temps ne dévore que ceux qui lui appartiennent totalement, ceux qui confondent les réalités temporelles avec l'absolu et leurs livrent une âme qui n'est pas faite pour elles. L'enfant ne prend pas au sérieux le temps ; il en joue, et c'est le secret de sa liberté.

« Je vous souhaite, par rapport au service militaire, de jouer le jeu sans vous laisser prendre au jeu », m'écrivait Gustave Thibon aux premiers jours de ma saison sous les drapeaux. Mais j'ai étendu ce vœu à toute une vie. Il venait au bon moment ; quand on tourne la page fiévreuse de l'adolescence et risque de prendre le monde des grands, celui où l'âge vous fait entrer de bon ou mauvais gré, pour plus sérieux que l'autre qui vous quitte. Il ne faisait que me rappeler à cette vertu dont l'enfant est spontanément doué : jouer le jeu nécessaire, sans se laisser dévorer par aucun jeu, car rien, en ce monde, ne vaut qu'on s'y laisse prendre et lui consacre son âme. Vivre simultanément dans la passion et le détachement toutes les minutes qui passent. Dans la passion, parce que le jeu ne souffre pas d'être traité distraitement, dans le détachement, parce que l'on sait bien que tout jeu a une fin, que l'on y perde ou que l'on y gagne. Mais peu importe de gagner ou de perdre tant que l'on n'y engage pas son âme : l'un n'est pas plus définitif que l'autre, et il s'agit seulement de jouer son rôle, au mieux de ses possibilités. Qu'a-t-on gagné, quand on gagne ? Perdu, quand on perd ? Rien d'absolu ; l'absolu est ailleurs. Mais les hommes se comportent comme s'il était là, dans les choses du temps. L'homme est un mauvais joueur.

Le jeu de l'enfant — mais toute sa vie est jeu — offre au contraire un merveilleux exemple, de comportement naturel et surnaturel avec la vie. Il passe de l'un à l'autre, comme les Américains d'un job au suivant, avec une désinvolture souveraine à l'égard de ce qui ne doit pas nous retenir indûment. Le fait qu'il n'aie pas besoin de jouets, que tout soit jouet pour lui, et qu'il faille même lui arracher parfois des mains tel objet avec lequel « on ne joue pas », parce que nous le considérons comme plus précieux que la matière d'un jeu, est plein d'enseignement.

Le petit chat s'amuse avec l'oreille ou la patte de sa mère, et l'enfant avec ce qui lui tombe sous la main. Plus les jouets sont sophistiqués, plus ils réduisent l'espace du jeu et de la vie, plus ils l'emprisonnent dans des limites stérilisantes. Le jeu véritable de l'enfant est celui qui donne libre cours à son invention, et l'invite à se jouer de tout. Une poupée qui pleure mécaniquement fait le ravissement des adultes. Mais la fillette qui habille deux morceaux de bois d'un chiffon de couleur, les met au lit et leur dit : « Ne pleure pas, maman est là ; c'est l'heure de dormir », et leur chante une chanson parce que son bébé pleure « quand même », la petite fille entend vraiment les pleurs dont elle parle. Il faut voir de quoi sont faites les épées et les capes des jeunes garçons, pour oser les priver du plaisir de l'invention en leur offrant des armes toutes faites. A cet égard, rien de plus abusif que les jeux où les enfants apprennent à lire, à écrire, à compter, en jouant : ils le piègent jusque dans leur élan le plus profond. Leur avenir immédiat y trouve peut-être un bénéfice « social » : celui de présenter un examen à quinze ans plutôt qu'à seize. Mais leur âme ? Où est cet élément capital de l'enfance : la gratuité ?

L'enfant joue pour jouer, non pour en tirer un quelconque profit, et ce calcul ne germe que dans les cervelles adultes. L'enfant joue pour sa joie, pour sa fête personnelle, et il crée la fête à partir de ce que lui propose son environnement quel qu'il soit. Quelle image plus saisissante : dans un pays dévasté par la guerre, que celle des enfants jouant sur les ruines de leur maison bombardée, comme inconscients du drame qui les entoure. En fait, ce drame ne leur fait pas oublier une réalité plus essentielle que lui, qui les occupe plus profondément encore, et qu'ils poursuivent à travers tous les hasards de l'existence : la fête intérieure. Celle qu'ils découvrent à l'intérieur.

L'enfant sait bien que cette épée n'est qu'un morceau de bois, ce cheval un balai. Si vous le lui dites, avec cette forme de critique aveugle qui caractérise ce que l'adulte appelle son réalisme, vous ne défaites pas une illusion, vous détruisez un regard. Il distingue aussi bien que vous les balais des chevaux, mais mieux que vous, il sait que la beauté du monde tient au pouvoir des yeux humains de regarder plus loin que l'apparence, et de transfigurer toutes choses. S'il connaît les balais, il reconnaît aussi les pauvres choses que sont la plupart des adultes ; il sait lire dans les caractères et dans les cœurs, mieux que ses aînés ne le font spontanément, dénués qu'ils sont souvent de ce jugement fondamental qui précède l'acte de juger. Les adultes jugent d'autant plus qu'ils ont moins de jugement. L'enfant, lui, sait que les balais sont des balais, que les hommes ne sont que des hommes, mais son génie a le pouvoir de transfigurer les balais en chevaux et l'homme en quelqu'un d'acceptable pour son regard.

Est-ce à dire qu'il faut cultiver en eux la folie don quichottesque de prendre les moulins à vent pour des géants, une catin pour Dulcinée et les vessies pour des lanternes ? Unamuno répondait certes que Don Quichotte ne se trompait pas en voyant se profiler dans les moulins à vent les géants industriels qui allaient pervertir le monde, le consacrer tout entier à la lutte pour l'avoir ? Qu'il n'avait donc pas tort de se lancer dans un combat épique contre le sinistre pouvoir masqué derrière cette apparence inoffensive. Mais l'enfant sait que les vessies sont des vessies. Il les nomme lanternes, suivant la logique de son jeu qui a besoin d'une lanterne, et l'a prise où il la trouvait, à portée de sa main. Je ne loue pas le pouvoir de se faire illusion sur la réalité, — et de la déformer au gré de sa fantaisie —, mais celui de se jouer de la réalité même la plus contraignante, pour habiter l'univers qui leur agrée.

Mais à la différence des adultes, les enfants continuent d'appeler jeu cette opération, alors que les adultes se prenant au sérieux, finissent par croire davantage à leurs jeux qu'à la réalité. Quand ils confondent par exemple leurs sciences avec la connaissance, leurs pouvoirs avec la toute-puissance, etc. Ils y croient et feraient tuer le reste du monde qui n'y croit pas avec une indifférence sourde et aveugle. Ils ont oublié qu'une fonction essentielle de la vie est le jeu : il dure ce qu'il dure, et entre tous les jeux dont l'humanité est occupée âprement, il n'y a que quelques degrés de différence. L'intelligence de l'existence réside uniquement dans l'art de ne pas s'y laisser prendre : savoir que la mort seule ne se joue pas de nous, mais que toutes les heures, comme les ombres de la caverne platonicienne, se débattent entre la vérité de la lumière et l'abîme de la nuit. Il tient à nous de nous y attacher comme à des réalités absolues ou de les regarder se faire et se défaire avec le détachement du vrai joueur pour le jeu. De l'enfant.

Henri IV jouant avec les siens sous la table du Conseil et refusant de les quitter pour recevoir ses ministres, fait un choix qui n'est pas le plus mauvais. On se demande si le roi n'avait pas compris que la plus sérieuse des occupations n'est peut-être pas celle que l'on pense. Nos actes les plus déterminants n'ont de sens que si on les accomplit avec ce détachement que l'on mettrait à jouer avec des enfants. Je ne suis pas de l'avis de Pascal qui oppose le jeu de balles à la réflexion profonde sur la destinée et n'y voit qu'un « divertissement » : je dirais volontiers que tout est jeu de balles, mais que la seule différence tient dans le fait d'en être dupe, ou non. La sagesse populaire le savait bien qui s'est toujours moquée des gens gravissimes. Un cardinal qui se prend vraiment pour un cardinal, n'est qu'un pauvre homme. Jouer avec l'enfant vous apprend à mieux jouer avec vous-même, c'est-à-dire avec les adultes. Sans pour autant se jouer d'eux. Se jouer d'eux, c'est prendre leurs propres jeux au sérieux, comme ils le font si volontiers.

Il faut évoquer ici le rire des enfants, cristal si transparent, que l'autre ne ruisselle jamais de tels jeux de lumière.

Le rire des nôtres est l'enchantement de la maison. Qu'il nous soit offert ou non d'y participer directement, il suffit de l'entendre résonner dans une chambre, un couloir, un jardin, pour toucher au lieu le plus pur de la joie. Il dissipe, dans l'instant, la pesanteur, et l'on voudrait passer sa vie à faire rire un enfant, parce qu'il n'y a peut-être pas de rencontre plus rare du bonheur auquel l'homme est destiné. Mais l'homme sait-il encore rire, quand on compare son propre rire à celui-là, qui éclate comme s'il n'y avait que la joie au monde. Rire avec eux, rire comme eux, vous ressource en votre âme la plus légère. Ce rire de l'enfant est visite d'un ange, aussi inattendue et lumineuse, en effet, qu'une apparition.

Et passer des larmes au rire — ou vice versa — est encore un jeu. Arguer de cette facilité pour en conclure que les enfants sont trop légers, pour toucher au fond des réalités, c'est faire preuve soi-même d'une grande futilité. Il est vrai qu'ils passent des pleurs au rire avec une spontanéité déconcertante. Mais ils ne font en cela qu'épouser la vie, elle-même déconcertante. La véritable profondeur, Platon l'avait bien vu, est légère de la légèreté de l'aile qui nous soulève au-dessus de la pesanteur du monde et de nous-même, comme l'oiseau au-dessus de la crête des vagues. « Le poète est une chose légère, c'est une chose ailée que le poète, une chose sacrée », disait-il. Combien plus encore l'enfant. Il est vrai qu'il est par excellence le lieu du sacré, et la gratuité de son rire en est un signe supplémentaire. Le jeu de l'enfant l'ouvre à ce détachement que l'adulte perd dans la bassesse de ses intrigues. Il ne sait plus jouer comme lui ; il ne sait plus rire comme lui.

Le malheur veut que les adultes, lorsqu'ils tentent d'imiter le jeu de l'enfant, ne le fassent que misérablement. Excepté les lendemains de Noël où ils s'emparent du train électrique qu'ils ont offert à leur fils, et retrouvent leur ferveur enfantine. Mais rien de plus de grave et de plus lourd que leurs salles dites de « jeux », dans des villes où l'on prétend se divertir. Elles sont pleines de fous que le jeu dévore au point qu'ils y perdent toute mémoire de celui qu'ils sont. Ce n'est plus le jeu mais une passion férocement tragique qui les plie à ses lois d'esclavage. Le rire est une indécence dans ces lieux gravissimes. Quant au jeu de l'amour, l'amour réduit au jeu, les don juans et les coquettes en connaissent aussi les lois inexorables, où il n'y a bientôt plus ni jeu ni amour. Si Don Juan rit encore, d'un rire de dérision, il est le seul, entouré de ses victimes que son rire fait pleurer. Jusqu'au moment où le jeu finit mal pour lui aussi.

L'enfant ne joue pas avec l'amour, lui qui ne cesse de jouer. Jamais ne s'effacera de ma mémoire la terrible image qui y est entrée un jour, dans le métro parisien. Sur un quai, une fillette de six ou sept ans tenait dans une main une poupée misérable, et de l'autre tirait son père ivre, tentait de le hisser dans un wagon avant que la porte ne se referme. L'homme résistait, bredouillait des protestations incohérentes, et la petite fille dont les larmes coulaient, appelait son père d'une voix suppliante et désespérée, sous le regard pétrifié de centaines de gens qui assistaient, impuissants, à ce drame. On voudrait être à mille lieux de là, et l'on est là, pris entre l'horreur et l'émerveillement devant cet amour d'enfant, indifférent à la foule, et qui répète doucement : « Viens papa, viens... ». Je me suis dit spontanément que cette petite fille pouvait un jour accomplir n'importe quel geste moins honorable : elle était déjà rachetée par celui qu'elle accomplissait là.

Le rire et le jeu de l'enfant ne se rient jamais de l'essentiel. L'adulte montre bien, en revanche, qu'il ne sait pas jouer, parce qu'il ne sait où placer le rire. Il se rit de ce qui est sérieux, mais prend au sérieux ce qui est risible. Le jeu merveilleux de l'ironie, il le travestit en ricanement. Le rire de l'enfant est une fête, celui de l'adulte un jeu de massacre. Il a tellement peur d'être dupe des autres ou de ses propres sentiments ; il est tellement fier de sa méfiance, qu'il se laisse prendre tout entier au jeu de l'esprit critique. Un mot de La Bruyère me paraît tout résumer de cette attitude dont les limites sont évidentes : « Le plaisir de la critique, dit-il, nous ôte le plaisir d'être vivement touché de très belles choses ». Entre les deux plaisirs, nous avons l'art de choisir le moindre, de nous laisser emprisonner dans le jeu le plus dérisoire.

L'enfant qui se moque, l'enfant qui rit de quelqu'un ou de quelque chose, est le même qui osera pleurer d'émotion, battre des mains un instant plus tard devant un spectacle qui l'enchante. Il prend moins au sérieux son rire ou ses larmes, que l'instant auquel il se donne tout entier ; il joue le jeu de la vie dans sa diversité, sans se déprendre de la vie. Cette merveilleuse disponibilité à être là où l'existence vous appelle ; ce refus de la réduire à des plans, à des programmes, cette disposition à accueillir le miracle ou l'échec de la même âme parce qu'il y a demain, et demain encore, pour réparer aujourd'hui, voilà ce que l'adulte peut apprendre de lui.

A travers le jeu, l'enfant sait que l'imprévisible survit à toutes les prévisions ; il l'attend au-delà de tous les projets qu'il s'est fixés, comme un élément fondamental du lendemain, dont les surprises même, lui paraissent naturelles. Car le jeu est surprise, dans l'échec comme dans la réussite ; ou alors il n'y a plus de jeu. L'enfant croit à l'imprévisible quand l'adulte le circonscrit au maximum ; l'enfant rêve de jouer toujours, l'adulte de supprimer tous les libres jeux de la liberté, de l'initiative personnelle, de la fantaisie. Transformer l'humanité en un immense camp où la tâche de chacun serait définie jusqu'à la fin de ses jours, et où celui qui prétendrait s'en échapper serait aussitôt mis hors la loi, voilà quelle société idéale les hommes du pouvoir espèrent un jour mettre en forme. L'enfant ne rêve que de lendemains toujours imprévisibles.

Mais n'est-ce pas saper les fondements des sociétés, les règles nécessaires au fonctionnement d'une institution, que de prendre ainsi pour modèle le jeu de l'enfant ? A quoi se réduirait l'Action — avec majuscule — si l'on s'en remettait totalement aux incertitudes du destin ? Certes, je ne prétends pas abandonner la raison dans la conduite des hommes, si je prétends y rappeler, avec l'enfant, le rôle irremplaçable de l'esprit ludique. Avec lui, il ne s'agit que de ramener à la modestie les règles dont le social fait son absolu — dans les sociétés dites permissives autant que dans les autres —, de prévenir à tout prix l'absolutisation du social qui est la plus grave de toutes les menaces qui pèsent sur nous. Celle où disparaît le véritable enjeu de la vie. Je sais qu'il faut rendre à César ce qui lui est dû, mais uniquement ce qui lui est dû, et le plus sûr moyen de le faire est de replacer l'homme devant le miroir de son enfance. Alors il verra l'enfant jouer le jeu de la vie dans cette disponibilité avec laquelle, encore une fois, il devrait le jouer lui-même. Ne s'y attacher qu'autant qu'il faut pour tirer son épingle du jeu, c'est-à-dire son âme des fascinations du monde, et de ses fausses gloires. De la garder disponible, aussi pour une autre aventure.

Chapitre XIII

Le quotidien est un miracle

J'ai emprunté souvent ce court chemin qui conduit à l'école des enfants, voisine de la maison. Seul, j'avance le plus souvent à pas rapides, occupé d'autres pensées que celle des façades et des devantures, que je crois bien connaître, et des visages, dont je suis sûr, dans cette ville anonyme, que je n'en croiserai guère, en revanche, de familliers. Si c'est avec un des enfants — ou les trois —, à la main, j'ai pourtant l'impression que nous n'atteindrons jamais notre terme : il faudrait s'arrêter à chaque pas.

— Papa, tu as vu ? Tu as vu la boulangerie repeinte ?

— Oui, depuis longtemps déjà.

— Et tu as vu de quelle couleur ?

— Bien sûr ; mais nous sommes pressés : nous la regarderons de près une autre fois !

— Oui, mais tu n'as pas vu que le magasin de porcelaine est aussi repeint en rouge, puisque les peintres n'ont commencé à travailler que ce matin.

— C'est vrai...

— Et pourquoi la boulangerie est-elle jaune et le magasin de porcelaine ne l'est pas ? Il y a des couleurs différentes pour chaque boutique ?

Il faut répondre aux questions les plus inattendues. Et de la réponse naîtra une nouvelle question à laquelle il faudra aussi répondre. Indéfiniment. Infiniment. Car l'insignifiant ne l'est peut-être pas. Et je regarde enfin les deux boutiques, j'ouvre les yeux sur cette rue que je croyais voir, et tout à coup, rien n'est indifférent de ce que je pensais devenu le plus banal. Nos sens émoussés nous ont désappris à lire dans le quotidien la merveille de la vie, et nous allons chercher très loin cette merveille. Nous demandons à l'étranger, à l'étrange, de nous offrir du nouveau, alors que l'enfant le demande d'abord au proche, et le trouve. Cette faculté de rencontrer dans le quotidien les miracles qu'il recèle, est en soi-même un miracle.

La vitesse dans laquelle nous vivons a certainement développé l'inattention. Les paysages défilent par exemple derrière les vitres des trains ou des voitures à des allures qu'il est impossible à un regard attentif de soutenir. On s'habitue à ces défilés, à cette absence perpétuelle de soi et du monde. Les mille détails dont fourmillent le quotidien, s'effacent dans une existence stylisée à l'extrême. Or ce sont les détails qui donnent leur saveur aux choses : la même prairie, vue d'avion ou d'un compartiment, et lorsqu'on s'y roule dans l'herbe fraîche, n'offre pas les mêmes sensations. Pour revenir à ces choses devenues inconnues à force d'être proches, il suffit de reprendre la main de l'enfant : c'est lui qui vous conduit et vous ramène au vrai.

L'instant du lever, par exemple, est un moment de grâce irremplaçable. Sa voix d'abord, menue et frémissante. Il appelle peut-être de sa chambre, ou vient vous surprendre dans la vôtre, et ses yeux grands ouverts saluent le jour nouveau comme s'il n'y avait pas de jours anciens pour le comparer à celui-là. « Bonjour » n'est pas un vain mot : le monde en effet recommence, et il attend tout de ce commencement. Ou nous prenons le temps d'être attentif nous-même à cet instant chaque fois unique, ou nous tentons de l'abréger, de le réduire à rien, pour le faire entrer déjà dans la course de la journée à laquelle nous allons nous livrer nous-mêmes. Nous lui fermons la bouche, nous nous fermons l'oreille, nous nous murons dans ce mutisme intérieur qui va nous suivre tout le jour dans nos occupations débordantes. Le moment est alors passé où il fallait écouter l'enfant l'âme nue, nous dire ce qu'il ne dira plus; sacrifié, non aux obligations de notre travail et de nos responsabilités, mais à l'idée que nous nous en faisons, il refoulera en lui la grâce de cette heure première.

Si nous acceptons au contraire ce salut de l'enfant au jour nouveau, si nous le prononçons avec lui suivant les rites qui conviennent, alors le monde s'ouvre pour nous comme pour lui. Le sommeil n'a été qu'un intermède bienfaisant pour le repos de nos corps et de nos esprits. Nous retrouvons au réveil l'âme de l'enfant raffermie et toute vive. S'il est bougon, s'il a mal dormi, il suffit que le rite du petit déjeuner soit assuré posément pour qu'il oublie peu à peu son humeur chagrine. Quelle importance que les rites pour mettre en relief la beauté du quotidien! Mais que nous soyons mal disposés nous-mêmes, et nous l'ancrons dans ses maussaderies, qu'il est si prêt, pourtant à oublier. Depuis dix ans, je ne me lasse pas de cette heure matinale où ceux qui vont à l'école, celle qui reste encore à la maison, reprennent possession de l'univers avec leurs yeux, avec leurs mains, avec leurs esprits, après que le cœur ait appris à remercier Dieu de ce matin nouveau qui se lève.

« Bonjour Dieu ! » : c'est leur premier salut à la réalité du monde. Bien qu'il faille de temps en temps les rappeler à l'heure des horloges, ils sont libres comme les oiseaux du ciel, et leur esprit bondit, leur rire éclate à propos de tout et de rien. Ils racontent, ils se racontent, avec la fraîcheur du matin de la vie, et quand même on aurait soi-même des soucis importants, ils cèdent devant cet élan. Il me souvient d'heures noires où je venais de me heurter à l'ignominie de quelques personnages sordides qui abondent aussi dans les sphères du christianisme. La trahison était d'autant plus amère, qu'elle ne semblait pas seul me toucher mais cela en quoi je crois le plus profondément. Or, tandis que ma confiance était mise à l'épreuve par des êtres qui se tiennent au plus bas de l'homme et menacent de vous y entraîner, l'enfant qui chaque matin revient de la nuit avec le pouvoir de vivre la nouveauté du jour neuf la réanimait soudain. Aucune ombre n'a raison de lui. Et dans cet instant, mes enfants m'ont détaché en profondeur et pour jamais de ces considérations étroites qui faussent la plénitude du jugement, qui confèrent une importance à des choses ou des gens qui n'en ont pas. Être là, et seulement là où l'aube vous trouve, avec ceux avec qui elle vous trouve, et vivre cet instant dans son intensité : quelle liberté !

La vie publique détourne si aisément du champ de la vie privée qu'elle peut quelquefois offrir l'illusion d'être en mesure de la remplacer. Vivre tout entier à l'extérieur de soi et de chez soi : telle est la situation à quoi se bornent tant de carrières. Mais l'enfant qui n'a qu'une vie privée et ramène tout à elle, est pour l'âge mûr une garantie profonde de ne pas l'oublier lui-même. L'école n'est d'abord que le prolongement de l'existence familiale. En classe, encore, il continue de vivre ce qu'il vit chez lui, et c'est si vrai qu'un enfant dont la famille entretient des discordes, ne peut surmonter son trouble à l'heure des cours. Tout entier à la vie privée — à la vie intérieure aussi — il offre le miroir de votre propre manière d'être.

Ainsi les gestes du lever sont des rites donnant le ton à la journée. Ils ne vous diront pas seulement qu'il fait soleil ou qu'il pleut, mais ils parlent du temps pour demander avec inquiétude s'il va intervenir dans un projet de la veille : on doit s'y soumettre ou le braver ? Celui qui boit son chocolat plus rapidement que l'autre, celui qui n'a pas faim ce matin-là, celle qui pleure tandis que l'autre chante, et il faut consoler le premier, chanter avec son frère : tout est à la fois semblable et inattendu. En fait tout est de l'ordre d'une incarnation élémentaire mais essentielle sur laquelle on allait passer en le sacrifiant à des chimères, mais que l'enfant vous rappelle expressément.

Dans ces instants familiers, se joue peut-être son destin, et le vôtre. Ou bien ils ne vous semblent qu'anodins, ou ils vous révèlent leur dimension profonde « Il n'y a de vrai que l'instant et l'éternité », disait magnifiquement la philosophe Simone Weil. Nous avons toutes les chances de passer à côté de la vérité de la seconde, si nous ignorons la vérité du premier. Se projeter dans l'histoire d'hier, comme les passéistes nostalgiques; dans celle de demain, comme les progressistes impatients, c'est vivre dans ce qui n'existe plus, ou n'existera peut-être jamais, et partant, oublier ce qui est. L'instant existe, d'une existence d'autant plus profonde, que sa vérité d'instant s'ouvre à la vérité éternelle. L'enfant vit chacun comme s'il ne devait pas en vivre d'autres : son chagrin ou sa joie contiennent tout le chagrin et toute la joie de l'heure unique qu'il est tout occupé à accueillir. Soyez distrait, c'est-à-dire ailleurs, alors qu'il est attentif, et vous ne saurez ni qui est l'enfant ni qui est l'instant : vous aurez remplacé la vie par le songe

Pourtant les enfants rêvent, direz-vous; et tout éveillés! Ce goût pour les histoires rocambolesques, pour les contes et les fables, surtout, n'est-il pas signe d'un besoin de s'évader de l'instant ? Ils se racontent et vous racontent des aventures imaginaires, auxquelles ils paraissent croire tout à fait. Non qu'ils mentent nécessairement; mais par cette faculté qui leur est accordée d'échapper au monde que nous estimons le plus réel : celui où nous nous embourbons. Certes, la distance est courte du songe au mensonge : on commence à l'un, et imperceptiblement on glisse dans l'autre. L'enfant est-il vraiment présent à la réalité du monde, ou plus près de la chimère; ici, ou ailleurs ?

La question contient sa réponse : l'enfant vit tout entier dans l'instant, justement parce qu'il n'en est pas prisonnier. Il n'a pas à s'en évader, parce que celui-ci ne le limite jamais à lui seul. Il n'a pas à le fuir, parce qu'il y trouve justement l'infini. Nous vivons des heures vidées de l'essentiel, mais qui par là même nous semblent vaines, quand lui retrouve dans ces mêmes heures l'essentiel. Car il est en lui, non au-dehors où nous le poursuivons avec tant de fièvre.

Les discours que j'ai pu lire depuis quelques années sur « la fête », traitée soudain avec vénération, passent ordinairement à côté de cette évidence première, que la fête est d'abord intérieure. C'est l'enfant en fête qui la répand autour de lui, non seulement en des heures exceptionnelles, celles des anniversaires ou des promenades privilégiées, mais à longueur de journée. S'il revient déjeuner avec le petit ou la petite amie qu'il a décidé d'inviter, la visite guidée de sa chambre, de la maison, de la famille, est un récit haut en couleurs. Qui pourrait mettre dans ces présentations tout ce qu'il a su dire en quelques mots ?

Après qu'il aura fièrement affirmé : « Voilà ma chambre ; voilà ma sœur ; etc., » ; il vous aura ouvert les portes de son royaume. Il ne reste qu'à faire entrer l'autre dans cette féerie quotidienne, ce qu'il fait d'ailleurs, même si l'autre a cru nécessaire d'exprimer quelques réserves, du type : « J'ai aussi une chambre qui est LA chambre ; une sœur qui est LA sœur... » La féerie s'accorde vite à la féerie, l'enfance à l'enfance : on ne demande ici qu'à retrouver le miracle permanent dans lequel on vit soi-même ; à l'entretenir au miracle de l'autre. Il faut toute la platitude d'un adulte raisonneur pour jeter le discrédit sur cette ferveur de vivre. Elle n'a pourtant rien de suspect, mais ceux pour qui le temps n'est fait que de calculs plus ou moins nobles, pour qui le temps, notamment, est de l'argent, s'effarouchent devant ce gaspillage et cette gratuité.

Dans une création où le moustique voisine avec l'aigle et l'agneau avec le fauve en une profusion qui enchante l'enfant, ils ont introduit un peu d'ordre, ou ce qu'ils appellent tel. Mais l'âme de l'enfant est restée accordée à la profusion du créé, non à cet ordre plus ou moins artificiel, fait de restrictions et d'interdits. Il est né à la dimension de cet enchantement perpétuel qu'il découvre au plus banal du quotidien, et sans effort.

L'enfant habite la totalité du monde, visible et invisible, et non seulement une journée réduite à ses vingt-quatre heures, chacune d'elle réduite elle-même à soixante minutes. Toute mise en ordre que nous pourrions introduire dans un tel univers et qui ne respecterait pas ce miracle permanent, est une réduction mutilante. Il faut plutôt lui demander le secret de son enchantement et de sa poésie, plus encore que nous ne le demandons à l'artiste et au poète, parce que mieux que quiconque, l'enfant entend parler le monde, et les fleurs, et les arbres, et les animaux, une langue qui nous est devenue étrangère.

« Pourtant, sous la tutelle invisible d'un ange,
L'enfant, déshérité, s'enivre de soleil,
Et dans tout ce qu'il boit, et dans tout ce qu'il mange,
Retrouve l'ambroisie et le nectar vermeil.
Il joue avec le vent, cause avec le nuage
Et s'enivre en chantant du chemin de la croix ;
Et l'Esprit qui le suit dans son pèlerinage
Pleure de le voir gai comme un oiseau des bois. »

Baudelaire a raison : comment l'Esprit ne pleurerait-il pas quand il voit avec quelle unanimité le monde sérieux s'emploie à briser ce dialogue inépuisable de l'enfant avec le monde, de l'enfant avec les heures du jour ? Il faut pleurer, en effet, sur cet enchantement rompu par des adultes sourds et aveugles au miracle du quotidien, prisonniers de leur monde aseptisé où la fête n'est qu'artifices sans cesse renouvelés sous peine de décevoir l'excitation. Chaque fois que l'on interrompt ce dialogue, on brise une enfance, peut-être une vie. Il sera si difficile, désormais, de renouer l'entretien avec le monde et son mystère, à partir de cet univers desséché auquel on vient de condamner l'enfant.

De tous côtés, on voit l'adulte se heurter au « mur » des choses et s'en plaindre, alors que l'enfant traverse sans y penser l'épaisseur des murs. Il habite le monde et le monde l'habite dans un échange permanent d'une intensité exceptionnelle pour nous, naturelle pour lui. Ses peurs mêmes, sont une sorte de regard plus profond qu'il jette derrière les choses : il appréhende les présences du monde invisible, redoutant soudain qu'elles lui soient hostiles. Est-ce un fantôme qu'il a entendu cette nuit dans le couloir, ou un rêve qui est passé dans son sommeil ? Retrouvant la démarche immémoriale de l'humanité — les sociétés premières ont de ces rencontres privilégiées —, il cherche alors la présence amie et souveraine qui le délivrera de toutes les autres.

Quelle occasion inespérée de renouer nous-mêmes un extraordinaire dialogue avec le monde visible et invisible, à travers cet enfant qui lui parle et à qui il parle. Quand on allait s'endormir pour la énième fois sur l'oreiller de l'habitude, voici que l'enfant salue la nuit comme il a salué le jour. L'accent même avec lequel il prononce ce mot : la nuit, est un écho au mystère qu'il contient. Dans notre maison de Théoule-sur-Mer où ils reviennent depuis dix ans passer leurs vacances, nos enfants regardent, du haut des terrasses, tomber le soir sur la baie de Cannes, la mer bleue devenir peu à peu une masse profonde et ténébreuse, et des milliers de lumières s'allumer peu à peu sur ses bords. Je vois chaque fois leurs regards s'agrandir démesurément, absorber cette immensité plus immense encore du côté du ciel et de ses millions d'étoiles inconnues. Fascinés — nous le sommes nous-mêmes avec eux — ils regardent les contours se défaire peu à peu, et s'ils parlent de la nuit, c'est pour parler de cet univers nouveau dans lequel les quelques lumières qu'allument les hommes restent dérisoires face à celles qui s'allument là-haut dans l'infini. La nuit devient une réalité omniprésente et sans borne que l'on interroge par l'intercession de sa mère ou de son père, et si la question résonne en eux aussi profondément qu'elle le fait dans l'enfant, alors le monde s'ouvre pour tous dans une dimension insoupçonnée. Les paroles ne sont plus des discours qui camouflent l'ignorance ou l'inquiétude sous des dehors accomodants, mais des voix qui naissent de la nuit pour en épouser le mystère accueillant.

Quel bonheur de quitter ces conversations polies et vaines qui vous complimentent du site de votre maison — comme si vous y étiez pour quelque chose ! — pour entrer dans cette interrogation inépuisable sur la réalité du monde. L'instant unique, est vécu dans toute la richesse qu'il recèle et nous dit ce qu'aucun autre ne dira jamais, même pas le soir suivant qui paraît lui ressembler d'abord.

Il faut, à cette heure privilégiée, saisir ce qu'elle contient ; non à une autre, qui sera faite pour une autre révélation. Et l'enfant, aussitôt la saisit, avec une pénétration exemplaire.

Quand on mesure à quel point les êtres sont absents du monde — leur monde —, on ne s'étonne plus qu'ils soient tellement absents à eux-mêmes, qu'ils s'égarent dans les abstractions et les chimères qui finissent par leur tenir lieu de réalité. Combien en ai-je entendu se plaindre de leur destinée qu'ils osent embrasser d'un seul regard déçu et triste, alors qu'ils ne savent plus saisir la beauté d'un instant qui vient à eux gratuitement dans sa nouveauté radicale.

Mais sans doute la clef de cette présence si profonde de l'enfant au monde, tient-elle justement dans le fait qu'il accueille celui-ci, non comme un dû, mais un don. Il se réjouit d'abord que la vie soit la vie, et lui soit offerte. Le jour qui se lève, la nuit qui s'avance, l'heure joyeuse et même l'heure redoutable, sont comme autant de présents qui lui viennent d'un monde qui le dépasse, avec une profusion inépuisable où il reconnaît la puissance de la vie. Il cherche moins à prendre, à posséder, c'est-à-dire à réduire toutes choses à ses propres limites, qu'à entrer dans cet univers pour s'y délivrer de sa limite, et en recevoir l'infini qu'il contient. Tout lui vient de plus loin que lui, êtres et choses, dans cette création permanente dont il perçoit l'écho assourdi dans les battements de son cœur.

Ainsi attend-il encore et toujours que ce don se renouvelle. Et il se renouvelle en effet. Le merveilleux échange se prolonge indéfiniment, parce qu'il n'a pas rompu avec la source infinie d'où vient tout ce qui est donné ; et d'où il vient lui-même. Le quotidien n'a pas besoin du miracle pour être un miracle : il lui suffit d'être ce qu'il est, et d'un regard d'enfant pour le percevoir. Le lys n'a besoin que d'être le lys, et le visage un visage : la profondeur du mystère est là tout entière. Il ne s'agit aussi que d'être là. Tandis qu'une vie uniquement remplie de ce qu'elle prétend se donner à elle-même, a perdu cette connivence initiale de l'homme avec le monde.

Être présent à chaque minute de la vie — de sa vie — est un privilège pour l'adulte. Les auteurs de Mémoires, Proust en tête, à la recherche du temps perdu, mettent en œuvre un effort considérable pour entrer rétrospectivement dans cette présence, et manifestent aussi la vanité de cet effort. La présence est d'autant plus fugitive qu'elle est absolue : il faut la saisir quand elle est là, comme l'enfant tout entier à son jeu. Dans une existence mécanisée, robotisée, il arrive qu'une telle présence semble impossible. Dans le brouhaha des bureaux, le bruit des ateliers, qui peut encore accueillir chaque minute qui vient comme le paysan le faisait au milieu de son champ et le contemplatif dans son monastère ? L'enfant est alors d'autant plus nécessaire à ce monde, qu'il le rappelle partout à cette présence irremplaçable, qu'il le tire de l'absence perpétuelle à nous-mêmes. L'enfant qui vit infiniment dans l'instant qui passe, nous rappelle que nous ne sommes faits que pour cette vie.

Chapitre XIV

L'enfant est-il un artiste ou l'artiste un enfant ?

Le monsieur et la dame distingués se promènent dans une galerie ou un musée ouverts à leur usage : on leur présente les dernières œuvres d'un peintre dont la signature vaut de l'or. Il n'est pas un instant question de mettre en doute le talent de l'artiste, sans se disqualifier aussitôt soi-même devant la société toute-puissante qui a tranché sur son génie. Le monsieur et la dame n'éprouvent rien, littéralement rien devant ces toiles : seuls les prix qui accompagnent chacune d'elles leur arrachent une exclamation. « Deux cents millions, tu te rends compte, deux cents millions...! » Il arrivera même, s'ils disposent des deux cents millions, qu'ils achètent ladite toile, puisque les untels en ont une de la même signature accrochée dans leur salon. Et son mode d'emploi : le discours convenu et emphatique leur expliquant qu'il s'agit du désespoir de l'artiste devant la mort. Mais si ce désespoir les saisit un jour, je doute fort qu'ils aillent demander à leur toile quelque résonance à leur angoisse. Il leur faudra trouver une œuvre moins ingénieuse peut-être, mais plus vraie.

Pour l'heure, ils se flattent pourtant de posséder une création « originale », qui les a fait entrer dans la compagnie supérieure des initiés aux secrets de l'art. Ils ne doutent pas un instant que la beauté doit se payer deux cents millions, que certains mages ou magiciens en sont les arbitres, selon des exigences et des règles qui leur échappent un peu, mais qui entrent dans la composition de cette magie même, et qui cependant font aussi partie, désormais, de leur univers, puisque, à la faveur du développement « culturel » de leur siècle, les valeurs de l'art se sont tout simplement transformées en prix ! Et ils cèdent à cette illusion, victimes, comme tant d'autres, d'un immense marché de dupes.

Or leur fille, ou leur fils, sont moins crédules. S'ils ne ressentent rien, ils le disent. Ils n'ont pas eu le temps encore de leur enseigner le mensonge ou la singerie, ni tout à fait la vertu des millions, alors ils portent le jugement abrupt que portera la postérité. Ils préfèrent aux constructions ingénieuses, ces portraits mystérieux qu'ils ont contemplés, parfois, au musée, ces yeux qui vous regardent depuis un autre temps et continuent de vous interroger aujourd'hui. Même si la maîtresse d'école, très à la page, a pris pour du génie leur propre production de carreaux ou de ronds, ils continueront de dire que le peintre authentique, celui qui leur inspire un respect et une admiration incontestables, est l'auteur de ces portraits ; ou de ces paysages aussi, vastes et profonds, comme ceux de leurs vacances. Il arrive que leurs parents leur donnent obscurément raison en leur for intérieur, mais ils les font taire devant le monde.

Dans le même temps, en effet, où la notice leur explique que l'on ne peut vibrer avec son époque qu'en pénétrant les arcanes d'une peinture dite toujours nouvelle par opposition à une autre qualifiée de toujours ancienne, en se forçant un peu pour en franchir le seuil insolite, dans le même temps, ils apprennent aussi qu'aux siècles reculés des cathédrales, par exemple, l'artiste était loin d'avoir perçu les secrets qu'ils détiennent eux-mêmes. On leur a dit qu'il y a du progrès dans l'art, comme dans la mécanique. Au cas où ils pourraient l'éprouver — ce qu'à Dieu ne plaise — on leur fait honte par avance d'une émotion vraie devant un visage de Rembrandt, et on les invite à dégager le sentiment artistique de ces réflexes élémentaires, indignes des gens évolués. Les voilà doutant du plus profond d'eux-mêmes, de cette perche que leur tendait l'éternel, et cédant aux pièges de la société mondanisée.

Musset rapporte joliment cette soirée de la Comédie Française où l'on ne jouait « que Molière », comme il le dit avec ironie, à une époque où il ne convenait point d'admirer Molière, ou du moins de l'avouer. Et il sourit — nous invitant à le faire avec lui — de ces usagers de l'art, ignorant seulement ce qu'est la beauté. Mais n'ignorant pas les derniers poncifs à la mode en la matière. De quoi mourir tout à fait idiot, et emprisonné dans son siècle comme un animal dans une cage. On se rit des gens qui ne sortent point de leur province, que ne se rit-on, dans les mêmes officines, de ceux qui ne sortent point de leur temps ?

Une œuvre ou un artiste de génie peuvent être à la mode ou ne l'être pas, ce n'est pas en cela que tient leur génie. Et s'il est tout à fait vrai qu'il est souvent nécessaire d'éduquer plus ou moins l'attention pour la préparer à reconnaître la beauté où elle est, il ne l'est pas moins qu'il ne dépend pas des modes d'emploi d'éprouver un authentique sentiment esthétique. Pas plus qu'il n'en dépend d'éprouver un sentiment amoureux. Entre le meilleur ouvrage sur le rire, et le rire lui-même, il n'y a pas à hésiter : on préfère le rire. Ainsi, entre deux visages, un beau, un laid, nul ne doutera de son regard et ne tardera à désigner lequel est beau. Aucun enfant, en tout cas : leur jugement est impitoyable, à cet égard.

Quand le visage est un peu moins tranché, qu'il tient à la fois du beau et du laid, il sera plus difficile peut-être de se prononcer : on trouvera l'œil superbe mais la bouche affreuse, ou vice versa. Mais c'est bien ici que l'on touche à la fonction essentielle de l'art : nous délivrer de cet à-peu-près, des hésitations et des conventions qu'il entretient, pour nous faire entrer dans une approche de l'absolu et de l'incontestable. La Vénus de Milo est belle, comme l'est un visage parfait : quelque critère insolite de beauté qu'invoque une époque ou une culture, elle ne pourra faire dire à personne, de bonne foi, qu'elle n'est pas une image de cette beauté absolue à laquelle l'artiste aspire. Il faut être un adulte perverti par des considérations étrangères à l'art, pour entrer dans des discussions sans fin à propos de telles évidences.

L'enfant, lui, qui n'est pas encore prisonnier de ces intérêts-là — ou alors, il a déjà perdu son enfance — n'a pas l'ombre d'une hésitation. Il n'a aucun besoin de mode d'emploi pour se récrier devant la profondeur d'un ciel étoilé, trouver sa mère plus jolie un jour où le bonheur irradie son visage. Il sait d'emblée la magnificence de l'océan et d'une tempête sur icelui, quand il voit — depuis une position confortable et sécurisante — les lames écumantes se déchaîner contre les falaises. L'enfant sait le beau, avant que les goûts et les dégoûts des adultes n'altèrent en lui ce sentiment originel. Il sait que le beau est d'abord dans la nature, qu'il y est plus fortement que partout ailleurs, et qu'un artiste est celui qui saisit aussi simplement que lui cette beauté et parvient à la faire entrer dans une œuvre. Comme on enfermerait le vol d'un aigle dans une volière qui ne l'immobiliserait pas. Mais d'ordinaire, toutes les volières immobilisent les vols de l'aigle, et il faut des êtres doués d'une faveur divine pour lui offrir un espace assez grand où ils puissent continuer leur vol comme dans l'espace.

Ces êtres, aussi rares que les vols de l'aigle eux-mêmes, ces privilégiés indiscutables, quoi que puisse en dire le sentiment d'envie qui voudrait pouvoir distribuer le génie à tout le monde, et tente, pour ce faire, de le confondre avec l'ingéniosité, ces privilégiés ont un espace intérieur plus vaste encore que l'espace extérieur de l'univers. Ils ont en eux un monde, mais en outre, un talent particulier qui leur permet de traduire en écriture, en sons, en sculpture, en images, cette réalité qu'ils saisissent d'un œil et d'une oreille plus exercés.

Or il y a entre eux et l'enfant une affinité profonde, une connivence sacrée. L'artiste est toujours un enfant, l'enfant toujours un artiste. A des degrés divers, certes, suivant les artistes et suivant les enfants, mais là où la coïncidence est la plus profonde, là aussi, l'artiste est le plus grand et l'enfant le plus lui-même. Fondamentalement, la réciprocité est vraie. Ils savent également distinguer la perfection de l'imperfection, et accorder au besoin de perfection qui est en eux, la place qui lui revient : les enfants s'inclinent devant les héros et les saints, comme les artistes devant le génie mystérieux et étranger qui les habite. Ils n'ont pas cette rancune médiocre qui tente de nier la supériorité pour rassurer la médiocrité : l'un et l'autre éprouvent plus de bonheur à admirer qu'à mépriser. Ils ont au contraire l'âme assez noble pour reconnaître que l'absolu n'est pas partout, mais qu'on ne peut le nier là où il est, sans se renier soi-même. Que d'autres qu'eux atteignent l'inaccessible, suscite leur admiration, non leur jalousie, parce qu'ils ont besoin de cette admiration pour vivre.

« L'art est une exigence d'impossible mise en forme » : j'aime la définition d'Albert Camus qui dit si bien les deux composantes nécessaires de la véritable création artistique. L'exigence d'impossible : sentir en soi le désir suprême d'atteindre ce que nul ne peut atteindre. Mais bien que son objet reste inaccessible, ne jamais renoncer à ce désir. Mise en forme : c'est-à-dire exprimée dans un code propre à chaque artiste et qu'il invente dans le même temps où l'exigence d'impossible lui est signifiée. C'est un style, alors, qu'il invente, et qui n'appartient qu'à lui.

Là où n'est que l'exigence d'impossible, sans la mise en forme, il n'y a pas d'artiste, mais seulement l'élan d'un cœur qui est peut-être fait pour sentir profondément la beauté, mais non pour l'exprimer. Ce désir ne peut attendre alors que d'un autre d'être satisfait ; lui-même ne pourrait se traduire qu'en productions médiocres. Mais là où il n'y a que mise en forme singeant l'exigence d'impossible, il n'y a pas non plus d'artiste. Seulement les innombrables académismes ou conformismes, les geais parés des plumes de paons, capables de ne tromper qu'un public sans faim de véritable beauté. Celui que le désir du beau et de son absolu a vraiment saisi, ne peut se contenter longtemps d'ersatzs.

De cette soif, l'enfant est habité au profond de lui. Il a besoin de la beauté et de son harmonie comme un poisson de l'eau. L'artiste est toujours un enfant dans sa constante fidélité à ce mouvement profond de son être qui le pousse à réinventer un monde aussi beau que le plus beau de ses rêves. Mais l'enfant est toujours un artiste, par ce regard qu'il sait toujours pousser au-delà de ce qui prétend l'emprisonner : « Il joue avec le vent, cause avec le nuage... », dit justement le poète. L'un et l'autre ont également soif de l'absolu, et quand ils en reconnaissent une approche dans une œuvre de beauté, ils se rendent devant elle. Humblement et joyeusement.

Le monde, en revanche, s'emploie à la fois à tarir et à exploiter cette soif; à la tarir, en fait, en l'exploitant. Il offre à l'enfant des simulacres de beauté, afin de se délivrer d'une exigence qui met en péril ses calculs médiocres. L'enfant veut voir le « plus beau », le « plus fort », etc. : on lui propose des illustrés où l'enflure tient lieu de grandeur, on le détourne de la réalité profonde où de vivants héros se sont illustrés et s'illustrent encore, pour lui fabriquer une beauté standard et truquée.

Ainsi Noël est né de l'Enfant-Dieu, histoire sublime s'il en est, qui remplit son âme pure du mystère infini de la beauté. Les populaires crèches provençales, dans leur art modeste, témoignent que les plus humbles ont été saisis par cette beauté. Mais on lui impose, au lieu de mystère, l'insolite père Noël qui oblige père et mère à mentir, à raconter des balivernes. On remplace d'abord la vérité par un mensonge, avant d'affirmer que tout n'est que mensonge : processus habituel de la désillusion. Et l'on dégrade ainsi le beau et le vrai en dérisoire.

Mais l'enfant qui a soif de la beauté vraie, se comporte devant elle avec une extraordinaire aisance. J'ai vu de ces petits bonhommes à qui l'on ne dit pas à demi la splendeur des cathédrales, mais l'absolu, qu'elles embrassent dans le temps : leurs regards se remplissaient de l'infini au fur et à mesure qu'ils découvraient ces images de la perfection. Ils sont tellement faits pour la souveraine beauté, qu'ils exigent de nous d'être fidèles à cette même soif; que nous refusions aussi de nous satisfaire d'ersatzs. Ils nous invitent à ne pas tromper leur attente en refusant, d'abord nous-mêmes, de trahir la nôtre. Oserons-nous leur répondre par ce qui se dit dans les officines sophistiquées, ou ce que dit le couchant quand le soleil se retire derrière une montagne embrasée ? Oserons-nous mentir en détournant leur soif sur des images mensongères, ou la conduire jusqu'aux sources même du beau, et dans la création divine, et dans la création humaine, quand celle-ci reste fidèle à l'absolu qu'elle prétend saisir ?

« Il y a dans l'art un point de perfection, comme de bonté ou de maturité dans la nature. Celui qui le sent et qui l'aime a le goût parfait ; celui qui ne le sent pas, et qui aime en deçà ou au-delà, a le goût défectueux », écrivait La Bruyère. C'est à respecter ce point de perfection que les enfants, comme les artistes, nous engagent ; et l'exigence qu'il met en nous. La soif de perfection que le saint éprouve dans l'amour du Bien, le savant dans l'amour du Vrai, l'artiste le ressent dans celui du Beau, mais l'enfant également dans l'un et l'autre, selon cette « unité intégrale » pressentie par Baudelaire.

J'ai conduit un soir ma fille — elle avait alors deux ans — à un spectacle de ballets classiques. Sa mère et moi, redoutant quelque esclandre ou quelque impatience, avions prévu de nous éclipser à tour de rôle à la moindre manifestation intempestive. Or, durant deux heures et demie, cette enfant qui se couche sans broncher chaque soir à huit heures, est restée silencieuse, les yeux rivés sur la scène, et ce, jusqu'aux environs de minuit. Un seul instant de trouble — du moins pour le spectateur voisin —, quand elle a vu la première apparition de la danseuse étoile en tutu blanc. N'y tenant plus, l'enfant s'est exclamée tout à coup : « Oh, que la dame est belle ! » Une image de la beauté infinie et fugitive glissait devant son âme, et elle l'accueillait aussitôt par un transport de joie.

Les mêmes enfants, devant tel spectacle que le snobisme consacre mais non pas l'art, bâillent d'ennui et nous harcèlent pour nous inviter à prendre la fuite. La question n'est pas qu'ils comprennent ou non — que comprend l'adulte lui-même à la beauté du monde, si adulte soit-il ? — mais d'avoir l'âme disponible à la dimension du Beau. L'âme des enfants l'est. Ils ne sont pas trop petits pour la beauté la plus haute ! Les adultes, si, parce que trop souvent, fiers de leur taille un peu plus élevée, ils ont désappris cette humilité essentielle qui est la condition de toutes les révélations. Quand nous aurons la simplicité de l'enfant pour reconnaître où est le Beau, où il n'est pas, nous aurons fait un pas immense vers la liberté intérieure. Mais ici comme ailleurs, les aînés redoutent cette liberté qui n'effraie pas l'enfance ; ils préfèrent abîmer leur soif dans des productions artistiques insignifiantes qu'affronter la Beauté parfaite et son exigence d'absolu.

Mais pourquoi, dira-t-on, les enfants ont-ils besoin que soit préservé et sauvé leur sens esthétique ? Croyez-vous qu'il leur soit si utile ou nécessaire ? En dehors de ces génies à qui leur œuvre fait une gloire et une destinée, qui aurait besoin de distinguer le beau du laid pour conduire sa vie avec intelligence ? Un évêque — pas très inspiré, il est vrai — m'a lui-même fait un jour publiquement cette remarque, à la fin d'une conférence devant un public pourtant très au fait des débats artistiques : « Une pauvre vieille solitaire, qui meurt abandonnée dans un hospice, a autant de prix, à mes yeux, que Rembrandt et toute son œuvre. »

Mais quels yeux avait-il donc ? Sans doute pas très éclairés, y compris par mon propos. Il faut en effet être catholique au XXe siècle pour entendre un de ses évêques faire preuve d'une telle confusion d'esprit. Oublier la superbe tradition de son Église à cet égard, qui a offert aux hommes quelques-uns des plus hauts chefs-d'œuvre où ils puissent trouver encore une source de pure joie. Quel mépris pour la somptueuse incarnation à laquelle l'Évangile nous invite ! Quelle religion abstraite il entretient !

Comme si l'on devait ôter sa dignité à quelqu'un pour la reconnaître à un autre ; en dépouiller l'artiste pour que le pauvre en soit revêtu ! Langage de l'avoir, non de l'être. Loin de s'exclure, la grandeur humaine de cette malheureuse, et celle de Rembrandt — pour ne citer que lui — se conjuguent ensemble pour appeler l'humanité à regarder au-delà d'elle-même. Et les séparer, comme cette remarque stupide y invite, c'est justement contribuer à désespérer un peu plus la pauvre femme.

Certes, le prêtre est là pour l'inviter à participer à la rédemption du monde et justifier sa souffrance solitaire en l'unissant à celle, plus solitaire, du Christ en croix. Mais il est là aussi pour la comprendre, l'exprimer dans une langue si belle qu'elle l'en délivre aussi à sa manière. Un bon geste est toujours aussi un beau geste. « Qui chante son mal, l'enchante », disait Théodore Aubanel, le poète provençal. Pourquoi offre-t-on, non seulement des soins mais des fleurs à des malades, sinon pour introduire un peu de la beauté du monde dans un univers altéré par le mal ? Cette gratuité de la beauté, pour sauver le monde, l'esprit besogneux et mercantile — fût-il celui d'un évêque — l'ignore, mais non l'enfant. Il comprend d'emblée que l'homme ne vit pas seulement de pain, mais qu'une part de lui, en dehors de l'estomac, cherche une autre nourriture, dès ce monde.

L'authentique christianisme ne s'intéresse pas « aux pauvres » ou aux riches, il ne s'intéresse pas seulement aux catégories, mais à « tout homme et à tout l'homme », comme le dit si clairement Jean-Paul II. L'enfant aussi, qui défait les catégories, à moins qu'on ne les lui impose. Je parle du premier enfant venu, celui qui aime qu'on lui raconte parfaitement de très belles histoires et vous reprend si vous les répétez à tort et à travers ; celui qui aime chanter, aime les chanteurs pour la simple beauté du chant ; celui que l'on détourne d'un chagrin, d'une bassesse, en lui décrivant la splendeur de l'univers et la dignité d'une existence noble ; ceux dont l'esprit et le cœur s'élèvent aussitôt que l'on sait leur montrer la perfection où les appelle leur propre destinée. Quelle misère de les en détourner et de dégrader leur nature profonde !

Ce n'est pas seulement en offrant la plus belle robe à la petite fille, le plus beau vélo au petit garçon, et en jouant avec leurs exigences, que l'on répond à la soif de beauté qui est en eux. Il faut entrer jusqu'au profond de celle-ci, l'épouser et la retrouver en soi, pour chercher avec eux ces lieux du monde où le génie de Dieu, ces créations où le génie de l'homme, ont établi plus essentiellement la demeure du Beau.

Tous les prétextes paraissent bons pour considérer comme superflu — c'est-à-dire déconsidérer — le sentiment esthétique. Mais ces prétextes sont les mêmes qui servent à déconsidérer la foi religieuse ou la dignité humaine. Là où le premier disparaît, les autres aussi L'exigence de la beauté n'est pas un luxe mais partie essentielle de l'identité humaine, que l'on dénature si on l'oublie. L'enfant est un artiste, et rappelle à l'adulte qu'il est invité lui-même à rester l'un et l'autre, quand même il ne serait plus qu'une existence en bout de course, et ne jouirait d'aucun de ces talents qui en couvrent d'autres de gloire. Mais en esprit, et en vérité, il ne lui est interdit d'être ni l'un ni l'autre.

Chapitre XV

Les amitiés de l'enfant

La petite fille place sa main dans la grande main de l'aîné, et part à son côté avec confiance sur la route. Elle a dit « au revoir » sans hésitation ni crainte à son père et à sa mère, parce qu'elle sait que son ami, comme eux, la protégera de tous les dangers et de toutes ses frayeurs. Elle connaît son amitié, et la lui rend : il n'a jamais trahi son élan ; il a su éveiller en elle, mais surtout entretenir la joie de le voir, de lui raconter ses histoires quotidiennes et ses rêves, de l'écouter en retour comme un grand qui sait ce qu'elle ignore encore, et partage avec elle son savoir. Il y a, dans l'harmonie entre le tout petit et le grand, un rare bonheur pour l'un et pour l'autre.

L'enfant n'accepte pas de se laisser apprivoiser par n'importe qui. Il accepte un bonbon de n'importe qui, si l'envie du bonbon lui fait perdre toute contenance, mais de là à ce que s'établisse le lien d'une amitié réciproque, il y a loin. Une telle amitié suppose au contraire de la part de l'enfant, une élection tout à fait désintéressée et personnelle. Ce n'est pas un cadeau qui l'attire, non plus que le choix de son père ou de sa mère qui l'oriente : l'ami est au contraire celui qu'il a découvert lui-même parmi les relations de la maison, celui ou celle qu'il préfère à d'autres parce qu'il s'est instauré d'emblée entre eux une entente sans calculs de part ni d'autre.

« Elle qui est si sauvage, elle vous a adopté tout de

suite ! » s'étonne la mère. D'où vient cet élan spontané qui pousse un enfant vers un étranger au cercle familial immédiat ? Du besoin d'affection, certes, d'une autre affection que familiale justement. Mais pas seulement de lui ; du désir, aussi d'une relation que l'on ne partage avec personne, qui n'est qu'à soi ; l'orgueil d'être traité comme un grand par un véritable grand qui vous consacre son temps et sa conversation ; le goût, aussi, de former une société plus restreinte, particulière, indépendante et séparée de la grande société à laquelle tout le monde appartient, et de la société familiale qui n'est qu'à quelques-uns ; l'admiration pour un être qui ressemble à celui ou à celle que l'on rêve de devenir plus tard ; le projet du couple, projet sexué, certes, mais non à proprement parlé sexuel, quand il s'agit d'une amitié avec un adulte d'un sexe différent ; et bien sûr, le besoin de cette communication totale qui conduit finalement toute démarche d'un être vers l'autre, le rêve de la rencontre absolue qui répondrait pour toujours à notre attente infinie... Bref, avec toutes celles-ci, tant d'autres raisons connues ou inconnues, poussent un enfant à cette élection dans l'amitié — sans compter ces raisons du cœur que la raison ne connaît pas —, tant de mobiles et de motifs plus ou moins profonds, plus ou moins nobles l'inspirent, qu'un ami répond certainement à l'une des plus fortes nécessités de son enfance. Un ami, ou plusieurs, adulte, mais de son âge aussi : quelqu'un que le destin a placé là et que son cœur lucide a reconnu.

L'amitié entre deux adultes, lorsqu'elle mérite ce nom, n'est pas moins grande, certes, qu'entre deux enfants, mais plus rare. Il est capital de s'y montrer si désintéressé que très peu s'y accordent. L'amitié fait abstraction en effet des titres, de l'importance sociale, de l'influence mondaine : elle est un accord de l'être à l'être qui ne tient aucun compte du paraître, et sait au besoin le transcender pour demeurer fidèle à elle-même. Elle est donc plus difficile à l'adulte, tellement impliqué dans le paraître. Mais l'enfant, qui ne l'est pas encore, se comporte avec infiniment plus de spontanéité quand il découvre un tel accord. Il ne regarde pas à la condition, à la fortune, etc., mais il obéit au plus profond de soi qui l'invite à préférer le bonheur incomparable de la relation humaine à celui toujours vain de la relation purement sociale.

Quand une amitié adulte atteint au même bonheur, c'est le signe qu'elle a su garder de l'enfance ce désintéressement libérateur de toutes les pesanteurs sociales, qui interdisent à tant d'autres l'amitié. « Parce que c'était lui, parce que c'était moi », disait Montaigne pour expliquer son amitié avec La Boétie. L'enfance ne dit pas autre chose : c'est lui, et non un autre ; c'est moi et non le personnage auquel beaucoup me réduiront un jour, excepté justement, mes amis. Ceux qui ne seraient plus que les amis du personnage, seraient-ils mes amis ? « Je ne veux pas qu'on m'aime », disait Pascal à propos de ceux-là : qu'on aime mon personnage. J'en appelle à une autre amitié.

Qu'un enfant rencontre toujours cette amitié si ardemment souhaitée : certainement pas. Il demande déjà trop, et déjà, il est appelé à éprouver quelque déception ; en raison même de l'excès de sa demande. Mais aussi à faire en elle l'apprentissage de la vie. Quand une telle amitié lui est donnée, elle est capable en effet de lui enseigner à « s'adapter dans le sens de la plasticité extérieure » et à « rester intérieurement inadaptable ». Le rôle d'un véritable ami est ici capital, plus déterminant parfois que celui de l'école. C'est lui qui se révèle souvent comme le véritable maître de l'enfant. Pour le meilleur ou pour le pire. A la confiance exceptionnelle qui lui est accordée, il offre en effet, ou la réponse du complice, ou celle de l'ami authentique. De l'ami, quand il s'associe et stimule son plus haut destin ; du complice, quand il l'accompagne, et même le précède sur la pente d'une démission. La rencontre est souvent déterminante, parce que, suivant qu'elle apporte un écho au meilleur ou au pire, l'enfant est fondé à choisir le pire ou le meilleur de lui-même.

Nos propres enfants ne sont pas différents des autres : ils ont leurs qualités et leurs défauts, lesquels introduisent en eux la division qui affecte tous les destins humains, et de singuliers contrastes entre les bons et les mauvais jours, les bons et les mauvais moments. Ils cherchent des complices à leurs faiblesses et à leurs défauts, y compris dans l'affection fraternelle qui les unit, mais aussi des amis de leurs qualités, capables de reconnaître celles-ci et de les y soutenir. Il appartient certes à leurs parents de se montrer, à cet égard, leurs premiers amis. Mais ni le père ni la mère ne sauraient leur offrir une amitié qui tienne lieu de toutes les autres.

Ainsi, n'ayant jamais été sportif moi-même au point de pouvoir prétendre leur servir de mentor en ce domaine, ou les initier à une discipline particulière, je me suis réjoui qu'ils trouvent en d'autres ce que je ne pouvais leur apporter. Au temps des vacances d'été, par exemple, où nous nous retrouvons depuis leur naissance au bord de la Méditerranée, et alors qu'ils n'étaient âgés que de quelques semaines, je leur ai appris à aimer les jeux maritimes, les longues baignades, les sports nautiques. Mais rien n'aura été plus décisif, sans doute, que l'amitié des enfants — l'aîné, surtout — pour Roger, le maître-nageur, et de celui-ci pour les enfants. Il leur a offert ce que je ne pouvais leur proposer : quelques sorties périlleuses en mer, que sa maîtrise de la planche à voile l'autorisait à entreprendre avec eux ; il les a entraînés bien plus loin que je n'aurais jamais pu faire moi-même, et les voici, pour la vie, introduits dans la familiarité de l'élément liquide, et aussi d'un homme dont ils admirent le courage et le talent.

Quand mon fils de huit ans vient me dire : « Ce matin, Roger m'a confié une heure la surveillance de la plage, pendant qu'il donnait des leçons de natation », je sais bien que Roger n'a fait que l'installer dans le fauteuil d'osier d'où il veille sur les activités des baigneurs, et qu'il se tenait quelque part en retrait, prêt à intervenir s'il était nécessaire. Mais je sais aussi que Thomas s'est senti investi, par la confiance de Roger, de cette responsabilité qu'il admire chez son ami — celui qui est capable de secourir un noyé, de nager au milieu d'une mer houleuse, etc. — et qu'il éprouve une telle envie de pouvoir assumer un jour lui-même. Or voici que tout enfant qu'il est, il lui a été donné de partager un moment ce privilège exorbitant, au nom de la relation d'exception qu'il entretient avec son aîné.

Mais l'amitié n'est pas à sens unique. Le maître nageur a aujourd'hui un fils, et peut-être Thomas y est-il pour quelque chose ? Combien de fois, avant qu'il ne soit père, et irrité de la mauvaise éducation de trop d'enfants qui fréquentaient sa plage, n'a-t-il pas dit à sa toute jeune femme : « Des enfants ? Non ! Ou alors des enfants comme Thomas ou Matthieu, qui ne passent pas leur temps à larmoyer, qui soient heureux de vivre, etc. » Mais si Thomas est capable de maîtriser un peu mieux ses caprices, son ami y est pour beaucoup. L'intimité qui s'est instaurée dans leurs relations, encourage l'enfant dans son meilleur élan, non seulement par des conseils, mais par un exemple permanent qu'il est en son pouvoir d'imiter. Et cet enfant qui le regarde et le suit avec admiration et intelligence, encourage aussi l'ami à offrir à l'enfant le meilleur de lui-même.

Ce qui est vrai dans l'ordre du sport, l'est partout, du plus élémentaire à l'essentiel, et l'on souhaite à chaque enfant un pareil ami pour chacune de ses virtualités. Il n'y apprend pas seulement à exercer un talent particulier, il découvre une qualité de relation qu'il n'oubliera pas. Et l'on peut penser qu'il cherchera désormais, à placer toute relation, dans un même climat de confiance et d'estime, son expérience personnelle ayant ici valeur d'exemple.

Mais l'amitié de Matthieu et de Clément n'est pas moins exigeante. Ils ont le même âge : six ans. Ils se sont connus dans la même classe du jardin d'enfant, lorsqu'ils en avaient quatre. L'un, Matthieu, notre fils, débordant de vitalité, une énergie permanente à dépenser, et qui n'a rempli vraiment sa journée que s'il a pu réaliser vingt exploits musculaires ; l'autre, Clément, plus mesuré et plus prudent, plus farouche aussi, encore intimidé par l'étranger à sa famille et à son foyer. Ils ont, a priori, l'air aux antipodes l'un de l'autre, mais placés tous les deux devant une tarte aux framboises, vous verrez qu'ils ont déjà un point commun indéniable : une gourmandise spectaculaire. Comme tous les enfants, direz-vous. Alors vous les connaissez mal. Il y a l'enfant qui ne rêve que de dessert, a toujours faim devant une pâtisserie, et l'autre qui demande à se lever de table parce que les sucreries ne l'intéressent pas.

Dieu merci, les points communs de Clément et de Matthieu vont plus loin. Peut-on savoir jusqu'où ? Certainement pas. Ils forment à eux deux un monde avec son mystère. Très ouvert à celui de leurs frères et sœurs, de leurs parents et de la classe, mais cependant un monde à eux. Ils sont capables de s'entretenir des heures durant, à mi-voix — alors que Matthieu est d'ordinaire aussi bruyant que remuant — des sujets les plus inattendus, au moins pour nos oreilles. Quelquefois complices — ils trament en douce des coups de leur façon — mais le plus souvent occupés, dans le bonheur d'une amitié où chacun prend tour à tour appui sur l'autre, à s'entretenir des grandes choses qu'ils pourront entreprendre ensemble dans l'avenir, de celles qu'ils ont apprises ensemble en classe.

Leur amitié en a fait naître d'autres : celle des mères d'abord, puis des frères et sœurs, et des pères enfin : les familles tout entières se sont découvertes à travers les deux bambins. Ils ont soudé un lien d'une rare profondeur, non seulement entre eux, mais entre deux foyers qui ont toutes raisons de partager les mêmes préoccupations, les mêmes idées, et quelquefois les mêmes projets, par exemple celui de passer ensemble quinze jours de vacances... De leur échange inimitable est né un échange permanent entre tous les autres membres de la maison, et tel qu'il n'existe, en effet, qu'entre des couples et des enfants qui placent le sens et l'intérêt de la vie dans les mêmes réalités, et quotidiennes, et essentielles.

Il est certes merveilleux de voir les deux petits garçons deviser interminablement, voire se quereller pour des raisons hautement importantes, connues d'eux seuls, et entrer si tôt dans une amitié dont on espère qu'elle les accompagnera toute leur existence. Née à un âge si précoce et sous de si bons auspices, il y a toutes raisons de croire, en effet, qu'elle ira plus loin que leurs premières années. Et lorsque je compare cette amitié à celle de Thomas et de Roger, je ne suis pas sûr, finalement, qu'elles ne leur apportent pas un enseignement à peu près identique sur la densité et la profondeur de la relation humaine, quand elle s'établit au bon endroit du cœur et de l'âme. En tout cas, elles jouent le même rôle : celui d'une révélation de l'autre, non comme adversaire ou ennemi, objet de méfiance et de doute, mais comme ami, émulateur, destiné, non à rivaliser sans cesse avec nous jusqu'au triomphe de l'un sur l'autre, mais à nous accompagner, à nous soutenir, comme nous l'accompagnons et le soutenons, dans une progression constante vers le meilleur de soi.

Le grand Roger et le petit Clément sont entrés dans notre vie, mais d'abord dans celle de nos enfants, pour y instituer un type de société fondée sur la reconnaissance réciproque et personnelle, c'est-à-dire l'amitié. Ils ont besoin d'elle, autant qu'ils ont besoin de la famille pour croire à la vocation de l'homme à une fraternité profonde. Quand ils risqueront de douter de l'humanité entière, face aux épreuves qu'un homme ou une femme leur apporteront sûrement plus tard, ils pourront se souvenir d'autres hommes, d'autres femmes, qui leur ont offert une autre relation avec le monde. Rien ne remplacera le souvenir de cette expérience personnelle. Il ne suffit pas que les parents aient présenté l'exemple d'une famille unie dans l'amour, mais aussi, avant que leur destinée ne prenne son envol, peut-être très loin de la famille, qu'ils aient appris à reconnaître déjà en dehors d'elle une autre harmonie qui ne lui est pas étrangère cependant. Tout petits, ils savent choisir des amis comme ils choisiront plus tard leur destin.

Une amitié, si elle appelle ainsi l'enfant au meilleur de soi, le délivre de la complicité qui l'appelle au pire. Car il est vrai que l'enfant cherche aussi des complices, dans son ardent désir de communiquer à travers une relation personnelle et intime avec quelqu'un, et que parfois, il les trouve. Voyez comment il se comporte face à un couple désuni. Cherchant à mettre à profit ce divorce, il s'emploie d'ordinaire à l'aggraver, pour en tirer à son bénéfice les ficelles. Et il connaît très rapidement les « trucs » qui dressent le père et la mère contre l'autre. D'abord complice de la mésentente, voire de la haine, il argue de cette complicité pour en appeler en retour, tantôt à celle du père, tantôt à celle de la mère, et obtenir de l'un contre l'autre, l'objet de ses désirs successifs. Ce n'est point de leur amour conjugué, mais de leur antagonisme qu'il l'obtient : comment pourrait-il l'ignorer ? On se souvient du terrible début du terrible *Sagouin* de François Mauriac, de la gifle que reçoit le pauvre gosse aux prises avec le dégoût que sa mère éprouve à son endroit. Mais si écrasé qu'il soit par cette haine, c'est à elle qu'il fait appel pour tenter une réplique :

« L'enfant porta la main à sa joue, comme s'il avait eu la mâchoire brisée :

— Oh ! là là ! vous m'avez fait mal (...) Je le dirai à Mamie... Paule saisit avec rage le bras fluet de son fils et lui administra une seconde gifle.

— A Mamie ? et celle-là ? Est-ce à ton papa que tu vas aller t'en plaindre ? Eh bien, qu'est-ce que tu attends ? Allons... va. » Dans son désarroi, le douloureux enfant n'est pas si écrasé qu'il ne pense à jouer cependant de l'un contre l'autre, c'est-à-dire à entrer lui aussi dans ce jeu de la haine dont il va mourir. Mais au lieu de le provoquer à le gifler, un autre enfant s'emploie à obtenir de l'un tel cadeau refusé par l'autre. « Maman, tu m'avais permis de regarder la télévision et papa me l'a interdit... » Et la mère irritée : « Eh bien regarde-la, puisque je te l'ai permis... » Et parce que la mère n'aime plus le père, ou réciproquement, de s'en prendre alors à lui : « Pourquoi intervenir dans mes décisions ? C'est moi que tu veux braver ? » La dispute a recommencé, qui s'arrêtera Dieu sait où ? Entre deux répliques enflammées, de ses géniteurs, le gamin qui ne perd pas de vue son objectif, place la sienne : « Tu m'avais promis que j'irais... » « Oui, mon petit, tu iras, et ce n'est pas ta mère qui va s'y opposer... »

L'enfant compte fort peu dans ce débat, et il le sait, d'une lucidité cruelle dont il se contente de tirer l'avantage qu'il peut. Mais il y perd aussi confiance en ses aînés. Approuvé dans ses vœux les plus capricieux par des parents impuissants à lui proposer une ligne de conduite, complices de faiblesses qu'ils se reprocheront certainement un jour — trop tard ! — d'avoir entretenues, il se fait un univers où les autres ne sont plus que des partenaires conciliants du pire de lui. Il a besoin de reconnaître l'amour, chez ses parents, mais aussi l'amitié et ses exigences, si l'on ne veut pas le voir chercher ailleurs les complices qu'il trouve déjà en eux. Le tout petit enfant lui-même, s'il cherche l'ami, rencontre aussi le complice, qui se félicite de ses penchants à la paresse et au mensonge, à la faiblesse et même au vice. Il s'en fait très vite une gloire, et devant les autres, et devant soi-même.

Il n'y a pas si longtemps, j'ai vu nos enfants, si bien faits pour les amitiés profondes, entrer soudain dans la plus stupide des surenchères avec des gamins de leur âge et de leur cours. A propos de tout et de rien. De voitures, bien entendu : « Mon papa a une auto de telle marque, le mien de telle autre; il roule à cent quarante, le mien à cent soixante, etc. », mais de voyages, de maisons, de jouets, etc. Cette surenchère ne portant jamais, bien entendu, que sur l'avoir : j'ai plus, tu as plus, il a plus..., qui très vite évacue le « je suis, tu es, il est ». Et un clan se constituait de ceux-là contre un autre, qui se défaisait rapidement pour englober l'autre mais écarter celui-ci. Alors, point d'amitié, mais la jalousie, relation sordide dont les enfants, à l'instar des parents, sont aussi capables, mais dont ils sortent, comme eux, diminués. Nous nous sommes employés à briser le cercle vicieux qui se dessinait : il ne s'agissait que de les rendre libre de l'esclavage qui menaçait de les emprisonner. « Vous avez un moins beau jouet que X, et vous en voulez un plus beau que lui ? Soit. Nous allons le choisir, ensemble, et l'offrir ensemble à un enfant qui n'a pas de jouet du tout. Et vous pourrez dire à vos petits amis d'en faire autant, puisque vous aimez la compétition. Jouons à qui sera le plus généreux, si vous le voulez bien. Vous en serez heureux, et vous sortirez de cette tension qui vous rend imbéciles ! Ne comptez pas sur nous pour devenir les complices de vos sottises. »

Honteuse est l'attitude des aînés complices, allant jusqu'à offrir à votre insu ce que vous venez de leur refuser. Ils flattent leur vanité, leurs passions naissantes, pour, faute de pouvoir gagner leur amitié par une relation plus exigeante, rencontrer leur connivence par des malignités partagées. Cela va des cachotteries apparemment anodines mais annonciatrices des plus grands mensonges, de la dérision incontinente à laquelle on encourage l'enfant en s'y livrant soi-même et qui le dispose à rire de tout, y compris de la réalité la plus sacrée, jusqu'à de plus misérables calculs dont les seules victimes sont toujours les enfants.

Mais il est vrai que leur innocence est pour certains une tentation permanente. Ils se penchent sur cette eau claire, non pour y retrouver la source de leur propre limpidité, mais dans le dessein de la troubler. Plus un être est perverti et plus il ambitionne de répandre en d'autres êtres sa perversion, avec d'autant plus de passion que ces êtres en sont jusque-là préservés. L'enfant est pour lui une proie de prédilection, soit que son innocence, insulte permanente à sa propre déchéance intérieure, lui devienne littéralement insupportable, soit qu'il tente désespérément de se venger de sa propre indignité à l'approcher avec respect. Le Christ se montre à leur égard d'une sévérité impitoyable. Alors qu'il vient de rappeler à ses disciples que le Royaume des cieux n'est ouvert qu'aux adultes capables de « devenir comme les enfants », il ajoute : « A quiconque scandalisera un de ces petits qui croient en moi, il serait préférable qu'on suspende au cou une de ces meules que tournent les ânes et qu'on le précipite à la mer. »

Celui ou celle qui abuse un enfant, rétorque d'ordinaire qu'il a trouvé en lui du répondant, voire de la provocation.

Mais l'argument est aussi lâche qu'hypocrite : comment douter en effet que la plupart des enfants ne soient souvent disposés à toutes les sottises, et qui plus est, avec toute la ferveur de leur âge. Mais il suffit de regarder un peu plus loin et un peu plus profondément en eux, pour découvrir que le même enfant offre aussi du répondant pour un bien meilleur usage de lui-même. Il y a en lui toutes les dispositions, pour le meilleur ou le pire, pour l'amitié ou la complicité, et dans le choix qu'il fait entre l'un et l'autre, c'est l'adulte qui engage sa responsabilité, non l'enfant. Mais l'enfant paie l'addition.

N'est-ce pas ici que se révèle la forme la plus noire de l'impuissance ou du refus de l'adulte à se convertir en enfant ? Elle se traduit dans une volonté maligne de transformer l'enfant en adulte, et en adulte prisonnier de la passion. Le complice d'un enfant n'est jamais son ami, et l'évangile se montre impitoyable pour cet abus de confiance : la voix du Christ est alors aussi douloureuse que violente. Il est venu « sauver ce qui était perdu », il n'accepte point fatidiquement que quiconque se perde, y compris la brebis la plus éloignée du troupeau. Mais il accepte moins encore que quelqu'un nous perde. L'adulte qui abuse de son pouvoir d'adulte sur l'un de ces « petits », se condamne lui-même. Son crime est comme sans rémission. Attenter à la vie sans défense représente le crime absolu ; cette mise à mort de l'enfant, physique ou morale, engage la plus grave responsabilité devant laquelle soit placé l'homme. Il est dit de celui qui s'en rend coupable, ce qui l'est de Judas livrant le Christ à ses bourreaux : « il eut mieux valu qu'il ne fut jamais né ». Le Christ aussi était l'innocence.

Mais, quand l'un de ces petits vient à nous avec confiance, il n'y a pas de joie plus pure et purifiante que de se montrer digne de sa confiance. On se flatte d'être l'ami d'un héros ou d'un saint, d'un artiste ou d'un apôtre, mais il y a beaucoup plus de raisons de se flatter d'être l'ami d'un enfant. Sa confiance est la plus haute de toutes celles qui puissent nous être faites, et nous trouvons notre dignité suprême à la mériter. Le bonheur que nous pouvons lui donner, n'est rien auprès de celui qu'il nous offre.

Pour regarder ensemble la transparence du monde, il faut qu'un regard limpide nous ouvre les yeux. Or, s'il y a « au fond des choses une adorable pureté », comme disait Sophocle, l'enfant qui la voit spontanément, nous invite à la regarder avec lui. Ainsi, dans l'amitié qu'il nous accorde, c'est toujours l'adulte qui reçoit le plus. A la formule de tous les sceptiques : « il faut le voir pour le croire », l'enfant oppose celle des lucides, que les apparences ne trompent pas : « Il faut le croire pour le voir. » Si, dans cette relation délicate, nous soutenons le regard le plus noble de l'enfant, nous l'acheminons vers son plus haut destin, nous sommes aussi rappelés en permanence à cette « humidité intérieure de nous-même », dont parle Claudel, et qui interdit au cœur de jamais s'absenter de soi.

Je m'étonne seulement que le poète demande à un arbre plutôt qu'à l'enfant de la lui rappeler : « Un arbre a été mon père et mon précepteur. » N'est-ce pas à l'amitié de l'enfant, plutôt, de nous dire « que je me tienne droit ! Que je ne perde pas mon âme ! Cette sève essentielle, cette humidité intérieure de moi-même, cette effervescence dont le sujet est cette personne que je suis, que je ne la perde pas en une vaine touffe d'herbe et de fleurs ! Que je grandisse dans mon unité ! ». Qui, davantage que le petit d'homme, nous invite à faire appel aux meilleures ressources de l'homme ? L'amitié avec lui est à la dimension même du mystère essentiel de notre destinée, et nous empêche de jamais l'oublier. Elle unit deux mystères en ce qu'ils ont de plus irréductibles.

Chapitre XVI

Joies et chagrins de l'enfance

Nous étions hier soir au cirque, les trois enfants et six ou sept de leurs petits amis. Un cirque de village, cirque à l'ancienne comme celui de la famille Gruss, et sans ménagerie, mais dont les animaux — la chèvre naine, les poneys — sont plus familiers aux enfants que les fauves. J'en connais que ceux-ci, d'ailleurs, terrorisent. Toute la jeune génération du village était là, piaillant à qui mieux mieux, et en pénétrant sous la tente, on aurait dit une volière assourdissante et multicolore. Mais plus qu'à leurs cris, c'est à leur silence, et à leur rire, que l'on reconnaissait aussitôt l'univers des enfants.

Leur silence, quand les équilibristes atteignaient des positions périlleuses, ou quand un clown préparait sous leurs yeux, avec leur complicité involontaire, un mauvais coup à son compère. On voyait des mains se nouer d'angoisse et se joindre dans une supplication muette à quelque force inconnue qui pourrait déjouer les maléfices ; on les voyait accompagner du regard, mais du geste aussi, chaque instant de leur évolution sur la piste, comme cette petite fille qui élevait lentement les bras à mesure que le trapéziste montait dans l'espace et prenait davantage de risques. Elle ne faisait qu'un avec lui, le portait littéralement à bout de bras et à bout d'âme. Son silence était alors le plus éloquent des langages, le plus transparent, son visage seul exprimant sa ferveur, faite d'angoisse et d'espoir mêlés. Voilà bien l'enfance, qui intériorise tout.

Ce pouvoir qu'elle a de vivre à l'intérieur ce qu'elle vit à l'extérieur, de ne pas s'en tenir à une existence de pure forme, confère à ses chagrins et à ses bonheurs, une intensité et une vérité souvent oubliées des adultes, dont la plupart n'ont plus ni vraies douleurs ni vraies joies parce que l'intérieur est vide. Combien osent rire et pleurer de toute leur âme ? Avouer leur émotion sans la masquer ? « Voyons, vous riez de ceci ? Vous pleurez de cela ? » et l'on fait honte aux rires et aux pleurs qui ne sont pas de convenance.

Aussi le rire et les pleurs des enfants désarçonnent-ils ses aînés, et d'autant plus qu'ils en devinent la profondeur, même quand le prétexte est futile et la manifestation fugitive. Ils pressentent qu'une source de joie est en eux, plus haute que tous les motifs de leur joie. Et que leur chagrin aussi se nourrit à cette source intérieure. Une petite fille pleure sur ses fleurs saccagées par l'orage, et toute la douleur du monde fond sur elle et devant nous. Nous restons au seuil de cette peine insondable, et sans leur secours, il nous est impossible d'y entrer. Nous ne le mesurons jamais aussi bien que dans ce rire et ces larmes, si près de ce qui est le fondement et le mystère de la joie humaine. Qui donc est-elle, cette joie, à laquelle ils paraissent les seuls à puiser sans l'épuiser, et si avare à l'âge adulte ?

Les schémas à l'aide desquels Sigmund Freud a prétendu lire et nous permettre de lire à livre ouvert dans nos enfances, ont longtemps fait autorité. On sait que le sexe y tient le rôle principal, et que joie — entendez plaisir — et chagrin — entendez frustration — de l'enfant, s'expliqueraient essentiellement par la nature de la relation qu'il noue avec son père et sa mère dans cette seule perspective. Le garçon amoureux de sa mère, la fille de son père, éprouvent des ferveurs et des jalousies qui déterminent non seulement leur comportement présent mais futur, non seulement leur vie consciente mais inconsciente.

Il n'y a rien là de tout à fait sans précédent et la sagesse universelle, sans en faire un système, a su ou pressenti depuis longtemps qu'un père ne regarde pas sa fille comme son fils, parce qu'il sait leur différence. La nouveauté réside dans le caractère dogmatique de ces grilles, une psychologie tenant lieu alors de métaphysique, et réduisant les bonheurs de l'enfance au jeu de celle-ci avec ses géniteurs. Jeu sexuel, encore une fois. Pour se soumettre aux interdits ancestraux qui pèseraient sur cette relation, l'enfant qui désire son père ou sa mère serait contraint de masquer son désir, de le travestir et de le refouler. Il perdrait alors la superbe simplicité de son élan animal ; et du même coup la joie. La psychanalyse se propose de les lui faire retrouver. Vive l'animal qui explique l'homme ; tout l'homme ! Vive le bonheur animal !

On ne peut être plus explicite sur ce qu'on appelle ici joies et chagrins de l'enfance, sous quelque apparence détournée de leur « origine » qu'ils puissent se manifester. Mais plus muet aussi sur le mystère véritable et profond de l'enfant et de sa joie. Y compris pour ce qui regarde la véritable sexualité infantile. Dans « le vert paradis des amours enfantines » dont parle le poète, il y a autre chose que du sexe. C'est l'affectivité épuisée ou déçue d'un adulte qui réduit ainsi le mystère de l'amour à son élément le plus accessible. Par leurs rires et leurs pleurs, les enfants traduisent et prouvent qu'ils sont en fait directement ouverts au mystère du monde et que leur joie est là. Ils ne pleurent pas seulement sur eux-mêmes quand ils pleurent, et leur bonheur n'est pas uniquement le fruit de satisfactions immédiates, fussent-elles de source érotique. On voit bien quelle affirmation sous-jacente préside aux théories freudiennes : l'homme trouve en l'homme seul sa propre justification, celle de son malheur et de sa joie. L'enfant explique l'homme adulte, et réciproquement, les passions de l'homme adulte ont leurs prémisses dans l'enfant. Il est vain de chercher plus loin que dans l'individu clos sur soi, ses paradis et ses enfers. Son mystère, ce qu'on nomme tel, n'est en fait qu'une énigme élémentaire proposée à l'analyste et à son patient, qu'ensemble ils sauront aisément élucider.

Ces pétitions de principe s'interrogent évidemment fort peu sur l'origine même de l'homme, et l'influence déterminante qu'elle pourrait avoir sur son comportement. Sa place et sa relation avec l'univers ; sa destinée en deçà et au-delà du temps, n'importent pas. Qu'il puisse exister entre le mystère de l'homme et celui du monde une connivence suprême n'intéresse pas. On se borne à traquer en lui la piste des désirs enfouis dans sa libido. Curieuse façon de se souvenir que l'enfant est en effet le fruit de l'union d'un homme et d'une femme ! Curieuse réduction de l'enfant à l'image et à la ressemblance de ses parents, certes dans leur relation la plus intime, mais non la plus totale. On réduit la dimension de l'amour entre l'homme et la femme au seul attrait d'un sexe pour l'autre, et ensuite, on ramène le fruit de cet amour aux mêmes données élémentaires. Alors on fait tenir tout le bonheur de l'homme à ces données. Et son malheur.

S'il est vrai que l'incarnation de l'amour humain passe par le désir, et qu'il y trouve des joies somptueuses, le réduire à lui, emprisonne l'enfant dans le simple jeu de l'instinct ; ignore le fondement suprême de sa joie, comme de ses détresses. Considérer que sa destinée est contenue et expliquée dans un schéma biologique, même teinté de psychologie, c'est occulter la réalité fondamentale qui est dans l'amour et dans l'enfant. Alors, en effet, Jean qui pleure n'est qu'un enfant privé du seul plaisir qui le comblerait, mais que son âge et les tabous lui interdisent : user de son sexe. Comme si les adultes qui en usent librement étaient aussitôt plus heureux que lui ! Comme s'ils n'en appelaient pas aussi à un bonheur plus profond, y compris dans cet usage lui-même.

La joie de l'enfant est la plus belle preuve donnée à l'homme qu'il est fait pour l'innocence du bonheur absolu. Et que ce bonheur lui est donné, plus encore qu'il ne peut se le donner à lui-même. La joie est là avant qu'il ait rien fait pour elle, et c'est elle qui fait tout pour lui. Elle est comme le signe lumineux que sa condition première et dernière est de participer à une plénitude qui dépasse sa propre personne : la simple joie d'exister, et que le seul malheur est de sentir celle-ci menacée par un événement étranger à sa vocation profonde. La joie est son état naturel, avant que le mal n'imprime la tristesse dans ses yeux. Lui-même n'en doute pas un instant, et dès lors qu'il rentre en lui-même, il retrouve sa joie intacte. C'est de s'écarter de soi qui le plonge dans la tristesse. On s'étonne de voir l'enfant passer si aisément des larmes au rire, pour en conclure sur la légèreté des unes et de l'autre. En fait, la joie est si profonde en lui, si essentielle, que longtemps, très longtemps, les larmes ne l'altèrent pas, et qu'il la retrouve intacte, et sur-le-champ, au sortir d'un chagrin.

Nous savons assez comme il nous est douloureux d'avoir à révéler à l'un de ces petits, autre chose que le bonheur. Combien il est dur de se trouver dans l'obligation de faire couler ses larmes pour l'ouvrir à toute la vérité de sa condition. Nous voudrions sauver cette joie infinie et naturelle, dont la source inconnue est au-delà de nous, et nous tremblons chaque fois qu'elle est menacée. Et nous pouvons en effet la sauver.

L'enfant, témoin que la béatitude éternelle ne nous est pas étrangère, y croit même dans les chagrins, parce qu'il sait qu'elle est supérieure à eux, et qu'ils n'ont jamais le pouvoir de l'altérer tout à fait. Comme le savent les Béatitudes évangéliques : « Heureux... Heureux... Heureux... », disent-elles. Même si elles ajoutent : « Ceux qui pleurent, ceux qui souffrent, ceux qui ont faim et soif de justice, etc. », car le dernier mot est encore à la joie.

Il suffit de regarder un enfant pour se convaincre que l'homme aussi n'est pas fait pour le malheur, que la source du bonheur est en lui, et qu'il n'a pas tort de le chercher avec tant de passion, même s'il se trompe souvent sur ce qui peut le lui donner. Alors, certes, dans ses déceptions, il en arrive à penser que le malheur est le plus fort. Il lui semble que s'est éteinte peu à peu cette source qui coulait dans l'enfance et qui permet de revenir de tous les chagrins. Il ne revient pas des siens parce qu'il croit avoir perdu la source où s'alimentait la joie. En fait, son malheur n'est que le fruit de l'illusion qui le portait à chercher la joie où elle n'est pas, à la refuser où elle est. La source est là, pourtant, qu'il cherche si loin. Elle est en lui.

Aucun bonheur de l'adulte n'a certes la même force que cette joie de l'enfance, pour nous rappeler à l'exigence qui nous est faite, de sauver la joie du monde. L'enfant n'appelle pas seulement bonheur des bonheurs petits et successifs : il veut toujours être heureux, et il a raison. Et il l'est toujours lorsqu'il reste dans la transparence de sa nativité.

En fait, le désir de l'enfant va plus loin que l'imagine sa lecture élémentaire. Quand il s'égare lui aussi, se pose sur les êtres et les choses qui l'entourent avec une soif outre passant la possibilité qu'ils ont de lui répondre, il est plein du paradis originel qu'il vient de quitter, et qu'il espère retrouver en eux. Parce que ce monde ne lui a pas encore appris à doser ses demandes, il veut toute la joie, à travers tous, et non seulement ses père et mère. Ce tout qui est en lui, appelle la totalité autour de lui.

Sa déception, découvre alors que le monde des adultes est impuissant, irrémédiablement, et de quelque manière que ce soit, à répondre à la totalité de son désir de joie. Qu'il ne pourra jamais que lui offrir des joies provisoires et particulières. Son chagrin comprend peu à peu, ou brutalement, qu'on ne peut pas tout avoir, qu'on ne peut pas être tout, que l'existence impose une réduction permanente à nos désirs. Lorsqu'il se jette sur le relatif avec son appétit d'absolu, il se cogne à cette réalité insuffisante, comme à une vitre derrière laquelle se tient l'absolu de la joie. Mais s'il rentre simplement en lui-même et dans son univers propre, cette joie à nouveau le remplit et il est d'autant plus, pour nous, l'objet d'un émerveillement, que nous avions oublié peut-être notre vocation à la joie. Il suffit de le contempler pour sentir quelque chose de sa joie nous revenir. Pour qu'il nous rende à la nôtre.

Certes, d'un bon usage du relatif — et c'est tout le sens

d'une éducation —, il apprendra à mesurer ses élans à l'objet auquel il s'adresse, et selon le vers splendide de Baudelaire, à « bercer son infini sur le fini des mers ». A ne pas trahir lui-même sa joie initiale quand même le monde la décevrait. L'infini qui le travaille en fait un petit être à nu, à vif, et qui ne paraît souvent capricieux que dans la mesure où nous n'avons pas saisi derrière le caprice, cette soif infinie qui cherche l'infini. Il veut toujours autre chose et toujours plus, parce qu'il est fait pour plus. Après un bonbon, un autre bonbon ; après un jouet, un autre jouet, jusqu'au jour où il apprend que l'on ne reçoit d'aucun jouet ce qu'il demande. Qu'on ne le reçoit même pas du père et de la mère les plus attentifs.

Il n'est rien de plus révélateur, parfois, que ces larmes de l'enfant. Elles ne coulent pas nécessairement pour un motif tragique, mais de ce qu'il découvre le tragique irréductible de la vie à propos d'un incident mineur. Peut-être sèchent-ils leurs larmes aussi rapidement qu'elles se sont mises à couler, quand ils comprennent qu'on ne peut pas forcer le sort. Mais ils n'oublient pas cette découverte. Et bientôt, mettant d'eux-mêmes une borne à leur désir, ils demandent avec prudence : « Est-ce que je peux avoir cela ? Est-ce que je peux aller là. » C'est alors, sans doute, qu'ils sont simplement devenus des hommes.

Heureux sont-ils si l'on a su leur révéler que le relatif est certes impuissant à répondre à leur soif de bonheur infini, mais que cette soif n'est pas pour autant fausse. Heureux si l'on a sauvé, à travers toutes leurs déceptions, leur vocation à la joie ! En leur apprenant d'abord à distinguer leur soif de l'absolu de toutes les autres, plus limitées. En un mot, s'ils apprennent à orienter leur soif de l'absolu vers son unique objet, qui est Dieu, comme leur bouche vers le lait ou le pain. Heureux l'enfant à qui l'on révèle tôt que sa soif d'une source éternelle est faite pour une source éternelle de la joie, et qui n'est pas élevé dans la confusion des fontaines et des soifs !

Certes, leur chagrin est parfois inconsolable. Découvrir que leurs propres parents, d'abord, ne peuvent pas tout donner ; que les parents de personne au monde ne peuvent tout donner ; que la vie, enfin, n'offre jamais tout ce qu'on lui demande les jette dans une interrogation quelquefois sans réponse. Pourquoi ces refus de l'existence ? Il arrive de sentir dans les larmes d'un gosse le malheur même de la condition humaine, de le voir saisi d'un véritable désespoir métaphysique, quand il comprend que dans le refus qu'on lui oppose, c'est l'impuissance de l'homme à se répondre à lui-même qu'il vient de rencontrer. L'adulte qui ose prétendre le contraire et leur laisse entrevoir quelque paradis à portée de la main, leur ment.

Les vieillards, plus attentifs aux larmes des enfants que les adultes préoccupés de soi, savent y lire ce chagrin parfois si profond. Ils devinent que l'enfant vient de toucher au centre de ce mystère du mal, auquel son existence sera bientôt affrontée, et ils partagent intérieurement avec lui, son émoi devant le champ douloureux de la destinée humaine. L'existence n'est pas bonne tout à fait et il n'y a pas de joie dans le mal : celui qui vient de soi, ni celui qui vient des autres. L'enfant comprend d'emblée que le mystère du malheur est lié à celui du mal ; que la joie qui est un bien suprême, est liée au bien. Et qu'elle s'éloigne quand celui-ci s'éloigne, qu'elle revient quand on revient à lui.

Il ne faut pas cacher ou édulcorer à l'enfant, cette impuissance du monde à satisfaire l'absolu de son désir, ni le tragique qui en résulte parfois. Les premiers refus qu'on oppose à ses caprices, à ses besoins exorbitants, le préparent à ouvrir les yeux sur les plus grands refus que la vie lui opposera. Il faut simplement l'aider à garder sa joie naturelle, qui peut l'emporter sur toutes les découvertes amères. Il prend ici, pour toujours, la mesure de sa condition, et il nous appartient de l'inviter à le faire sans en oublier aucunes des données qui la composent.

A l'enfant gâté, on s'emploie au contraire à masquer l'évidence. Sous prétexte de sauver sa joie, et qu'il sera bien assez tôt, pour lui, de découvrir avec l'adolescence les traverses de la vie, on le maintient dans un paradis ilusoire. L'entourage tente de satisfaire ses désirs, afin qu'il apprenne le plus tard possible que « notre désir, comme le disait Thérèse d'Avila, est sans remède ». Les parents voudraient en tout cas n'être pour rien dans cette découverte, et souhaiteraient lui laisser le souvenir de relations idylliques. Ils entretiennent en lui l'enfantillage sous prétexte de sauver son enfance, de la préserver.

Mais n'est-ce pas méconnaître la vraie nature de la joie de l'enfant, et de celle de l'homme, que de le nourrir, de faux bonheur en faux bonheur, d'une illusion quelquefois dramatique. Il se réveillera alors beaucoup trop tard du songe où il habitait. En lui refusant le moins possible ce qu'il demandait, on lui a masqué la réalité de l'existence qu'il était pourtant capable d'accepter. Que celle-ci se révèle un peu brutalement, et le voilà pris dans un désespoir qui ne cherchera sans doute plus, désormais, que des satisfactions aussi illusoires que celles dont on l'avait nourri jusqu'ici. L'argent, à n'importe quel prix ; les plaisirs et le bonheur sans efforts ; la drogue, et tous les paradis artificiels pour échapper à la vérité qu'on lui a masquée si longtemps.

En fait, il faut accepter d'être celui ou celle qui apporte à l'enfant une déception. Il faut se résoudre, si dure soit parfois cette nécessité, à faire couler ses larmes quand il est temps encore de lui rappeler aussi où est la joie inaltérable. Il saura faire la différence entre la satisfaction d'un caprice et le bonheur d'exister. Il est capable de cette distinction, tant que ce bonheur initial, qui est en lui, ne s'est pas altéré. Faire fond sur sa joie d'enfant, l'assure en lui-même. Il importe de ne pas l'encourager à courir de désir en désir, et de déception en déception, à la poursuite d'une illusion. Au nom de sa joie encore inviolée, on peut lui apprendre à accueillir du même cœur les bonheurs et les douleurs du monde, parce qu'il sait au fond de lui, que notre vie est faite aussi bien des uns que des autres.

Le plus étonnant en effet, est moins de le leur dire, que de découvrir à quel point ils sont faits pour le comprendre. Même l'enfant gâté, et odieux d'être gâté, retrouve soudain la légèreté de l'enfance quand on rend à sa vie l'ordre fondamental. Si on lui refuse ce qu'on doit lui refuser, sans cesser de lui offrir ce qu'on doit lui donner, il se déploie naturellement dans ses joies et dans ses peines, sans se faire un absolu des unes ni des autres.

Cette disponibilité à la vérité de la vie ne s'altère que dans la mesure où on lui laisse croire qu'il n'est fait que pour le rire ou pour les larmes, soit que l'on cède à son caprice sous prétexte de sauver son rire, soit, aussi, qu'on lui inculque un faux esprit de sérieux en assombrissant son regard en considérations prématurées sur le malheur humain. Il n'est pas meilleur de prétendre le préserver de tout que de le jeter avant l'heure dans toute la réalité du monde adulte, tels ces parents malheureux qui se délivrent sur lui de leur malheur. Qui pèsent indûment sur son âme. Il est simplement disposé à saisir la vie en ce qu'elle a d'heureux et de malheureux, avec une faculté exceptionnelle, non seulement de compréhension, mais d'adaptation profonde de son être à la vérité.

Alors on le voit, en effet, rire et pleurer avec une liberté exemplaire. Il n'est pas saisi par la pesanteur que met l'adulte à coller à son bonheur ou à son malheur. Si le temps est mauvais, ou s'il est beau, l'enfant sait toujours y trouver l'imprévisible de la destinée qui ne nous offre jamais un bonheur ni un malheur constants. Excepté dans les contes. S'il est convenu de dire que rien n'est plus ravissant que le rire innocent de l'enfant, il faut ajouter que rien n'est plus saisissant aussi que l'innocence de son chagrin.

Je considère toujours comme un moment privilégié le coucher des enfants. Ils ont pour habitude, avant l'heure de paix de la prière, de s'accorder des instants de fête. L'instant classique des pelochons qui volent d'un lit à l'autre, et de tous autres prétextes à laisser éclater leur joie d'exister. Les éclats de rire cristallins qui naissent de leurs taquineries, de leurs jeux, balaient d'un coup les contrariétés de la journée. Ils reprennent pied dans leur dynamisme naturel, leur spontanéité et leur liberté. Plus rien ne compte que cet instant où des adultes, leurs parents ou leurs amis, partagent leur insouciance. Leur faculté d'oubli n'a d'égale que leur faculté de mémoire : ils effacent l'inutile, se souvenant de l'essentiel, qui est leur rire. Rien de ce qui a pu les assombrir ou les préoccuper durant le jour, ne saurait les amener à bouder ou à s'abstenir de ce moment de récréation. Voilà qui les sauve, et nous avec eux, si nous savons partager la joie de cet instant.

Mais comment pourrait-on s'en passer, quand leur rire vous appelle ? C'est un cristal, dans la maison, une cascade qui chante plus harmonieusement que les jeux d'eau ; un visage qui vous livre soudain le fond de l'être, un regard où brille la joie du monde. Voici l'autre face des choses, telle qu'on ne l'aperçoit jamais que par éclair, mais qui seule donne son prix à la face quotidienne.

Certes, la liste de leurs bonheurs d'enfant est longue, parce que tout peut leur être bonheur. Tout alimente ce pouvoir de renouer avec la joie initiale de l'univers. Et à tout moment. Plaisirs, distractions, divertissements auxquels l'adulte accorde aisément le nom du bonheur, ne sont pas tout le bonheur : celui-ci est autrement vaste. Des adultes l'ont pressenti : la joie à laquelle se nourrissent les joies de l'enfant — excepté celles de l'enfant gâté — est la même qui inspire à Jean-Sébastien Bach le limpide « Que ma joie demeure » et à saint François d'Assise le cantique des créatures. Une source inépuisable, pourvu que l'on n'en détourne pas le cours : le don initial « qui éclaire tout homme venant de ce monde », et qui illumine le petit d'homme dans ses premières années.

« Je préfère, disait Paul Valéry, quelqu'un qui lit vingt fois le même livre, à quelqu'un qui lit vingt livres différents. » Ce pourrait être le propos d'un enfant, parce qu'en effet, la ressource de la joie est en lui si profonde, qu'on peut lui raconter cent fois la même histoire sans qu'il en éprouve la moindre lassitude. Et il tient beaucoup à ce qu'elle soit la même, que l'on n'y change ni un mot ni une virgule, parce que chaque fois sa joie est renouvelée, et aussi intense. Elle ne tient pas seulement à l'objet, mais à lui. Les plaisirs émoussent leur pointe, et la répétition leur est fatale : la diversion compte ici plus que la constance. Mais la joie de l'enfant ne sent pas la répétition parce qu'elle est intérieure à lui, comme l'amour. Et c'est en cela qu'elle est joie. En cela qu'elle nous invite à nous interroger sur la nature du bonheur, le sien et le nôtre. Que l'enfant puisse le trouver en tout parce qu'il est en lui, nous invite à un singulier détachement des conditions matérielles sans lesquelles nous nous croyons incapables d'être heureux. Le bonheur n'est pas dans les choses, ni dans la possession des choses, mais dans le goût que leur donne la joie plus profonde de notre cœur.

Et ceci n'est pas seulement vrai d'un enfant naturellement porté au rire et à l'insouciance. De nos deux fils, l'un est plus inquiet que l'autre, plus porté à se chagriner lui-même à propos de tout et de rien. Mais il suffit de le rappeler à la source de joie qui est en lui, pour le délivrer, non seulement des contrariétés passagères, mais de lui-même et de ses humeurs malignes. Il suffit de rétablir le lien avec son élan profond, un instant oublié, pour l'y voir puiser à nouveau avec la même légèreté. Et en éprouver une véritable reconnaissance à l'endroit de celui qui l'a ainsi rendu au meilleur de lui.

Le chagrin de l'enfant, certes, est bien de ce monde. Il est le tribu que nous payons dès notre plus jeune âge à la condition humaine, et il est vain de songer à lui épargner cette rencontre nécessaire. Mais parce que sa joie, elle, n'est pas uniquement du monde, qu'elle lui est offerte comme un trésor dont il peut disposer avec innocence, mais dont il perd l'usage aussitôt qu'il s'éloigne de l'innocence, sa joie lui assure une sorte d'évasion permanente hors des lois de la pesanteur. Il lui est offert des bonheurs que l'adulte même ne soupçonne plus lorsqu'il a rompu depuis trop longtemps avec sa propre enfance. Claudel soulignait qu'il faut « avoir l'âme pure pour sentir le parfum d'une rose ». Et sans doute aussi pour placer son bonheur dans une émotion aussi simple.

Il arrive à l'adulte, qui a fait tenir ses plaisirs à des

vanités indéfiniment dévorantes, de ne plus reconnaître la joie, comme l'âme pure de l'enfant la reconnaît spontanément. Il la confond avec ses imitations mensongères auxquelles un Freud se laisse prendre. Devant l'enfant qui fait son bonheur de tout, l'homme ne sait plus ce qui fait réellement son propre bonheur. Souvent, ce dont l'adulte attendait d'être comblé, en fait le dévore, et son insatisfaction ne fait que s'envenimer avec le temps. Il désire toujours, mais il ne goûte même plus de joie à assouvir son désir, et loin d'aller de joie en joie, il va d'appétit insatisfait en appétit déçu.

S'il ose se demander de quoi est faite cette joie de l'enfant qui trouve son bonheur en tout, ose-t-il accueillir la réponse ? On a assez dit que la première condition pour rencontrer le bonheur est de ne pas le chercher, c'est-à-dire de ne pas lui fixer des conditions. Telle est la joie de l'enfant : il l'accueille comme un don qu'il ne s'est pas offert à lui-même, comme une sorte de bénédiction qu'il ne lui appartient pas de soumettre à son bon vouloir, mais qui lui est accordée dans la mesure où il n'en dispose pas pour lui seul, où il la répand autour de lui en ondes bienfaisantes.

Chapitre XVII

L'enfant et le vieillard

Victor Hugo, qui a tout charrié dans le torrent de son verbe tumultueux, affirmait justement que

« l'on voit de la flamme aux yeux des jeunes gens
mais dans l'œil du vieillard, on voit de la lumière ».

Et la raison de cette différence, il la voyait dans le fait que

« le vieillard qui revient vers la source première,
entre aux jours éternels et sort des jours changeants ».

Peut-être cette distinction s'applique-t-elle aussi bien à l'enfant qu'au vieillard, à la nuance près que l'enfant ne revient pas vers la source première, il y baigne encore. Il n'a pas pénétré dans cet âge et ce monde enflammé des passions, où le jeune homme puis l'âge adulte oublie volontiers son origine et sa fin, pour consacrer son temps aux diverses aventures humaines. Le vieillard, lui, le quitte, et sans doute l'affinité toute naturelle des enfants pour les vieillards, et de ceux-ci pour les enfants, est-elle fondée sur cette commune lumière qui les habite, et qui est celle de l'éternel dans le temps. Leurs flammes même sont nourries de lumière.

Je sais que dans nos sociétés évoluées, on entend dire qu'il n'y a « plus de vieillards », comme on dit qu'il n'y a « plus d'enfants ». Jusqu'à un âge avancé, des hommes et des femmes continuent d'exercer une activité importante malgré le moment plus précoce de la retraite. Ils tentent de vivre autant qu'ils le peuvent comme les plus jeunes, et de traiter leurs visages, leur apparence, avec tant de soins, qu'on parvient à oublier souvent le nombre respectable de leurs décennies. Ces vieillards ne sont plus des vieillards, et en tout cas, rares sont ceux qui acceptent de se considérer comme tels, ce qui n'est pas à mettre à leur discrédit. Rester jeune, paraître jeune, etc., sont des formules qui ont cours jusqu'à un âge très avancé, et il est vrai que notre siècle a réalisé des prodiges à cet égard. Vieillir n'est pas une situation si enviable qu'on puisse souvent s'en réjouir, et l'on comprend ce qui est tenté pour en retarder l'échéance inéluctable. « Mourir jeune est un cadeau des dieux », disaient volontiers les anciens Grecs : c'est en effet ignorer l'irréparable « outrage » de la décrépitude.

J'ai vu des gens atteindre un âge très avancé et le déplorer, dans la mesure où ils étaient alors privés non seulement de la liberté de leurs mouvements, mais de celle de leur esprit. Les forces qui diminuent jusqu'à vous rendre totalement dépendants des autres ; les sens qui s'émoussent ; l'immobilité qui vous gagne, sont comme le prélude à la mort. Une mort que beaucoup envisagent alors d'autant plus sereinement que les êtres les plus chers les ont précédés sur ce passage étroit. On peut toujours espérer guérir d'une maladie ; on ne le peut pas de la vieillesse. On ne connaît que trop bien son unique remède qui est d'en finir avec l'existence.

Des âmes bien trempées, qui ont subi sans broncher d'autres épreuves où certains s'effondrent, entrent pourtant dans la vieillesse avec terreur. J'en ai connu — Montherlant notamment — qui ont préféré en prévenir les derniers méfaits sur leurs personnes en se donnant eux-mêmes la mort. Chantres de la vie, ils ne l'étaient plus de cette vie humaine-là ! Il n'y a donc pas à s'étonner que tous s'emploient à en retarder le plus longtemps possible l'échéance et que la société célèbre glorieusement ces vieux qui ne sont jamais tout à fait vieux !

Pourtant, si la vieillesse a toujours inspiré une crainte légitime, comme la maladie et la mort auxquelles elle s'apparente quelque peu, si elle a même suscité le mépris ou la haine, elle a toujours inspiré aussi un intérêt et un attachement respectueux. C'est la morale de cette jolie comédie musicale — *Cats* — que nous avons vue à New York, mais dont la conclusion — *Memory* — a fait le tour du monde.

Avoir vécu sa vie : quel sujet d'étonnement pour ceux qui la commencent ! Les anciens, les ancêtres, ont souvent figuré dans la cité comme les plus avisés des hommes, au nom d'une certaine intelligence que l'expérience leur avait apporté. Il y a toujours de grands vieillards dans les grandes destinées « Ô viellesse ennemie » s'écrie le père du Cid. Ennemie de ce qu'elle lui interdit désormais de venger lui-même les affronts qu'on lui fait. Mais il propose alors à la jeunesse de son fils sa propre jeunesse en exemple. L'ancêtre est comme le vivant témoin de ce qu'il est possible au plus jeune d'accomplir, la preuve que la vie mérite d'être affrontée et vécue dignement, une sorte d'illustration vivante de l'épopée humaine.

Ce n'est pas exactement de ces vieillards-là dont parle Victor Hugo quand il lit de la lumière dans leurs yeux : eux sont encore accrochés aux jours changeants de toute la force d'une passion renouvelée par l'âge. Hugo évoque plutôt ces vieillards qui ont presque renoncé à regarder ceux qu'ils ont été cinquante ans plus tôt — ou même qu'ils restent encore aux yeux des hommes — et se tournent vers une autre dimension de la vie : l'invisible. Et c'est ce vieillard pour lequel les enfants, loin de partager la répugnance du monde, éprouvent une sorte de fascination.

Des êtres qui se tiennent eux aussi en dehors des fièvres de l'âge adulte, à qui le temps — même s'il n'est plus que compté — appartient pour en goûter chaque minute précieuse qui passe, plutôt qu'en mesurer la rentabilité. Entre le vieillard acceptant sa vieillesse et l'enfant son enfance, il s'établit une si profonde connivence que l'âge adulte en est parfois jaloux. L'adulte éprouve d'ailleurs un identique embarras à parler au vieillard qu'à l'enfant, il ne trouve pas davantage ses mots avec l'un qu'avec l'autre, et ceux qu'il trouve perdent tout ressort devant eux. Il se sent

« bête » s'il lui faut tenir avec l'un ou avec l'autre une conversation profonde, alors que l'enfant et le vieillard sont capables de nouer ensemble des dialogues inépuisables.

De quoi parlent-ils donc, à quoi l'âge mûr serait étranger ? De tout, mais dans une autre langue. Ils vivent à une autre heure de l'histoire que celle du commerce et de l'industrie, et dans leur intimité, communiquent à cette histoire plus profonde de l'homme, où « l'essentiel est invisible pour les yeux ». Il existe de ces vieillards, transparents comme des enfants, qui rayonnent dans leur entourage d'une lumière irremplaçable. Certains marquent encore ma vie. Dans ma famille immédiate d'abord, et dans son voisinage. Ainsi, à peine étions-nous arrivés en vacances — les grandes vacances d'été — qu'un même visiteur s'annonçait toujours le premier, son panier de raisins — les premiers aussi de la saison — dans une main qu'il avait solide encore, et chaleureuse, et caleuse. Il aurait aujourd'hui quelque cent dix ou cent vingt ans, et ses enfants en ont respectivement quatre-vingt-quartorze et quatre-vingt-douze. Il est mort aussi à peu près dans ces âges, incarnant jusqu'à la fin, pour les bambins que nous étions, la transparence de la vie.

Lui ne tenait, comme ses enfants ne tiennent encore à l'existence, que par amour pour les êtres qui les entourent. Non pour l'amour étroit d'eux-mêmes. Qu'en pourraient-ils attendre ? Aucune de ces satisfactions que les adultes placent en si haute estime. Quelques gourmandises, encore, et quelques mots d'esprit, amènent des sourires sur leurs visages ridés. Mais entouré comme ils le sont par trois générations d'une famille affectueuse, c'est davantage la présence de l'être cher qui les touche. Et plus particulièrement les enfants.

Enfant moi-même, ils ont représenté à mes yeux, au cœur de la vie, cette page du temps qui a immédiatement précédé ma propre histoire, mais sans laquelle celle-ci n'aurait aucune densité véritable. Ils sont la chair vivante de l'histoire. Ils sont aussi l'histoire qui prend ses distances avec elle-même et qui commence à se regarder de plus loin que la passion qui l'animait. Une immense paix est en eux : celle du détachement. De ce qu'ils ne sont plus agités par les fièvres humaines et les vagues spectaculaires qu'elles déchaînent en surface, ils révèlent soudain quel lac profond est au centre de toute vie. Et l'enfant trouve dans cette profondeur et cette paix une sorte de refuge contre les orages qu'il sent peut-être venir en lui, mais dont il voit en tout cas ses aînés préoccupés. La vieillesse a rompu les amarres et vogue, entre deux vies, dans une dimension du temps qui n'est pas encore l'éternel, mais qui n'est plus la prison aveugle des jours. Qu'il approuve ou non, un vieillard comprend tout, car il se situe au-delà de tout. Je dirai de même de l'enfant qu'il comprend tout, éloigné qu'il est encore des jugements partiels du monde.

Leur détachement, à l'un et à l'autre, n'est pas l'indifférence égoïste et méprisante de l'adulte quand il se retire violemment de ses attachements, mais la sérénité de ce regard que le poète aussi pose sur la mer. Il sait qu'elle est plus vaste que ses yeux et plus vaste que lui, et que, si loin que son regard porte à l'horizon, l'espace qu'il embrasse n'est rien auprès de celui qu'il ne voit pas ; ne verra jamais. L'âge mûr croit que l'océan lui appartient. Mais le vieillard et l'enfant regardent les choses comme infinies. Leur connivence immédiate, naît de leur identique liberté dans un monde qui paraît les écraser mais dont ils traversent l'épaisseur par leur propre transparence.

Des parents quelquefois s'étonnent : « Mon père, ou ma mère, a des indulgences pour ses petits-enfants qu'ils n'auraient jamais eu avec moi. » Ce n'est peut-être pas que leur exigence se soit relâchée, mais ils savent de la vie ce que les quarante ans en ignorent, et ils attachent moins d'importance à ce qui leur semblait capital trente ans plus tôt. Il faut aux enfants, à la fois cette sévérité du père et cet attendrissement du grand-père. Nombre d'études ont été rédigées sur cette relation nécessaire de l'enfant au vieillard, mais pratiquement aucune ne souligne leur parenté dans l'éternel, qui explique le reste. Bien peu appréhendent la nature proprement spirituelle de cette relation et s'arrêtent à son seul aspect affectif. Or, si la « lumière » dont parle Victor Hugo, ne dit pas toujours son nom, elle est toujours présente. Qu'elle le soit dans le vieillard est la condition pour qu'elle le soit avec bonheur dans un enfant, lequel rencontre alors un écho vivant à son propre univers intérieur.

Les adultes ne sont pas attentifs au plus profond de leurs enfants, préoccupés qu'ils sont par leurs affaires. Mais l'aïeul les entend et les voit. Il a, comme eux, tout son temps, c'est-à-dire l'éternité, devant lui. Ni l'un ni l'autre n'oublient la féerie de l'univers et son mystère, et plus notre société devient celle des ingénieurs et des techniciens, plus l'enfant, encore habité par sa source éternelle, cherche dans le vieillard le reflet de ce monde qu'il n'aperçoit plus dans la génération de ses parents. Ceux-ci l'obligent à se montrer attentif aux seules lois de leur société : la politesse, les études, les horaires qui les tiennent eux-mêmes prisonniers. Même les jouets qu'ils leur offrent désormais obéissent à ces préoccupations mécaniques et les font entrer dans la magie des mondes artificiels. Alors que les contes du vieillard, s'ils ne semblent pas aussi fantastiques que ceux des robots, entretiennent soudain en eux la voix intime.

Certes, les parents ne sont pas dans la même lumière. Ils sont de leur temps et dans le temps, liés aux responsabilités, bien sûr respectables et nécessaires, de leur âge. Les grands-parents, délivrés de ces mêmes obligations, ne sont plus de ce temps. Ils parlent volontiers de « leur temps », qui en est un autre. Mais les enfants non plus ne sont pas de ce temps : le leur, c'est demain. Si bien que les activités du monde adulte, qui ne les concernent plus ou pas encore, ils les regardent ensemble dans une lumière qui est au-delà du temps. La lucidité du vieillard sur la grimace humaine, n'a d'égale que celle des enfants. Ils ne sont pas durs et « sans pitié », comme dit le fabuliste : ils sont vrais, cruellement vrais.

Sans doute n'importe-t-il guère à la plupart des êtres

humains d'être vrais, mais d'atteindre le but tout pratique qu'ils se sont fixés. Pendant que les parents poursuivent ce but — auquel les vieillards, certes, se sont consacrés en leur temps, et auquel les enfants se consacreront un jour —, le vieillard et l'enfant, pourtant, vivent au jour le jour ce que leur apporte la vie, comme « les oiseaux du ciel qui ne sèment ni ne tissent ». Comme les poètes, les saints..., et aussi les insensés. Mais les insensés ne sont ni des poètes, ni des saints, ni des enfants : ce sont toujours des adultes un peu plus compliqués que les autres.

Le vieillard et l'enfant, en revanche, sont « en promenade » dans la vie, ce à quoi les parents n'ont plus le temps de se consacrer. « Vous vivez hors du temps », leur dit-on volontiers avec irritation ou commisération. Mais de quel temps ? Et qu'est-ce que vivre dans son temps ? En rester prisonnier jusqu'à ne voir que lui, et tout à travers lui ? Il y a certes aussi de ces vieux, grincheux et avares, qui ne voient rien qu'à travers le passé comme des jeunes gens à travers le présent ; des hommes et des femmes qui ne sont que d'un temps très court, le leur. Et des enfants eux-mêmes prisonniers de cet esprit qui habite leurs géniteurs immédiats et qui les enferme dans le cercle étroit d'une génération. Mais toute relation profonde est alors rompue pour eux.

Or voyez l'enfant et le vieillard qui partent la main dans la main. L'enfant aime les contes, et le vieillard est un conte vivant. N'importe s'il embellit quelque peu ce qui lui est arrivé : son histoire est l'histoire éternelle de l'homme, qu'on ne peut plus déranger, qui n'est plus soumise aux risques du devenir. Les enfants ont en horreur que l'on altère les histoires : rapportez-leur les aventures de la chèvre de Monsieur Seguin, et le lendemain, ôtez une virgule à votre premier récit : ils vous foudroient de leur indignation. Ils sont à l'aise dans l'éternel, installés dans les réalités perdurables. Ce conte irréversible qu'est le vieillard et son passé, à qui il ne peut rien arriver d'autre que ce qui lui est arrivé déjà, les touche au profond de leur âme. Quand le vieillard les entraîne sur ses chemins, ils visitent avec lui ce pays où les noms ne changeront plus, qu'ils retrouveront chaque fois en place et comme ils les aiment.

Ainsi lorsque mes enfants prennent la main de mon père, simplement pour aller faire un tour au potager qui intéresse tant l'enfant des villes, et s'entretenir avec lui des choses de la vie, je me revois prenant la main de mon grand-père sur le même sentier. Je sais qu'ils vont entendre, non un discours, mais une parole que je ne peux leur dire encore, qui n'aurait ni sens ni autorité venant de moi. Rencontre qui offre à l'un et aux autres de partager ce qu'ils savent au-delà des mots : c'est en leurs petits-enfants que les grands-parents versent le plus d'eux-mêmes. Privés d'un tel contact, les enfants, le sont aussi d'un dialogue essentiel à cette heure de leur vie. Je sais que mes fils auraient ainsi partagé avec leur grand-père et leur grand-mère maternels une même intimité. Qu'ils soient morts prématurément, qu'en dehors de ses deux sœurs, leur mère n'aie plus de famille, les prive d'une part importante de cette histoire qu'un aïeul seul pouvait leur rapporter. Nous n'en sommes que plus attentifs à ne pas les priver de la communication qui leur reste — encore que mes parents ne soient pas encore des vieillards — et veillons à les garder proches de ce message irremplaçable. Il passe à travers les présences plus qu'à travers les mots.

Lorsque le petit garçon et son grand-père rentrent du potager, ils sont admirablement accordés. Même si l'un des petits a décroché un tuyau, déplacé un arrosoir en dehors des règles, il a participé à un rite dont son aïeul a partagé un instant le secret avec lui. Plus jamais les tomates ne seront ces légumes anonymes que l'on achète au hasard chez l'épicier. Il y a une tomate, quelque part, que l'on a attendu trois jours de voir mûrir, avant de la cueillir, qu'il a fallu tous les matins scruter avec attention pour mesurer si le soleil avait rempli son office, et soudain, on la retrouve toute rouge un certain soir. Grand-père a expliqué pourquoi. Pourquoi les fruits et les légumes, les fleurs et les arbres, les chiens et les chats, et le monde même, ont une histoire à eux qu'il faut respecter. Toute la terre est une terre promise, et qui tient sa promesse, quand on sait attendre. Grand-père ne se précipite pas sur la première tomate venue, comme chez l'épicier ! il laisse mûrir la vie dans les choses, comme elle a mûri en lui.

Il n'est jusqu'à leurs pas qui ne soient accordés. Les adultes marchent si vite, sont si pressés ! Un vieillard n'a pas à ralentir le sien : il va au même rythme que l'enfant. Et cet accord referme la boucle du mystère même de l'existence : celui de la naissance, et celui de la mort. « Je suis petite fille, et n'ai plus de grand-mère », chante douloureusement Marie-Noël en approchant de son vieil âge. Mais combien de vieilles femmes, soudain conscientes de leur âge, et lourdes du mystère, qu'elles ne partagent avec personne au moment d'aborder l'autre rive, murmurent avec tristesse : « Je suis grand-mère et n'ai pas de petite-fille. » Leurs enfants ne les écoutent pas, ne les entendent pas, et sectionnent jusqu'à la relation avec les petits-fils. Double et tragique privation. Ma mère et sa petite-fille témoignent aussi quel besoin elles ont l'une de l'autre quand leur féminité s'accorde, au-delà des âges, pour retrouver la femme éternelle qu'elles appréhendent si justement l'une en l'autre. C'est une sorte d'émerveillement réciproque, de connivence dans une intimité propre à elles seules, mais évidente pour ceux qui les entourent.

Je tiens moi-même de mon père et de ma mère nombre d'enseignements nécessaires, mais de mon grand-père maternel, que j'ai le plus connu, et d'une vieille amie de la famille, qui d'ailleurs vit encore et que nous avons toujours considéré comme une grand-mère, d'autres révélations superbes que mes parents ignoraient lorsque j'étais enfant. Qu'ils ne savent aujourd'hui que pour leurs petits-fils. Il s'agit plus que d'une amitié ; plutôt d'une autre paternité et d'une autre maternité. Le père qui devient grand-père, voit sa propre vie, celle qu'il a mise au monde, continuer son cours, sans qu'il y prenne part directement. Ce détachement est le commencement d'une contemplation suprême, et les choses que nous tenons d'eux ont le goût de ce détachement. On ne les enseigne pas en classe, du moins sous cette forme, pour réussir aux examens. Pourtant, elles sont tellement nécessaires pour comprendre et aimer la vie, que les autres enseignements sans celui-là, manquent à une incarnation irremplaçable.

Aurais-je appris à plaisanter aussi facilement des passions inutiles, sans les grands éclats de rire de cette femme que j'ai toujours vue penchée sur mon existence pour y déposer le secret des choses. Elle avait cinquante ans quand je suis né, mais je commence seulement aujourd'hui à prendre en compte ce demi-siècle de distance. Elle a toujours été plus proche de mon enfance que telle dont quinze ans seulement me séparent. Plus proche de ce qu'il y a, dans l'enfance, d'éternellement humain. Aurais-je appris à reconnaître les choses pour ce qu'elles sont, et sans cesser de les aimer, si la tendresse que son regard bleu ajoutait à sa lucidité n'avait gardé à celle-ci tant de lumière ? Les malheurs l'avaient délivrée de trop attendre du monde, mais non pas d'y saisir la joie quand elle était offerte. Enfant, ai-je davantage éprouvé qu'auprès d'elle ou de mon grand-père, ce sentiment « qu'il y a au fond des choses une adorable pureté », et qu'il faut la saisir pour être heureux quand il en est temps.

Notre siècle étant celui de la rupture et du divorce élevés au rang d'institution, la fracture des générations accompagne celle des couples et des classes. La solitude tragique d'êtres de plus en plus nombreux en découle, celle des vieillards et celle des enfants prenant ainsi des proportions jusqu'alors inconnues. Ce n'est pas une volonté innocente qui les sépare, mais perverse. Il est impossible en effet de réduire celui que le vieillard, sur le point de rentrer dans « la source première », a prévenu du véritable secret de son identité. Faire oublier l'autre monde à l'enfant, est urgent pour ceux qui prétendent réduire l'absolu au social. Mais le vieillard le lui rappelle invinciblement. Il témoigne que la vie a un commencement, une fin ; qu'elle est une histoire, sur laquelle on peut s'interroger quand on est tout petit déjà, mais surtout avec ce grand-père, cette grand-mère, qui écoutent les vraies questions, et qui ont les vraies réponses.

Ainsi, hormis des malheurs plus exceptionnels, la première des morts qui touche l'enfant est celle de ses grands-parents. C'est à travers eux qu'il découvre que la vie a un terme en ce monde. A propos d'eux il pose la question de l'existence dans sa perspective totale et suivant la lumière qu'il reçoit dans cette interrogation, il pose sur l'homme un regard différent. Si ce grand-père ou cette grand-mère qu'il aime, qu'il a senti vivre dans l'instance d'un départ et qu'il a vu s'en aller, lui ont parlé du monde vers lequel ils s'en vont, sa propre existence en sera transformée. S'ils ont été les premiers à leur dire qu'ils ne le quittaient pas tout à fait, leur sens de la vie et de la mort, si grande soit la peine qu'ils éprouvent à la disparition d'un être aimé, en est cependant établi sur le roc d'une certitude. Sinon, la brèche reste béante et insensée.

Lorsque nos enfants ont perdu en quelques semaines leur grand-père et leur grand-mère maternels, un changement s'est produit dans leur enfance. Ils les voyaient assez souvent pour qu'un lien profond se soit établi entre eux ; ils les ont même vu à l'hôpital. Que signifiaient pour eux ces morts ? Nous n'avons pas eu à intervenir dans leur réflexion pour qu'ils se disent que leur grand-père et leur grand-mère avaient atteint un âge où l'on meurt, où il est naturel de mourir. (En fait, ces morts étaient un peu prématurées.) La vieillesse leur paraissait se situer entre deux mondes, l'un qu'il faut quitter, l'autre où il faut entrer quand vient le temps, et leurs grands-parents avaient simplement accompli ce dernier pas. Mais comme leur propre enfance se tient entre deux mondes, l'invisible et le visible, aussi familiers l'un que l'autre, à moins qu'on ne les aient déjà emprisonnés dans le second. Et comme toute vie. Et ils le savent, désormais.

Chapitre XVIII

L'enfant et la mort

« Elle n'a pas eu le temps de se rendre compte : elle est morte d'un coup », dit-on avec une sorte d'envie, de quelqu'un emporté par un décès subit. La mort fait peur, mais la souffrance du mourir plus encore. Ceux qui en sont dispensés semblent bénéficier d'un traitement de faveur. Mais sans doute l'existence de ma jeune belle-sœur avait-elle traversé des heures assez douloureuses pour que la mort, au moins, lui soit douce. En quelques secondes, au petit matin, elle qui venait de mettre au monde une vie nouvelle, cédait la sienne sans une parole. Lorsque la sonnerie du téléphone m'a réveillé chez moi, que j'ai entendu la voix bouleversée de mon père balbutier : « Viens, s'il te plaît, viens vite : Nicole est morte ! », je ne l'ai, bien sûr, ni cru ni compris. Ou plutôt, mon esprit s'est aussitôt rétracté devant l'évidence impossible. Aujourd'hui encore, où j'ai dû me rendre devant le malheur, il m'arrive, arrêtant mon esprit sur ces heures dramatiques, d'en refuser la terrible réalité. On ne peut croire, au sens littéral des mots, qu'une jeune femme dans l'épanouissement de la vie, pleine de l'intelligence profonde du mystère des êtres et des choses — la plus parfaite de nous tous —, et qui a mis au monde deux mois plus tôt la petite fille qu'elle espérait après ses deux fils, on ne peut croire qu'elle soit soumise à l'absurdité d'un tel sort.

J'ai vu, dans la chambre mortuaire, son père, accablé de

douleur, se taper physiquement la tête contre le mur, sans que cela nous semble étonnant, parce que le mur n'est pas aussi dur, en effet, que cette pensée qui cogne à l'intérieur de votre tête : elle est là, si calme, si belle, mais elle est morte. On se heurte à l'impossible, et l'impossible est devenu la vérité.

Mon grand-père maternel m'a quelquefois parlé, avec une extrême pudeur, et une détresse secrète que les années nombreuses n'avaient pas réussie à apaiser, de la mort de ma grand-mère à un âge à peu près identique. Elle aussi avait — outre ma mère — un jeune enfant dans les bras, qu'elle a vu mourir avant elle. Mais l'enfant de Nicole lui a survécu ; on l'a même baptisé, le dimanche qui a suivi les funérailles de la mère, selon les dispositions qu'avait prises la jeune femme elle-même qui se faisait une si grande joie à la pensée de cette fête familiale. Tandis que — parrain —, je tenais l'enfant sur les fonts baptismaux, ainsi que sa mère me l'avait demandé, le mystère de cette toute jeune vie, touchée par un extrême malheur dès les premières heures de sa destinée, plongeait dans une terrible interrogation. Nous aurions dû être sans mélange à la joie humaine, et celle-ci n'avait qu'un vilain goût âcre. L'absence de la mère nous était aussi vive que la présence de son enfant. Sentir simultanément que la vie est admirable en ce jeune être et horrible en la mort maternelle, vous invite à une question suprême devant l'enfant qui pénètre dans l'existence, en des circonstances si paradoxales. A quoi bon naître si c'est pour entrer si tôt dans un cercle infernal ?

D'ordinaire, le malheur brise et interrompt le bonheur. Ici, le bonheur n'est pas entamé, la joie de l'enfant et celle qu'il donne restent aussi claires, mais à côté, le malheur s'impose, dur et nu. La mort serait-elle déjà plus puissante que la vie qui naît, au point d'en rendre finalement la beauté dérisoire ? La naissance, oui ; mais peut-elle être encore sujet de joie quand on la regarde là où la mort a frappé en même temps ?

Certes, tout enfant qui entre dans l'existence entre dans

l'univers du malheur, et de ce malheur qu'est la mort ? Il en est frappé lui-même plus ou moins tôt ; le découvre plus ou moins brutalement, mais la réalité est là, sinon toujours menaçante, du moins toujours possible, et, quand il vient au monde, son premier cri est de douleur. Les enfants eux-mêmes le pressentent rapidement, même quand la vie les a encore épargnés, et David Copperfield les bouleverse, parce qu'ils devinent, au-delà des rives de leur propre quiétude, des milliers de David Copperfield. Ils savent que, privés d'un père, d'une mère, ils sont seuls au monde, face à un univers qui ne leur est pas clément. Et à la moindre alerte, ils se réfugient dans nos bras. Mais quand il n'y a plus de bras pour les accueillir ?

Le mot de cette fillette de six ans, à qui l'on apprend que son jeune père vient de se suicider, est éloquent : « Il n'aurait pas dû ; il aurait dû penser que j'allais pleurer. » Et d'ordinaire, les pères et les mères le pensent, et prennent sur eux le malheur du monde pour en préserver l'enfant. C'est cela, aussi, la paternité. Mais ils ne peuvent prendre sur eux de supprimer la mort, d'en épargner les risques à l'enfant. En leur donnant la vie, c'est à un tel risque qu'ils les exposent.

Cette amie qui m'apprend la mort de son frère, m'en rapporte les circonstances dramatiques. La soixantaine, il est vrai, mais remarié depuis peu pour la troisième fois, il désire un enfant de cette épouse comme des deux précédentes. L'enfant naît : c'est une fille. Sa joie est immense, presque délirante : il téléphone la nouvelle à toute la famille, aux quatre coins du monde et parfois à des heures insolites en raison des décalages horaires. Mais n'importe : il est tout à son bonheur. Il appelle notamment sa sœur qui me décrit cet enthousiasme : il croit lui-même commencer une nouvelle vie. Le même soir on la rappelle depuis la province où il habite, mais au téléphone, ce n'est plus lui qui parle : il vient de mourir d'un infarctus, avant même d'avoir eu le temps de déclarer la naissance de sa fille à l'état civil. L'excès de joie, cette naissance, l'ont tué, et l'enfant grandira sans lui. Sans même un souvenir de lui.

Mais ces deux fillettes de six et dix ans, dont le père est mort la veille, et qui gardent au contraire un si beau souvenir de l'homme jeune et brillant, tellement attentif à elles, qui vient de les quitter, en sont-elles plus avantagées ? L'aînée, parce qu'on leur avait d'abord caché le drame, a gémi du fond de son être : « Mais j'aurais voulu voir mon papa mort ! » Parce que l'enfant peut voir, en effet, le malheur et la mort. Il peut les regarder en face plus simplement souvent que l'adulte. Le plus maladroit — mais sait-on ? — est peut-être de leur raconter des histoires pour cacher la vérité. Mais l'enfant ne se laisse pas endormir.

Ce qui nous épouvante, quand le berceau d'un enfant est frappé, outre le malheur lui-même, c'est que les enfants n'en soient pas préservés. Ils suscitent en leur faveur, et de notre part, une sorte de réaction de désaveu contre la destinée qui autorise de telles horreurs : nous acceptons plus facilement de souffrir que nous ne l'acceptons pour eux. Nous acceptons même de souffrir pour qu'ils ne souffrent pas. Et de mourir pour qu'ils ne meurent pas. Leur vie, leur bonheur, nous sont sacrés. Nous avions vu s'ouvrir avec eux un autre monde, et nous ne découvrons pas sans horreur qu'ils appartiennent à toute la douleur du nôtre.

Mais n'est-ce pas justement là que le mystère de l'enfance se présente dans sa plénitude ? S'il ne transforme pas le monde en supprimant le malheur du moins l'empêche-t-il d'avoir le dernier mot. Il existe une autre face des choses, dont l'enfant est le signe vivant. L'enfant rouvre la possibilité du bien et du bonheur dans l'enfer même. Ces tout petits qui perdent leur mère ou leur père suscitent autour d'eux une sorte de réplique immédiate au destin, mille paternité ou maternité de substitution. Ils voient les grands-parents, certes, mais les oncles, les tantes, les amis et les étrangers, réveiller au fond d'eux-mêmes une solidarité inédite contre leur détresse. Lorsqu'il semble que tout est dit, que la mort a gagné, c'est l'enfant qui invite à relever le défi de l'espérance, et à maintenir le cap sur la vie.

Mais quand l'enfant lui-même meurt ? Quand c'est lui que la mort frappe et nous qui le regardons mourir, où est l'espérance ? Où est la vie ? « La mort de l'enfant... est le scandale absolu. La mort de l'innocence en qui réside pourtant l'image la plus limpide de la vie », disais-je à Pierre Chaunu * qui a traversé l'épreuve entre toutes de perdre un fils de quinze ans. Et il répondait avec une terrible profondeur : « Je ne crois pas que la mort de l'enfant soit le scandale absolu, mais la mort elle-même. Cependant, c'est peut-être à travers la mort de l'enfant que l'on mesure mieux ce qu'est la mort. Elle est en quelque sorte la mort sans phrase ; la mort absolue. »

Je ne reprendrai pas mot à mot, bien que chacun ait un prix infini, la confession que ce père a consenti à me faire, et à travers moi, à tous ceux qui peuvent s'interroger sur un malheur aussi extrême. Foin, alors, du flattus vocis théologique ou philosophique de ceux qui ne parlent que de l'extérieur. Mais je citerai pourtant le récit d'une visite qu'il me faisait le 26 mars 1975 et qu'il rapporte dans *La Mémoire de l'éternité.* « Le malheur, dit-il, je l'ai connu un certain jour dans la seconde quinzaine d'août 1963. Je venais d'avoir quarante ans... En fait, cela n'avait pas de nom et je ne l'avais jamais nommé avant qu'un ami ne m'ait dit son nom onze ans et demi plus tard. Dans une vieille maison du quartier Latin, tout en haut sous les toits, dans un studio-atelier, j'entre à l'heure dite, fin mars 1975. Deux jeunes enfants devant une télé portative, mon hôte, son frère, une jeune femme. Une extrême gravité règne dans cette pièce (...) Il y a quelques jours, quelque peu après la naissance d'une petite fille, la jeune mère des deux petits enfants est morte (...) Mon hôte (...) après m'avoir expliqué ce drame en quelques mots, s'arrête... et lentement prononce trois fois avec l'intonation chaude du pays d'oc : le malheur... c'est le malheur. A l'instant même, j'ai

* *La mort, un terme ou un commencement ?* Fayard, p. 274.

fait un bond en arrière, plus exactement dans ma mémoire, le moment d'août 1963 est remonté. Je n'avais jamais su le nommer. Mon hôte, mon ami m'avait dit, son nom : cela s'appelle le malheur. » La mort de l'enfant, et l'enfant dont la mère meurt, nous appellent au même lieu de la déréliction humaine, où il semble que la mort est la ruine absolue de la vie.

Je connais — nous connaissons tous — d'autres pères et d'autres mères frappés ainsi au point le plus sensible de leur être. J'en ai connu qui en sont morts, soit qu'ils aient abrégé leurs jours, impuissants à survivre à un tel drame; soit que le désespoir ait brutalement ou lentement rongé leur existence. « A quoi bon ? » disaient-ils avec douleur : au plus tôt nous aurons quitté un tel monde, et le mieux ce sera. Rien, plus rien ne présente d'intérêt pour nous.

Si — Dieu merci —, mon propre foyer a été épargné par un tel malheur, j'ai du moins pu appréhender à travers la très grave maladie d'une enfant, ce qu'aurait pu être sa mort. Nous l'avons redoutée durant plusieurs jours. En quelques instants, nous nous étions retrouvés à l'hôpital des Enfants-Malades : les jambes de l'enfant étaient devenues inertes, sa tête s'écroulait sur un corps désarticulé. Elle souriait encore, et parlait, s'étonnant seulement de ce drôle d'état dans lequel elle se retrouvait soudainement. Mais bientôt, son petit regard bleu allait pourtant nous interroger avec angoisse : pourquoi ces médecins attentifs, ces infirmières avenantes lui ménageaient-ils des traitements barbares ? Et soudain, notre vie suspendue à cette vie. Soudain l'abîme ouvert, le monde qui bascule, et plus rien ne compte que de la revoir se dresser seule dans son lit, refaire un pas sans s'écrouler. Ne pas fermer l'œil de la nuit, au sens littéral des mots, et compter chaque seconde avec l'espoir qu'elle ne sera pas pire que la précédente : nous l'avons vécu comme tant d'autres parents, tremblant au chevet d'un enfant menacé. Tremblant, non pour eux-mêmes — qu'importe ce qu'il peut arriver à eux-mêmes ! — mais pour un être sans défense qui leur est infiniment plus cher qu'eux-mêmes. Démunis de tout, dépouillés de tout, parce que l'enfant qui ouvrait leur cœur à tous les champs du possible, les referme sur une vision d'épouvante.

Ces soirs où il faut quitter l'hôpital sans elle, l'abandonner à des mains étrangères, a le goût d'un exil déchirant. La reverra-t-on jamais vivante ? D'un coup, les choses essentielles se distinguent de celles qui ne le sont pas ; les paroles qui ont un sens, du flot des paroles vaines. Un diagnostic de médecin par exemple : quel respect pour la compétence ! Le sort de l'enfant est peut-être écrit en filigrane sur cette feuille de température que l'on consulte avidemment, ces radiographies que l'on tourne et retourne pour les comprendre. Quelqu'un saurait-il ce que nous ne savons pas ? Que peut-être on nous cache ? « Il faut attendre » : combien de fois ces mots répriment notre impatience.

Et soudain l'évidence : que la parole humaine ne suffit plus, qu'il ne faut pas tout attendre d'elle. Le destin se joue ailleurs, au-delà de nous-même, au cœur d'un mystère où le mal le dispute au bien, le malheur à la joie, dans un combat auquel nous n'avons plus qu'une humble part. Il ne dépendra pas de nous seulement que l'étau se desserre et nous le savons d'une certitude absolue. Le plus puissant, le plus lucide, le plus savant d'une science incontestable, ou l'assuré tous risques, se retrouvent, comme le plus faible, confrontés à leur condition radicale. Il touche du doigt ce lieu de son être et de son destin où il doit s'en remettre du plus précieux de lui à l'inconnu. Auprès de l'enfant livré au mystère de la vie et de la mort, nous pénétrons de plain-pied avec lui dans le mystère. Avec sa naissance déjà ; et maintenant avec le risque de sa mort. Car c'est lui que cela concerne d'abord ; c'est à lui que cela arrive : non à nous.

Alors il faut parler au mystère comme on parle dans la nuit quand on a peur. Qu'aurait-on encore la force de demander quand on est au fond du désespoir ? Rien. « S'il est possible que ce calice s'éloigne... » Un soir où nous étions ainsi en prière, tous réunis dans la chambre de l'un des garçons, qui osa demander que le cauchemar finisse au plus vite ? Moi, sans doute. Et c'est l'enfant de huit ans qui nous a rappelé posément, avec une innocence cruelle, à la vérité nue : « Nous devons dire seulement : que Ta Volonté soit faite. » Ces mêmes mots que nous lui avons enseignés, il nous les rendait à l'instant où nous n'aurions voulu ni les entendre ni les prononcer, mais les refouler dans sa bouche pure. Mais comment refouler la vérité ? Et de les répéter après lui, avec son innocence, nous rendait soudain à la nôtre : nous n'étions tous que des enfants devant un autre Père.

Lorsque notre cauchemar a pris fin aussi soudainement qu'il avait commencé, lorsque l'enfant nous a été rendue, guérie presque totalement, ou du moins en voie de l'être à brève échéance, j'ai invinciblement pensé à ceux à qui l'on rend un enfant mort. Ils n'ont pas moins espéré ni moins tenté que nous. Mais la vérité s'impose d'elle-même. Cet enfant que l'on a vu prisonnier entre les grilles d'un lit d'hôpital, et qui déjà n'était plus vôtre parce que d'examen en examen, de service en service, il vous était arraché par une nécessité incontrôlable, cet enfant que l'on a presque vu partir pour toujours, quand il vous est rendu, vous savez qu'il n'est pas vôtre, que rien n'est vôtre au sens possessif du mot, mais que vous-même, comme lui, appartenez à ce mystère où se déploie votre véritable destinée. Il vous a été rendu ; il pouvait ne pas l'être. La pensée qui vous saisit alors est un vertige sans fond, la chute libre dans la douleur.

Pierre Chaunu, pourtant, disait : « J'ai presque accepté plus difficilement sa souffrance que sa mort. » Le supplice de la première ressemble parfois a mille morts renouvelées. Et il distinguait justement la mort subite de celle qui est précédée d'une très longue agonie. « Chez un être si jeune, sentir que tout devient si vain (...) Jusqu'au dernier instant, ma femme et moi, nous nous relayions, et nous ne l'avons jamais quitté. Nous dormions à côté de lui. Et puis il y a la nuit du 19 au 20 décembre, quand il a commencé le Notre Père... Ma femme a dit la fin parce qu'il était trop fatigué. Vers trois heures du matin, on s'est aperçu que Marc nous avait quittés... » Les voir souffrir avant de les voir mourir, et en sachant qu'ils vont mourir, atteint la limite du tolérable. « Quand il sortait des pires moments, on se reprenait presque à espérer » : quelle douleur dans cet aveu ! Espérer contre l'évidence ! Mais quand la mort est brutale, on s'imagine aussi que l'on aurait pu tenter quelque chose, que le temps nous a manqué de lutter avec lui contre la mort. Chaunu encore, le souligne : « Cette brutalité est une autre forme de la souffrance. Pour nous, il y a eu cette habitude, peu à peu, de la douleur... Les expériences sont différentes ; elles sont toujours uniques. » Parce que tout enfant est unique. La vie de l'un ne guérit pas de la mort d'un autre. Et quand même vous en auriez dix, il vous manque celui-là dont les autres ne sauraient tenir lieu.

Le philosophe espagnol Julian Marias, père de famille nombreuse, me disait avec intensité ce caractère irréductible d'une telle douleur. « Ça a été quelque chose d'absolument affreux. Notre enfant est mort en 1949. Nous ne nous sommes jamais consolés de sa disparition. C'est une sorte de blessure couverte comme par une cicatrice : le temps, et les autres enfants — nous avons eu ensuite quatre fils —, et la vie en général couvrent d'une couverture très mince cette blessure. Mais dès que nous restions chez nous un peu tranquilles, elle revenait à la surface. Nous éprouvions une douleur permanente. C'était un enfant assez extraordinaire. Il avait trois ans et demi, et il était extrêmement intelligent, très précoce, d'une tendresse incroyable. Et tellement beau ! Nous avions l'impression d'un don. C'était un enfant comme nous l'aurions rêvé. Si nous avions pu demander un enfant, il aurait été comme celui-là. Nous éprouvions pour lui non seulement un grand amour, mais une sorte d'enthousiasme. Il répondait admirablement à tout ce qu'on espérait. Il est mort d'une maladie très rapide : il a été fatigué deux jours, puis son mal s'est aggravé en quelques heures. Quelques heures avant sa mort, il était absolument normal, et il disait à sa mère : " Maman, je suis un enfant tellement heureux ! J'ai un lit tellement joli, j'ai de beaux jouets, et j'ai des parents si bons et qui m'aiment tant ! " Cette attitude de reconnaissance de la part d'un enfant de trois ans est très rare. Pour nous, sa mort a été affreuse. Nous avons été six mois au bord de la folie, et pendant deux ans, nous étions au désespoir : nous ne dormions plus que très peu[1]... »

L'irréparable. Il semble, avec la mort de l'enfant, qu'il n'y ait rien à faire ni rien à espérer pour rendre un jour la vie tolérable. Autant on a vu se lever d'espoirs quand il est apparu, autant il semble que l'on se soit leurré, en le voyant disparaître. « La vie humaine est impossible, disait Simone Weil : le malheur seul le fait sentir. » Certes, la vie humaine est impossible. Les éclaircies de bonheur, de lumière, de perfection qu'elle comporte ne font que rendre plus noires les autres heures. Plus inexplicables. Et quand même nous serions épargnés nous-mêmes, comment jouir de son bonheur dans un malheur quasi universel ? Quand des hommes meurent de faim, comment se nourrir en toute inconscience ; quand des hommes sont privés de liberté, comment se sentir tout à fait libre ; quand des hommes souffrent dans leur chair, comment ne pas ressentir la santé même, comme une propriété abusive ; et quand des vieillards se traînent lamentablement, la jeunesse comme une insulte à leur décrépitude ? Il n'est parfois aucune grâce qui ne paraisse ôtée à d'autres : la foi religieuse même.

Seule l'innocence de l'enfant ne semble volée à personne, mais un don gratuit de la destinée qui comble tous ceux qui la contemplent. Que la destinée reprenne ce don, et elle semble clore alors le cercle infernal. Il n'a plus d'issue. La mort est le premier degré de la conscience humaine, et cette conscience est tragique. Mais elle ne l'est jamais autant qu'ici, et des hommes comme Camus ou Céline, l'ont exprimé avec force, au point d'estimer que la mort de l'enfant donnait la mesure de l'absurdité du monde et de

* Christian Chabanis : *La mort, un terme ou un commencement ?* Fayard, p. 299.

l'existence humaine. C'est là qu'elle signe, selon eux et beaucoup d'autres, son incohérence et son horreur.

Pierre Chaunu le dit autrement : « Il est certain qu'avec une expérience comme celle-là, il y a un avant et un après. Il n'y a plus rien de comparable et tout prend une autre dimension (...) J'ai été hanté, à partir de ce moment surtout, par l'idée de tous les enfants morts. Toute la peine des hommes qui nous ont précédés m'a pris à la gorge. » Un avant et un après, parce que la conscience est devenue autre. La vie — et la mort — ont montré un autre visage : celui même de cet enfant. Sa naissance peut apporter le goût de vivre ; sa mort, celui de mourir. Et Chaunu ajoute : « Lorsque Dieu nous a donné ce que nous ne méritions absolument pas, la grâce de croire, cela ne fait pas, lorsque nous recevons un coup de marteau sur les doigts, que le coup soit moins dur. Simplement, nous l'accueillons différemment. » Certes, l'homme de foi comme les autres ressent au plus profond de lui la violence de ce scandale. Son existence n'en est pas moins brisée que celle de tous, avec un avant et un après irrémédiable.

Un jeune couple d'amis, qui a perdu sa fillette de sept ans, m'a demandé de venir auprès de lui quelques instants après le lamentable accident. Devant l'enfant étendue sur son lit, dans sa jolie robe, les yeux clos, ils m'ont bien sûr posé la terrible question : « Comment Dieu permet-il cela ? » Et je me suis tu d'abord, atterré moi-même. Que répondre, sinon que Dieu lui-même est incapable de répondre, qu'aucune parole, même divine, ne peut faire taire une telle question. Et sans doute est-ce pourquoi il est venu mourir comme un enfant innocent. Dans l'enfant qui meurt, Dieu aussi meurt. Si Dieu n'était pas mort en son Fils, sur une croix, il n'aurait rien à dire devant la mort de l'enfant. Il n'aurait qu'à se taire devant la douleur humaine. Il répond à cette douleur en la partageant jusqu'à en mourir aussi. Mais pour nous faire partager alors, du sein de la douleur même et de son horreur, ce qui lui donne un sens et la transcende tout à coup.

« L'homme est quelque chose qui est fait pour être

dépassé », disait Nietzsche, mais dans un autre sens que celui où il l'entendait. Dieu entre dans notre douleur, pour que nous entrions à notre tour au-delà de la douleur. Terrible mystère, dont témoignent pourtant ceux qui en ont vécus les deux versants. Ils ont tout donné, ils sont vides de tout, et mystérieusement, quelqu'un vient habiter ce vide. Ils ne sont, tout à coup, plus seuls dans ce drame, et plus que quiconque, entre deux mondes. Celui où ils poursuivent une existence différente de celle qu'ils ont vécue jusqu'alors ; celui dont l'enfant leur tient en quelque sorte la porte ouverte. Et s'ils ne redoutent plus rien de la vie parce qu'elle leur a déjà tout donné et tout ôté, ils ne redoutent plus rien, non plus, de la mort.

Mais cet enfant qui subit la mort de la mère ou du père irremplaçables ; ou celui qui meurt, sait-il ce qu'est la mort ? Certes, pas davantage que nous. Mais tout comme celui du monde, ce mystère lui est plus familier qu'à nous. « J'aurais voulu voir papa mort... », dit la petite Virginie. Ce sont les adultes qui ont eu peur pour elle. Nous nous cachons la mort, et voulons la leur cacher. Mais la simplicité de leur approche dissipe autour des événements les plus graves, la fausse gravité et la ténèbre que nous y mettons. J'ai vu la réaction de mes jeunes enfants à la mort de leurs grands-parents qu'ils aimaient : toutes les questions essentielles leur venaient naturellement aux lèvres, et elles appelaient, non des réponses dilatoires, mais essentielles aussi. Ils accueillaient avec tristesse la pensée qu'ils ne verraient plus en ce monde ceux qu'ils aimaient ; ils s'inquiétaient de savoir s'ils pouvaient être heureux là où ils étaient, s'ils n'étaient pas seuls et abandonnés, s'ils n'avaient pas froid, ou si dans leurs cercueils et leurs tombeaux ils nous entendent encore. Mais dans la mesure où nous avons laissé libre cours à leurs propres interrogations, où nous avons tenté d'y répondre aussi simplement, ils ont toujours gardé une tranquillité exemplaire. L'un d'eux — Matthieu — à qui je disais un jour :

— Je vais vous offrir le plus beau cadeau..., m'a interrompu :

— Non, le plus beau cadeau est d'aller voir Dieu !

— C'est vrai.

— Mais il faut mourir pour aller voir Dieu. C'est dommage.

Puis se reprenant : « Mais ce n'est jamais dommage d'aller voir Dieu. »

Je n'oublierai jamais, non plus, mon neveu, petit garçon de six ans, parlant à sa mère déjà froide comme il lui parlait tous les jours. « Tu m'avais promis que je pourrais aller au bois cet après-midi avec mon camarade : alors j'y vais, n'est-ce pas, et je reviendrai te voir tout à l'heure... » Et il est parti le plus naturellement du monde avec un petit voisin. Certes, ils éprouvent la douleur de l'absence irrémédiable, mais ils savent, au nom de tout ce qui lie un mort aux vivants, que la mort ne suffit pas à tuer quelqu'un, à vous séparer totalement des êtres disparus. L'invisible leur est trop naturellement familier pour qu'ils le pensent. Ils croient à l'autre face des choses avec assez de profondeur pour franchir cette porte de la mort qui nous est un obstacle infranchissable.

Dans ces mêmes semaines où nos enfants se montraient plus sensibles à la question en raison des deuils qu'ils venaient d'éprouver, l'un des garçons me demandait : « Et toi aussi, papa, tu peux mourir ? » Et comme j'acquiesçai : « Et si j'ai besoin de toi, tu pourras m'entendre ? » « Certainement, lui ai-je dit : je suis sûr que l'on est toujours à l'écoute de ceux qu'on aime. C'est pourquoi nous demandons aux saints qui sont auprès de Dieu, de le prier pour nous. Et bien sûr que l'on peut aussi parler à son papa ou à sa maman, s'ils sont au ciel. »

— Oui, mais tu ne pourras plus venir m'embrasser tous les soirs, et me faire des calinous. Tu seras là, et pas là ?

— Exactement, mon tout petit. Je ne vous abandonnerai jamais. Pourtant il y a plusieurs manières d'être auprès de vous. Quand je pars en voyage, je vous emmène dans mon cœur. Je ne viens pas vous embrasser le soir, mais je suis près de vous. Et l'enfant de conclure simplement : « Alors on ne pourra s'aimer tranquillement qu'au ciel, quand on y sera tous ensemble. »

Il avait raison. La mort lui faisait prendre conscience de nos limites. Et aussi que nous ne pouvons pas nous résoudre à cette limite, parce qu'en réalité elle n'est qu'apparence. La question qu'il posait devant la mort est la seule qui ait un sens : est-ce qu'elle met, ou non, un terme à l'amour ? Elle est celle de l'enfant. Et la nôtre si nous tenons aussi à la vie par ce qu'il y a d'essentiel en elle. Celle que l'enfant pose d'ailleurs à propos de son chat comme de son grand-père qui meurt : est-ce que nous pouvons encore nous aimer ? Celle à laquelle il n'appartient pas aux parents seuls, aux éducateurs, mais à Dieu de leur répondre. Et quand il leur dit que la mort ne tue pas l'amour mais que l'amour a vaincu la mort, ils ont un extraordinaire pouvoir de garder vivants en eux ceux qu'ils ont perdu, de ne pas les rejeter dans le néant, de ne pas confondre le néant et la mort. Pourvu que l'on cultive en eux, évidemment, non leur indifférence, mais leur amour. Si bien qu'ils sont encore ici, même dans la plus extrême déréliction, ceux qui nous empêchent le plus sûrement de lui céder tout à fait.

Chapitre XIX

Dieu le Père et Dieu l'Enfant

Claudel date sa conversion de l'instant où, à Notre-Dame de Paris, le 25 décembre 1886, il reçut la révélation de « l'éternelle enfance de Dieu ». Et ce sont les voix d'enfants de la Maîtrise centenaire, chantant le Magnificat, qui l'invitèrent à approcher ce mystère. Quand l'orgueil est terrassé par l'évidence du surnaturel, il ne fait que découvrir Dieu au plus simple de lui-même. L'homme seul est compliqué qui brouille les pistes, et l'approche de Dieu même.

L'Ancien Testament est rempli de la révélation de Dieu le Père, de la paternité divine qui engendre toute création, celle des mondes et aussi des peuples. Et d'un Peuple, à qui est dévolu une mission particulière. Il n'est de peuple qu'élu d'en haut. En dehors de cette élection, les mondes se défont dans la misère des ambitions partisanes, ou se fossilisent dans les raideurs totalitaires. La crise de la paternité qui sévit dans le monde contemporain, tient à cette rupture avec le fondement d'en haut.

Au centre du Nouveau Testament, nouvelle Alliance avec tous les hommes et tous les peuples, se tient la prière au Père. Le Fils lui rapporte tout, comme s'il n'était pas Dieu aussi, mais dans cette sorte d'effacement suprême auquel conduit l'amour, parce qu'il est dans le même temps plénitude partagée. Le faux amour prétend posséder, le vrai partage. A Dieu le Père, le Nouveau Testament ajoute une autre face de la révélation, une face insoupçonnable aux savants et aux scribes : celle de Dieu l'Enfant. Une autre extrémité de Dieu. Noël inscrit dans l'éternité, et dans l'histoire, une page inédite de l'aventure divine comme de l'aventure des hommes. Scandale pour les Juifs, et folie pour tous : Dieu n'est-il pas trop grand pour apparaître si petit ? Dieu est-il toujours Dieu quand il n'est plus que cette créature infime et soumise à des lois contraignantes qui le privent apparemment de sa divinité ? Ou bien serait-ce que nous situons la divinité où elle n'est pas, et qu'il nous est offert en effet de le comprendre ici ?

Le Christ n'a pas connu la vieillesse et son abnégation éprouvante, parfois comme un interminable calvaire. Il n'a pas jugé nécessaire de partager avec les hommes ces heures lentes et stériles où la condition humaine retrouve peu à peu sa dépendance originelle. Mais il a connu l'enfance. A la figure du Père Créateur, omniprésent, voire écrasant dans sa toute-puissance, il ne s'agit pas d'opposer celle du Nouveau-né de Bethléem, comme un Dieu à un autre Dieu. Son Amour ressemble à son Amour à travers tous les âges. Il s'agit plutôt de saisir que, dans cette condition de l'enfant, réside quelque chose qui parle à la condition de l'homme, et de si exemplaire, que Dieu même s'en est revêtu pour nous apprendre plus profondément où se tient le secret de sa divinité et de notre humanité. La divinité de Dieu n'est pas moindre en cet enfant que dans le Père. L'humanité non plus n'est pas moindre en lui. Mais le respect auquel il invite, et comme Dieu, et comme homme est d'une toute autre nature que celui imposé par la crainte. Si nous apprenons à respecter Dieu et à respecter l'homme dans cette démission apparente de leurs pouvoirs respectifs, alors ce n'est pas la puissance qui a raison de nous ; mais l'amour. La seule puissance de l'amour. Si nous reconnaissons Dieu en Dieu l'Enfant, alors nous saurons le reconnaître partout où il est réellement. De même, si nous reconnaissons ici la marque de l'humanité la plus profonde, nous reconnaîtrons l'homme partout. « Ce qu'il y a de faible dans le monde, voilà ce que Dieu a choisi pour confondre ce qui est fort... Ce qui est faiblesse de Dieu est plus fort que les hommes » dit saint Paul.

Dans le mystère de Noël s'inscrit le mystère de l'alliance nouvelle entre Dieu et l'homme, où Dieu ne cherche pas à vaincre mais à convaincre celui-ci du véritable lieu de son salut, c'est-à-dire de la plénitude de son destin. La création du monde et de l'homme recommencent avec cette naissance qui transforme Dieu en enfant, avant que l'homme lui-même ne soit appelé à transformer son regard de convoitise en regard d'amour. L'adoration des puissants — les mages — et des humbles — les bergers — témoignent que la révélation n'est pas réservée à certains mais destinée à tous : que les savants et les riches sont conviés à la recevoir au même titre que les pauvres, et les Gentils autant que les Juifs, et qu'ici, seulement, devant ce qui les transcende aussi bien les uns que les autres, l'homme est égal à l'homme. Il faut un enfant pour le lui prouver.

Mais si les meilleurs ne s'y trompent pas, les pires non plus. La résistance d'Hérode, sa terreur de perdre son pouvoir, lui inspire de faire tuer l'enfant, première preuve que celui-ci est déjà signe de contradiction. Ce n'est pas encore lui qui meurt, mais c'est lui, déjà, que l'on prétend mettre à mort, en ces enfants dont il partage la fragilité et qui partagent son innocence. Les premiers martyrs exécutés au nom du Christ sont des nouveau-nés désarmés qui payent pour lui le prix de sa naissance. Il n'a rien dit encore — enfant, celui qui se tait, rappelle l'étymologie —, mais ce silence menace la vaine puissance de l'homme de proie et celui-ci ne s'y trompe pas. Il n'y a d'autre choix que de le supprimer ou de s'agenouiller.

Que toute la connaissance et la sagesse du monde viennent le faire devant la crèche, mais que le pouvoir politique s'y refuse, n'est pas le moindre des enseignements. Dans notre monde aussi, où tout est politisé, les genoux et les nuques sont raides : on en saisit mieux la raison profonde ici. Le politique redoute ce pouvoir plus grand que lui. Mais Dieu en appelle, devant l'Enfant, à notre libre agenouillement. Devant qui, en effet, sinon devant lui, s'exerce avec moins de contrainte le geste qui délivre l'homme de lui-même ? Point de soldatesque pour le jeter à terre, l'humilier devant un Dieu souverain et totalitaire, mais une crèche où Dieu démuni est offert à notre mépris ou à notre adoration. Dieu nous invite à comprendre que l'agenouillement devant lui n'est pas humiliant. Comme les Mages.

Cependant, que l'apparition en ce monde de l'innocence suprême, déchaîne aussitôt un massacre d'innocents, est révélateur de l'adversité que suscite toute innocence. Et toujours. Le monde n'aura de cesse qu'il l'ait anéantie, en croyant assurer son propre pouvoir. Et pourtant, elle survit mystérieusement à tous les massacres, et finit par avoir raison de tous les pouvoirs. Noël est ce mystère du Dieu sans défense que le monde entrevoit un instant, et devant lequel il se recueille invinciblement. Il pressent que quelque chose est arrivé dont il ne saurait dire toute la dimension, mais il se prend, un soir, à rêver d'un autre monde dont l'innocence de l'enfant serait la clef et le symbole. Un monde qui le fascine, et à la fois l'effraie.

Noël tous les jours ! Quelle vision sublime ! Et en même temps, quelle démission, estime l'adulte sûr de soi. Pris entre la crainte d'être dupe, et celle de manquer à la vérité, l'humanité suspend pour un jour tout jugement et laisse le mystère s'installer au moins dans les cœurs, sinon dans les mœurs. Pas plus d'un jour. Mais ce jour ne suffit-il pas à introduire un démenti aux trois cent soixante-quatre qui s'inscrivent contre lui ? A faire lever un appel qui renvoie à leur néant tous les totalitarismes entre lesquels est partagé et disputé le règne du monde ? Chaque fois qu'un Goliath est terrassé, un enfant l'a visé au front. Tant que la puissance fait peur à la puissance, l'enfant ni Dieu n'ont rien à faire dans le débat, sinon comme victimes. Mais qu'un empire scélérat s'effondre, c'est moins sous le coup de régiments conjurés contre lui, que de l'innocence bafouée qui ruine un jour son autorité. Il n'est aucun empire qui survive au massacre des innocents : Hitler est d'abord vaincu par l'enfant juif qu'il assassine et il enfante ici sa propre défaite. L'innocence que l'on tue faute de pouvoir la revêtir dénonce la faiblesse irrémédiable de tout ce qui se prend pour la puissance. La puissance est ailleurs.

L'infiniment grand de la Création qui nous entoure, les lois superbes qui la régissent nous en donnent une pâle idée ; mais l'infinie petitesse de l'enfant nous la présente plus précisément encore. L'enfance touche là où les armes physiques ou intellectuelles ne touchent pas. Elles révèlent ici leur vanité, comme un coup de canon que l'on tirerait contre le soleil. L'inaccessible mystère de la création, de sa divine origine, se tient en lui, si infime, comme il se tient en l'immensité de l'univers. C'est un autre aspect de cette réflexion sur l'infiniment grand et l'infiniment petit à laquelle s'était plu Blaise Pascal. Dieu se fait Dieu l'Enfant, pour nous inviter à reconnaître son mystère, non plus en ce qui nous dépasse, mais en ce que nous croyons dépasser. Le signe de l'infini de Dieu ne réside plus seulement dans l'infini du créé, mais dans le plus infime du créé. L'inaccessible est si proche, alors que Dieu ne se tient pas ailleurs, ailleurs et plus loin, mais si près, que cette proximité nous aveugle, comme nous aveugle l'infini de la Création. Nous les regardons sans voir.

Noël est le lieu le plus pur de la foi. Croire à Dieu l'Enfant ne s'appuie sur aucune démonstration, aucun prodige. Le Dieu crucifié en appelle à notre compassion, et le Dieu ressuscité à notre émerveillement et à notre gratitude. Dieu l'Enfant ne demande rien que l'agenouillement devant le mystère fragile de l'éternité dans le temps. Noël est le lieu où Dieu est Dieu le moins possible, où l'homme n'est plus que l'homme, c'est à dire offerts en ce qu'ils ont de plus vrais, mais de moins réductibles cependant à nos vérités d'apparence. Ce qu'il y a en nous de superficiel et de superbe ne lit rien ici que d'élémentaire : l'apparence masque la vérité. Mais la foi qui seule pénètre au-delà de l'apparence transforme en révélation ce qui n'était d'abord qu'étonnement.

Là réside la joie de Noël : percer la nuit des apparences. Chaque fois qu'aux douze coups de la mi-nuit s'élève le cantique immémorial et naïf : « Il est né le divin enfant... », chaque fois celui qui ose croire que la Lumière a vaincu les ténèbres, reçoit une confirmation à son acte de foi. « Le peuple qui marchait dans les ténèbres, a vu se lever une grande lumière. Sur ceux qui habitaient le pays de l'ombre, une lumière à resplendi. » Comme le vieillard Siméon qui attendait en son cœur l'impossible — voir le Messie — et le reconnaît lorsque Marie se présente avec Jésus à la porte du temple.

Où reconnaître Dieu plus près de notre faiblesse que dans l'Enfant ? C'est pourquoi il faut vivre Noël avec les enfants eux-mêmes pour le vivre comme un enfant. L'adulte pare Dieu de tous les attributs qu'il estime, selon lui, être les plus propres à sa divinité. Si l'homme est puissant, il fait Dieu tout-puissant ; s'il est pauvre, il fait Dieu pauvre. Il lui accorde l'intelligence ou la force, la sainteté ou la rigueur, suivant qu'il attache plus de considération à l'une ou l'autre de ces vertus. Mais il ne vient qu'à Dieu lui-même de s'attribuer l'enfance. Nous irions chercher Dieu parmi les savants, et en tout cas parmi les plus nobles des hommes, mais non dans une crèche où l'homme n'est même pas encore l'homme, semble-t-il, et où Dieu ne saurait être Dieu.

La conversion remplit ici sa fonction irremplaçable, en nous invitant à trouver Dieu où il est, non où nous l'imaginons. Là où sourd la vie, dans l'humilité la plus silencieuse. Mais que savons-nous de la vie ? Le biologiste même, ne consent à parler que du vivant, qui a renoncé à apprendre de sa discipline le secret ultime qui réside au cœur de la vie. Le mot lui paraît trop gros ; il ne peut plus apercevoir que de très loin, au cœur de mécanismes auxquels il a fini par limiter sa recherche, cette réalité mystérieuse. Mais Noël retrouve ce cœur caché de la vie pour ramener en son vrai lieu notre quête éperdue de la connaissance dernière. Noël sacralise le plus élémentaire de l'existence humaine : non le surhomme nietzschéen, l'athlète au verbe aussi puissant que le muscle, mais cet instant de l'homme et de Dieu qui le fait totalement dépendant du mystère d'où il est sorti.

Dieu l'Enfant s'est confié entièrement aux soins des hommes dans un acte souverain de sa liberté. Mais depuis lors, le sens de toute dépendance humaine à l'endroit de la nécessité, en est profondément transformé. La crèche nous invite à saisir cette transformation et à la faire nôtre. Ainsi les liens les plus quotidiens recèlent un mystère dont nous restons inconscients tant que nous ne l'avons pas pénétré : nous cherchons Dieu dans l'extraordinaire, et l'enfant nous rappelle qu'il est au plus près de nous. Comment Dieu pouvait-il dire davantage au monde sa simplicité qu'en devenant enfant ? Comment pouvait-il replacer la foi plus près de l'évidence qu'en l'invitant à contempler dans un enfant sa véritable perspective ?

Les Évangiles de l'enfance du Christ sont éloquents dans leur brièveté, comme les pages évangéliques où le Christ parle de l'enfant : toute extrapolation est superflue. La mesure de Dieu et de l'homme qui nous est ici offerte n'est pas une figure mythologique, mais une réalité vivante. L'ouvrage magistral et profond que René Laurentin[1] a consacré à cette « vérité de Noël au-delà des mythes », replace le mystère de Dieu l'Enfant au centre du mystère chrétien et le dépouille heureusement des fioritures inutiles. Il ne va pas jusqu'à affirmer, comme le philosophe Alain, si sensible par ailleurs à la grandeur de Noël, que « cette théologie de Noël en dit bien plus que la Bible » — elle ne nous dirait rien sans la Bible — mais il rappelle à propos que l'on ne saurait sous-estimer cet enseignement du Christ muet sans se méprendre sur l'Évangile même. Que l'intelligence ne soit pas seule invitée, mais le cœur avec elle, et elle par le cœur, à attendre de la foi la réponse ultime à leurs interrogations, l'enfant le révèle, lui qui n'a pas seulement besoin d'être aimé et compris, mais crû, dans son mystère profond. Où a-t-on plus directement

* René Laurentin : *Les Évangiles de l'enfance du Christ*, Desclée de Brouwer.

montré à l'homme l'essence divine de sa condition, et la nécessité de relier son destin à une histoire suprême, qu'en cet enfant-Dieu ? Où lire un message plus dépouillé, de l'invitation qui nous est faite, à convertir notre regard ? C'est toujours Alain, méditant une autre fois sur le mystère de Noël, qui conclut simplement : « l'enfant n'a rien ; l'enfant suffit ».

Depuis si longtemps maintenant que je contemple cette mystérieuse évidence de la crèche, je n'en ai jamais senti s'altérer le prix. Noël est toujours Noël. Sa plénitude garde un rayonnement d'une telle transparence, que j'y reviens toujours avec la certitude d'y trouver la réponse à nos questions les plus insolubles. Ou du moins, de voir notre interrogation s'ouvrir sur une perspective qui éclaire d'une autre lumière les questions mêmes. Contempler Dieu en Dieu l'Enfant, est une source inépuisable de réconciliation avec l'univers, avec nous-mêmes, et avec les autres. Alors le silence de Dieu, de même que celui de l'enfant, ne prend point une résonance hostile ou angoissante, mais il n'est qu'une invitation à dépasser le seuil des discours systématiques, fussent-ils d'inspiration religieuse. Les Béatitudes, et le Sermon sur la Montagne tout entier, ne viendront qu'après cet instant où Dieu, muet, s'offre à notre adoration muette. Et ils ne diront pas autre chose que ce que nous entendions déjà à travers l'enfant : la Bonne Nouvelle de l'Autre Royaume. « Ne craignez, car voici que je viens vous annoncer une bonne nouvelle, une grande joie pour le peuple. Aujourd'hui vous est né un Sauveur, dans la ville de David. Il est le Messie, le Seigneur. Et voici le signe qui vous est donné : vous trouverez un nouveau-né emmailloté et couché dans une mangeoire. »

Lorsque j'entends les théologiens de toutes les églises, s'en prendre volontiers les uns aux autres, et ceux d'aujourd'hui accuser ceux d'hier de cécité, je cherche aussitôt et d'abord comment chacun parle de la crèche. Leur parole sur Dieu l'Enfant est révélatrice de ce qui inspire toutes les autres. Et s'ils n'en parlent pas, je les abandonne volontiers à leurs disputes, tandis que ma foi s'en revient à Bethléem se ressourcer à la joie initiale, tellement plus puissante que les discours, à rouvrir le cœur du monde. J'essaie de regarder la crèche avec l'œil de l'enfance qui voit si loin dans le mystère sans s'en effaroucher. Quand revient notamment le temps de Noël, j'obéis à cette tradition provençale, inspirée de François d'Assise, qui invite chaque famille à construire chez elle des crèches toutes plus jolies les unes que les autres. On ne célèbre en effet jamais la foi sans célébrer aussi la beauté. Les santons sont les humbles figures d'un peuple que l'on croise tous les jours encore sur les chemins de la vie, mais qui prennent leur dimension éternelle dans le mystère de Noël. C'est le nouveau peuple de Dieu, celui de la Nouvelle Alliance et du Nouveau Testament ; celui qui croit en Jésus.

Cette assomption de la création entière à travers Dieu l'Enfant, la crèche provençale l'exprime à sa manière simple et sensible. Elle renouvelle l'instant de la première contemplation, où quelques dizaines de privilégiés ont vu de leurs yeux étonnés un enfant vagissant qui était Dieu. Et elle nous appelle à adopter leurs yeux pour le regarder avec la même foi initiale. Les santons sont les icônes, les témoins que la foi du premier jour est toujours celle à laquelle nous sommes encore invités. La foi à sa source, quand elle reconnaît « l'éternelle enfance de Dieu », comme Claudel à Notre-Dame de Paris. Ce même enfant, que les bergers et que les mages viennent adorer, n'a vu s'ouvrir aucune porte d'aucune hôtellerie. Adoré et exclu : il le sera tout au long de sa propre histoire et de l'histoire humaine. Il l'est aujourd'hui, y compris par certains qui se réclament de leur foi pour dédaigner ce Dieu vagissant, lequel ne ressemble pas au Dieu de leur intellect. Ou au Dieu d'une incarnation qu'ils croient moins naïve : le Christ charpentier et travailleur, le Dieu théoricien d'école, dont on confronte les pensées avec d'autres pensées plus sérieuses ! Mais l'incarnation de Dieu commence à cet enfant.

C'est pourquoi, bien que mes enfants grandissent loin de la Provence, je leur ai offert cette merveilleuse tradition populaire qui renoue avec le commencement du salut, en construisant chaque année avec eux l'envahissante crèche provençale. Plus de cent personnages qu'ils placent sur des chemins en route vers Dieu, avec ferveur. Je fais davantage confiance à cette histoire vraie contée par les figurines familières, pour garder leur âme dans la vérité évangélique, qu'à ces traités où leur esprit est mis en morceaux en même temps que l'histoire toute simple et grandiose, sous le prétexte fallacieux d'être enseignée par son époque.

Dieu l'Enfant est simple, comme Dieu, et comme l'Enfant, et les tout petits le savent, qui lui ouvrent plus volontiers leurs portes que les puissantes hôtelleries contemporaines, dignes héritières des aubergistes d'hier. D'un coup, ils comprennent, et font parler Noël mieux que les livres. Comme l'Évangile. Comme ces enfants, aussi, de Lourdes et de Fatima, en qui Dieu dépose encore ses secrets. Dans la mémoire de ces instants où le monde s'est rendu si transparent à la lumière, nous ne sommes ensemble que des enfants, devant l'Enfant qui nous écoute en silence.

Chapitre XX

La foi de l'enfant

De toutes les ambiguïtés que la catéchèse contemporaine s'est plu à entretenir, je n'en sais pas d'aussi inquiétante que celle qui invite à parler d'une foi « adulte », par opposition à une foi qui ne le serait pas. C'est ainsi que l'on intimide des millions d'âmes en quête de Dieu. La foi est une « connaissance », la plus haute, de l'autre face du monde, invisible et sacrée. Elle se révèle à nous comme aux enfants, mais l'adulte, c'est Dieu ! La superbe qui traite tel croyant comme majeur, et l'autre non, hérisse d'autant plus que l'on peut n'y voir qu'un effort pour faire « plus sérieux » aux yeux du monde et de ses sciences approximatives. Mais la foi est une réalité trop profonde, pour que son objectif soit d'être prise au sérieux — au sens où ils entendent ce mot — par les arbitres des élégances de l'idéologie contemporaine.

Étrange formule que celle de « foi adulte », pour disqualifier la foi tout court ! A-t-elle un sens, quand même on appellerait saint Paul à la rescousse, selon l'épître fameuse : « Lorsque j'étais enfant, je parlais en enfant, je pensais en enfant, je raisonnais en enfant, mais devenu homme, j'ai laissé là ce qui était de l'enfant. » Remarquons qu'il n'est pas dit : « je croyais en enfant », et j'ai laissé là cette foi élémentaire ! De quoi s'agit-il, en effet, pour l'apôtre, sinon d'annoncer que ce monde n'ouvre l'homme qu'à une connaissance « imparfaite ». Dans l'autre seulement, « je connaîtrai alors comme je suis connu », dit-il.

La foi n'est jamais qu'une foi d'enfant. Elle est même par excellence la vertu qui consiste à reconnaître, pour parodier Claudel, « l'éternelle enfance » de l'homme. Le curé d'Ars le disait autrement : « L'homme est un pauvre qui a besoin de tout demander à Dieu. » L'homme est un enfant qui a besoin du Père, et qui, sans lui, n'est qu'un enfant perdu. Non un homme délivré. La foi est cette lucidité suprême qui amène à le reconnaître et à l'accepter, du sein de sa finitude.

Je sais ce que rétorque aussitôt l'esprit fort : nous refusons justement la foi qui fait de nous d'éternels enfants. Nous voulons être considérés comme des grands à part entière, et n'acceptons pas un père éternel qui nous réduit à une dépendance humiliante et infantile. La liberté se conquiert sur Lui, et elle commence à l'heure où nous ne sommes plus enfants ; où nous n'avons plus à nous comporter comme tels, fût-ce devant le Père Dieu. Nous sommes à nous-mêmes nos propres pères. Et d'entrer dans ce débat qui n'en finit pas (puisque son seul dessein est de durer), où l'on imagine proclamer la dignité humaine contre celui qui l'a instaurée, et restaurée. Il faudrait être indéfiniment reconnaissant au social, au politique, à l'homme, aux partis, aux chercheurs — aux idoles en un mot —, de ce qu'ils font en faveur de la liberté humaine. Mais envers Celui qui a créé l'humanité : non.

Or la foi n'éprouve justement aucune humiliation à reconnaître que le soleil est plus lumineux que nous. Elle entre avec bonheur dans une relation permanente avec le créateur et sa création, sans éprouver de ressentiment à la pensée d'être une créature qui n'est pas tout, mais qui a pourtant vocation à être pleinement elle-même. Comme l'enfance. Aussi la foi est foi d'enfant, ou elle n'est pas. D'enfant de Dieu, bien entendu, non de n'importe qui ou n'importe quoi. Enfant qui reconnaît le nom du Père, et le prie comme tel, sans altérer les premiers mots de la prière entre toutes que nous a laissée le Fils : « Notre Père... ».

Prière de louange : « Que ton Nom soit béni », et prière de demande : « Délivre-nous du mal », nourris notre bouche, notre cœur et notre âme selon leur faim ; et au-delà de leur faim.

Devant Dieu, qui n'est point un enfant ? Qui mérite de s'appeler adulte avec cette superbe qui permettrait de traiter de puissance à puissance avec Lui ? Quel saint, le plus saint d'entre tous, oserait y prétendre ? « Je vous ferai enfants de Dieu » : croire à cette parole est toute la foi. Et où trouver, en effet, en dehors de Lui, la clef de la véritable enfance comme de la véritable paternité ? De ne pas entendre le sens caché de ces deux termes, explique souvent que l'on s'en défie.

Même si, avec l'expression foi « adulte », on entend signifier que la foi doit grandir en celui qui l'a reçue, et ne pas s'en tenir aux premiers balbutiements du baptême, alors le mot « adulte » est encore impropre. Il entretient l'illusion que la foi peut atteindre une taille respectable, assez satisfaisante à ses propres yeux pour se trouver digne d'être considérée comme celle du croyant et de l'homme accompli. Mais jamais un croyant n'est adulte ni accompli, seulement en voie — et en espérance — de l'être. La moindre expérience religieuse sait bien que nous passons par des alternances de ferveur et de tiédeur, quelquefois éprouvantes, qui invitent à plus de modestie.

La foi, quand elle commence à habiter un être, ne cesse pas plus de croître — ou de décroître ! — que l'amour ou l'espérance, lesquels non plus, n'ont pas de limite « adulte ». Leur seule mesure est d'être sans mesure, et leur perspective : l'absolu. C'est saint Paul, justement, qui parle de la création « gémissant dans les douleurs de l'enfantement ». L'enfant, c'est-à-dire l'homme accompli, est à naître. Ou s'il est né, c'est en Jésus-Christ. « Voici l'Homme », alpha et oméga de toute humanité. La seule foi « adulte » est celle du Fils dans le Père. Mais la nôtre « gémit dans les douleurs de l'enfantement ». « Je crois, Seigneur, mais augmentez ma foi », dit le psalmiste, et l'on voit d'où vient cette croissance, et à qui on la demande sans relâche. Si la foi grandit, c'est Dieu qui grandit en nous, et non pas nous qui grandissons. La foi « éclairée » est celle où brille davantage la Lumière de Dieu que la nôtre.

Car le discours sur la foi n'est pas la foi, si limpide soit-il. Il peut même faire illusion, et laisser penser que la foi est d'autant plus grande que le discours est plus développé. Il arrive que l'on confonde ce que l'on sait de la foi et la foi elle-même. Alors on s'en fait une propriété par le discours. J'ai toujours été frappé que les plus savants en Écriture, n'aient pu tirer de leur savoir de reconnaître le Messie quand il s'est présenté à eux il y a deux mille ans. Qu'ils aient même été les plus ardents à le condamner au nom de l'Écriture même. A quoi leur servit ce savoir, quand les petits enfants, les bergers, eux, ne s'y trompaient pas ? Ce mystère est considérable, tant il est vrai que nous n'avons d'intelligence que de l'intelligence divine ; d'amour, que de l'amour de Dieu : « Sans moi, vous ne pouvez rien faire. » Voilà pourquoi la foi est d'abord et toujours la foi d'un enfant. S'il y a des degrés dans la foi, il n'y a qu'une foi, et si grande soit-elle, elle ne fait jamais de nous que des « enfants de Dieu ».

L'Évangile nous apprend que les apôtres, déjà, ne l'entendaient pas ainsi. Lorsque des petits, sans doute turbulents, intempestifs, se pressaient autour de Jésus, leurs réactions ne se faisaient pas attendre : ils les repoussaient. Qu'avait à voir avec les affaires d'adultes qui se traitaient ici, cette foule incontrôlable, naïve, et sans discernement ? Qu'aurait-ce été si les apôtres avaient eu des bureaux climatisés, moquetés, dans de grands immeubles avec ascenseurs, comme les bureaucrates qui président aux destinées des églises contemporaines ? Ceux-là acceptent parfois les enfants : pour le décor. Alors ils s'estiment quittes avec l'invitation évangélique.

Dans leur bonne volonté aveugle, les apôtres aussi croyaient savoir à qui s'adressait le Message, et forts de cette assurance ne doutaient pas que les enfants n'y entendraient rien. Eux sont à leur place à ses côtés. Eux, mais ces petits ? Ce qui nous vaut l'intervention décisive qui répugne tant aux puissances du monde : « Voyant cela, Jésus fut indigné et leur dit : Laissez les petits enfants venir à moi, ne les empêchez pas, car c'est à leurs pareils qu'appartient le Royaume de Dieu. »

Mais avant la parole, le geste, aussi est éloquent. Alors que les Pharisiens se demandent et demandent à Jésus « qui est le plus grand dans le Royaume des cieux », le Christ, en silence, prend un enfant dans la foule et le place « au milieu », avant de prononcer les mots qui consacrent éternellement cette grandeur : « En vérité je vous le dis : celui qui n'acceptera pas le Royaume de Dieu comme un petit enfant, n'y entrera pas. » Promesse sans équivoque. Aucun artiste pourtant, alors que tant, et des plus grands, se sont attachés à Emmaüs ou au Calvaire, à la crèche ou à la Résurrection, aucun n'a osé peindre et mesurer son génie à cette rencontre du Christ et de l'enfant. Elle va trop loin dans l'indicible. Comment pénétrer en effet la grandeur de ce dialogue mystérieux où l'homme est si petit et Dieu si humble ? Comment découvrir, au-delà de l'attendrissement que ce spectacle inspire peut-être, qu'il s'agit de la plus profonde rencontre entre Dieu et l'homme. Entre ceux à qui le Royaume appartient, et celui qui est le Maître du Royaume. Aucun artiste n'a su montrer la splendeur de ce face à face.

L'âge mûr cherche d'autres critères à la grandeur. Parce qu'il se refuse à placer l'enfant où le Christ l'a mis, c'est-à-dire « au milieu », comme la mesure de toute grandeur, il se demande par qui le remplacer. On le voit alors s'engluer dans les faux débats sur le riche et le pauvre, ce qu'il faut donner à l'un, ôter à l'autre, pour établir le royaume de la justice en ce monde. Et il détermine qui est grand et ne l'est pas, sur ces critères empruntés à des idéologies provisoires, qui appellent pauvres, seulement, ceux à qui font défaut les biens matériels. Et certes, l'homme ne vit pas sans pain : son corps n'est pas négligeable. Mais il ne vit pas seulement de pain : son âme non plus n'est pas négligeable. Qui l'Évangile appelle-t-il pauvre, sinon l'homme lui-même ? Et quel pauvre place-t-il au centre de toute pauvreté, sinon l'enfant ? Pauvreté que le monde se refuse à regarder parce qu'il devine qu'en elle, il serait aussi amené à reconnaître la sienne, la pauvreté fondamentale de l'homme lui-même. Son enfance éternelle. C'est donc lui que les sociétés écartent et massacrent allégrement parce qu'il est sans avocat devant leurs lois : c'est l'enfant-fœtus, victime du pouvoir contre le plus pauvre des pauvres, le plus petit des petits, auquel on dénie jusqu'au droit à exister.

La venue du Christ sur la terre a commencé par un massacre d'innocents. Et l'on continue à les associer dans le même massacre. Le scandale du « juste souffrant » que Job, sur son fumier, a immortalisé, c'est l'enfant qui l'illustre aujourd'hui. Mais à ce démuni auquel le monde est fermé, le Royaume est pourtant ouvert. Dès ce monde. Et à ceux qui lui ressemblent. Qui lui ressemblent dans son dénuement, avant de lui ressembler dans sa grandeur. Mais l'enfant ne tire celle-ci que de l'autre Royaume : il y a entre lui et Dieu une connivence absolue, comme entre lui, d'ailleurs, et l'univers visible. En l'enfant, le royaume d'ici ne fait pas obstacle à l'autre royaume. Il inscrit spontanément sa vie, son destin, et celui du monde, dans leur dimension éternelle : sa foi est la mise en perspective surnaturelle de la nature, sienne comprise.

Dans quel embarras la parole du Christ sur l'enfant n'a-t-elle cessé pourtant de jeter l'esprit adulte ! Parce qu'il l'a placé « au milieu », l'a proposé en exemple à tous, est-ce à dire qu'il faut alors confier le sort de l'Église et le nôtre à l'enfance, lui demander au besoin de nous enseigner, sans crainte de nous abîmer dans une incohérence permanente ? « Malheur à la ville dont le prince est un enfant », dit aussi l'Écriture. Malheur à l'Enfant-Roi et au royaume qu'il gouverne. Aussi bien le royaume où il est grand n'est-il pas celui qu'il gouverne, et ce n'est pas à son gouvernement que le Christ en appelle, mais à sa foi. Jésus place Pierre à la tête de son Église, non l'enfant. Mais c'est la foi de l'enfant que Jésus propose en exemple à Pierre lui-même. Parce que l'enfant sait bien qu'il est un enfant, même si, déjà, il renâcle parfois à le reconnaître, et s'insurge contre sa condition avec une puérilité qui fait sourire ses aînés ! Mais il le sait pourtant, et l'homme, non, qui fait sourire Dieu. L'enfant se sait pauvre, et l'homme, non. Est-ce là ce qui lui ouvre le Royaume ? Est-ce de reconnaître qu'il n'est qu'un enfant et que Dieu est Dieu ? Est-ce là toute la foi de l'enfant : être simplement qui il est, devant Celui qui est ?

Une éducatrice, comme on souhaiterait à tous les enfants du monde que leur éducation soit confiée, et qui a consacré sa vie aux tout petits — les miens ont ce bonheur de recevoir l'enseignement de « Jardinière » — m'affirme n'avoir jamais vu un jeune enfant se méprendre sur le sens de sa relation aux mystères de la foi. Ils y ont accès d'emblée, dit-elle, et au plus profond, comme si d'avance un lien s'établissait entre eux et l'invisible, et s'ils ne faisaient que reconnaître leur patrie fondamentale. Nommer Dieu à l'enfant, a été — est encore — la plus haute joie de son existence, parce qu'il suffit en effet de prononcer ce Nom à tous, et à chacun, pour les voir s'épanouir comme la fleur s'ouvre à la lumière. Ils le reçoivent comme s'ils n'avaient jamais attendu que lui, et sans manifester autrement de surprise, ils vont à la prière comme à la respiration indispensable de leur âme. Prier Dieu, parler à Dieu, est pour l'enfant aussi essentiel que d'apprendre à parler aux hommes, et il n'éprouve aucune difficulté à intérioriser son dialogue avec l'univers, parce qu'il y a en effet en lui une parole prête à s'adresser au-delà de lui-même. Non pas simplement à quelque chose qui le dépasse, mais à Quelqu'un qui l'aime et dont il sait qu'il l'écoute.

On me rapporte les propos de ce petit garçon de cinq ans avec qui les miens viennent de passer quelques jours de vacances. Il les a vus prier le soir, avant de s'endormir, alors que lui n'a jamais appris à le faire. Sans doute a-t-il reconnu ce qu'il cherche sans le savoir, car la semaine suivante où il se retrouve seul chez lui, et alors que sa grand-mère le met au lit, il a cette demande inattendue :

— Mamy, je voudrais faire ma prière.

La grand-mère, un peu embarassée, cependant ne le rabroue pas :

— Oui, bien sûr, fais ta prière.

Et elle se retire. Un instant plus tard l'enfant la rappelle dans sa chambre, où elle le découvre assis sur son lit, et pensif. Comme elle l'interroge, il a cette réponse bouleversante :

— J'ai envie de pleurer, Mamy, parce que je ne sais pas ce qu'il faut dire pour prier.

Croire : la foi de l'enfant est l'enfant même. Où elle n'est pas, y a-t-il encore l'enfant ? Les plus hostiles à l'idée d'une éducation religieuse affirment : vous abusez de leur crédulité. Parce que l'enfant est crédule plus que l'adulte, vous lui faites entendre plus aisément des choses incroyables. Mais c'est renverser la proposition. L'enfant n'est pas seulement crédule. La credulité n'est chez lui que l'aspect infantile — mais chez combien d'adultes aussi — d'une disposition beaucoup plus profonde, qui est son aptitude à accueillir la vérité absolue. L'enfant a soif de la vérité, une telle soif qu'il est aisé en effet d'en abuser. Mais la nourrir de mensonges en lieu et place de la vérité est une opération de détournement, qui ne jette pas pour autant le discrédit sur la soif de son âme. L'enfant n'est pas crédule, il est assoiffé. Il a besoin que l'on réponde absolument à son désir, et quand on le fait, c'est merveille de le voir boire à une source pure. Il ne croit pas seulement que Dieu existe, il veut voir Dieu. Et il le voit partout où se manifeste son amour.

Sous prétexte que l'on risque d'en abuser, il faudrait tarir cette soif, renoncer à lui répondre ? Quel stratagème ! Qui est l'enfant sans foi ? Seulement un enfant sans religion, et qui se saisit de tout ce qui passe près de lui pour nourrir sa soif d'infini. Mais il n'y a pas d'enfant sans foi. Tout enfant a la foi : foi dans l'adulte, et au-delà de lui, en ce que croit l'adulte. Et l'adulte le sait, qui parfois s'interpose entre Dieu et lui, pour lui tenir lieu de Dieu ! Le scepticisme même, il ne le reçoit pas comme l'âge mûr le fait, mais aussi comme une foi ; non du côté du raisonnement, mais de l'âme. Il a confiance en quelqu'un qu'il nomme son père et sa mère, et en quelqu'un qu'il ne sait pas nommer. Trahir cette confiance, ce n'est pas le délivrer de la crédulité, mais amputer son univers d'une dimension essentielle qui va déferler sur des objets misérables. Quand on se refuse à nommer Dieu à la foi de l'enfant, alors on en fait un enfant crédule et disposé à toutes les illusions. Nommez Dieu, et sa foi est transfigurée, par Celui à qui elle est destinée, comme les enfants que Jésus laissait approcher de lui, et qui l'accueillaient de cris de joie, dit l'Écriture.

Les questions qu'ils posent à ce propos, et Dieu sait qu'ils en posent, pour naïves qu'elles semblent au premier degré, révèlent une adéquation immédiate de l'âme à ces réalités que des esprits réputés plus subtils ne saisissent souvent qu'avec difficultés. L'Évangile ne nous rapporte pas s'ils interrogeaient Jésus, mais il nous rapporte que Jésus enfant, embarrassa les Docteurs du Temple, et que sa sagesse confondit leur savoir. Il nous rapporte aussi les questions que ces Docteurs, en revanche, lui ont posé au long de sa vie publique, questions perfides ou stupides, questions vaines ou maladroites, et il insiste sur l'incompétence de ces compétents, et même de ces savants en Écriture sainte, à toucher aux choses du mystère.

Quand l'Évangile, et Jésus, se moquent d'une question, ce n'est jamais celle d'un enfant, mais d'un adulte. Les écrans qu'ils peuvent opposer, par leur espièglerie, par une interprétation élémentaire, ne sont jamais si opaques et redoutables que ceux qui obstruent l'âge mûr. Devant l'évidence indicible, ils se rendent. Les autres poursuivent leurs débats qui n'impliquent souvent aucun engagement personnel. Non que l'on en veuille à tous les débats : ils sont parfois utiles pour donner à l'idée de Dieu un contenu qui n'est pas imaginaire, la dépouiller de ses scories. Le fidéisme n'est pas l'idéal de la foi. Mais la foi de l'enfant n'est justement pas fidéiste, c'est-à-dire soumission aveugle à l'absurde. L'enfant voit lorsqu'il croit.

Ainsi, quand cette éducatrice leur dit — et en ces mots tient toute sa catéchèse : « Dieu est heureux », aucun n'est sourd à sa voix. Il y a au cœur du monde un bonheur absolu, celui de Dieu, et l'enfant entre pleinement dans ce mystère dont son cœur est habité avant que quiconque lui en ait appris le nom. Il sait bien que l'on peut prétendre inventer d'autres bonheurs, d'autres sources au bonheur — et lui-même en cherche déjà avec la fièvre des adultes — mais il reconnaît qu'il n'en est qu'un de vrai, dont découlent tous les autres, quand ils sont vrais aussi : ce bonheur éternel de Dieu, qui respecte la pureté de son âme.

Il comprend aussitôt, comme l'Histoire sainte le lui révèle, que Dieu ait créé le monde pour répandre et partager ce bonheur d'exister — et d'abord avec lui, le petit d'homme. Le malheur ne lui est pas une objection suffisante : sa conscience sait bien qu'un caprice peut tout gâcher, que l'on peut refuser le simple bonheur qui vous est offert, la main qui vous est tendue; briser ses joies et ses jouets avec une malignité dont on est la première victime. Qu'un homme et une femme originels aient rompu le premier paradis, engageant leurs enfants dans le malheur, il sait qu'il en serait capable aujourd'hui dans sa propre malignité. Il sait l'homme tenté par ces ruptures absurdes. Mais beaucoup mieux que son expérience et sa réflexion, la foi répond en lui à toutes les incohérences apparentes, et il reconnaît la réponse qu'elle leur donne.

« Dieu est heureux. » Nous sommes heureux quand nous partageons en ce monde le bonheur de Dieu. Si nous sommes malheureux, c'est que nous manquons à ce bonheur fondamental, sinon tout à fait par notre faute, du moins par le choix que nous faisons d'autres bonheurs impuissants à le remplacer. Ou d'autres projets de bonheur. Et sans doute l'enfant est-il ainsi celui qui est le plus près de comprendre les incompréhensibles Béatitudes : « Heureux ceux qui pleurent, ils seront consolés; heureux ceux qui ont faim et soif de justice, ils seront rassasiés; heureux les cœurs purs, ils voient Dieu... », parce qu'il sait le lieu de la joie éternelle. Il n'est pas heureux en dehors de Dieu; mais il n'est pas malheureux, non plus, en dehors de lui.

Dans le débat où l'intelligence humaine, qui n'est qu'humaine, reste indéfiniment partagée entre la vérité et l'erreur, l'enfant entre sans partage, car son amour de la vérité est plus profond que ses velléités de songes et de mensonges. L'âme de l'enfant attend et atteint le vrai de tout son élan, et distingue aussitôt ce qui la nourrit de ce qui seulement la divertit. Non pas que son discernement l'emporte sur le nôtre, mais bien plutôt ses dispositions à accueillir le vrai. Que l'on s'adresse seulement à son esprit, et on le verra aussitôt disputer comme un grand ; que l'on s'adresse à son âme, et lui présente l'absolu pour lequel elle est faite, et on le verra croire avec une foi d'une transparence incomparable. L'âme, en lui, est encore si vive, si peu édulcorée, qu'elle ne peut pas se borner aux seules érités mathématiques, idéologiques, ou scolaires de tout poil : sa nourriture est le surnaturel où elle distingue étonnament l'essentiel de l'accessoire avec une acuité saisissante, pour peu que l'esprit mélangé des adultes ne l'aie pas déjà pervertie et rempli d'images vaines.

Mais si on lui offre des contes au lieu d'une fois, en espérant qu'ils en tiendront lieu — le père Noël en échange de Dieu-l'Enfant, alors il faudra lui découvrir un jour la supercherie, lui apprendre qu'on l'a trompé, que ses parents lui ont menti et inventé un artifice de remplacement. On peut l'abreuver de légendes et de chimères, de surhommes et de monstres. Mais alors, cette disposition à croire qui est la plus haute dignité de l'enfant et de l'homme, sera tout à coup livrée à la méfiance, d'avoir été trahie. Est-ce la condition pour qu'il soit mieux disposé à une foi éclairée, une foi « en recherche », une foi « adulte » ? L'expérience prouve le contraire : c'est la méfiance qui survivra. Comme en certains, l'amour trahi devient haine. Le Christ qui ose dire ce que nul n'a osé : « Je suis la Vérité », ose ajouter : « Laissez venir à moi les enfants. » Laissez venir à la Vérité celui qui est fait pour elle, sa foi limpide n'a pas besoin d'avoir vieilli sous le harnais, d'avoir mûri dans les débats interminables de commissions superflues, pour reconnaître le vrai et l'adopter. « Celui qui est de la Vérité entend ma voix. »

Quel dilemme, certes, pour la théologie spéculative, de devoir céder le pas. Et comme on comprend qu'elle tente, après les premiers apôtres que n'avait pas encore éclairé l'Esprit, d'écarter du seuil des mystères, la foi des enfants au nom de la foi des adultes, ceux qui ne savent rien des pas de ceux qui savent. Les diverses superstitions charriées par la crédulité humaine lui sont un bon prétexte pour confondre avec elles l'innocence de la foi élémentaire. Elle méprise cette disposition à croire totalement, en la confondant avec une disposition à croire n'importe quoi. Elle ne veut pas voir que ce qu'il y a d'absolu dans cette attitude, la rend certes plus vulnérable, mais aussi plus propre à recevoir davantage. Elle n'est attentive qu'à dénoncer cette fragilité au lieu de la nourrir, lui opposant la supériorité de la foi adulte, dont l'esprit critique serait l'arme sérieuse.

Comme c'est faire confiance à l'homme plus qu'à Dieu ! La méfiance de l'orgueil appelle un peu rapidement « foi du charbonnier », cet élan premier de l'être à la rencontre du vrai. Ce qu'elle prétend dissoudre, c'est d'abord cet élan, autant que son objet. L'âge mûr ne veut pas ressembler à l'enfant : la conversion à ce prix lui paraît grotesque. Mais il montre par là qu'il ignore autant l'enfant que la foi. Et qu'il ne sait ni qui est l'homme ni qui est Dieu.

En fait, l'adulte situe la rencontre vraie entre Dieu et l'homme, ailleurs que dans ces petits êtres inachevés : la véritable foi ne saurait être que la sienne. Quant à la foi des enfants, passée au laminoir de la raison raisonnante, celle qui se fait justement gloire de ne croire en rien, alors seulement il commence à lui porter quelque intérêt. Voilà de quel côté il va demander des lumières sur la foi de l'enfant. Non de Celui qui a dit sans appel : « Laissez-les venir à la Vérité... et cherchant à saisir ce qu'il a ainsi voulu nous faire entendre, mais du côté des juges que le monde a consacrés. Comme si l'adulte redoutait de cette rencontre qu'elle ne révèle que la foi des tout petits est plus raisonnable que la raison des grands.

Moins raisonnante et rationnelle, sans doute. Mais le rationnel et le raisonnable se confondent-ils ? Il est une raison fondamentale que la raison humaine ne reconnaît pas toujours. Il arrive ainsi au rationnel de déboucher sur des folies, comme le montrent si tragiquement nos sociétés et nos sciences qui se réclament exclusivement de lui. Où est-on plus fou que dans ce monde rationnaliste qui va à sa perte, et que le raisonnable est incapable d'arrêter dans sa course ? Des êtres très simples, adhèrant à la réalité qui les entourent, nous paraissent désormais d'une lumineuse intelligence à côté de certains intellectuels exercés aux jeux de l'esprit, mais ignorants la saveur des êtres ou des choses. A fortiori la saveur de Dieu. Mais Dieu et les enfants sont faits pour une rencontre somptueuse, qu'il suffit à l'adulte de contempler pour en être transfiguré lui-même. C'est alors que sa propre foi s'éclaire à la foi de l'enfant, qu'elle en reçoit des éclairs inoubliables, malgré le barrage forcené qui s'oppose à une telle rencontre.

Jusqu'à des écoles dites encore chrétiennes, qui, bien que ne renonçant pas à exercer toute influence sur les enfants, renoncent pourtant à leur offrir le seul enseignement qui donne quelque sens à l'audace de prétendre enseigner les autres. Même là, on a fini par croire que l'heure de l'instruction religieuse est moins importante, plus facultative que celle des mathématiques, et la prière que le code de la route. On entend affirmer, sans rire, qu'au nom de la liberté, on ne saurait imposer à l'enfant une heure de catéchisme, oubliant cette « glorieuse liberté des enfants de Dieu » dont parle l'apôtre, qui est justement donnée à la foi. Comment préparer autrement l'homme à la liberté qu'en lui révélant la vérité, et dans quelle « histoire sainte » s'inscrit la sienne, où elle prend son sens et sa mesure.

« La Vérité vous délivrera. » L'enseignement qui délivre l'homme est l'Histoire de Dieu, quand on ose, comme Jardinière, la proposer encore à l'enfance émerveillée. Non pas Noël tronqué, Pâques édulcoré, la fête humaine réduite à la bouffe, mais Noël et Pâques dans leur mystère et leur plénitude, Dieu parlant à l'homme à travers son Livre et son incarnation. La Bible est le fondement en dehors —

duquel toute parole, et tout enseignement restent vain et l'enfant ne s'y trompe pas. Mais l'adulte, oui. Instruction religieuse facultative donc, sans pour autant renoncer à imposer d'apprendre l'anglais ou de passer un baccalauréat. Ici, on ose. Et pour se justifier, on affirme que, plus âgés, ils seront mieux à même de choisir de croire ou ne de pas croire ; de déterminer, entre toutes les religions qui se félicitent d'être celle du vrai Dieu et se disputent la foi humaine, laquelle ne ment pas. Après leur avoir tout au long de leur enfance, fermé les yeux sur les réalités fondamentales, on pense qu'ils auront plus tard la force de les rouvrir tout seuls !

Combien on les prive de leur enfance, tous ces petits que l'on emprisonne dans des villes qui les séparent de la création naturelle ; dans des appartements où ils vivent coupés des visages humains, et que les proches leurs sont étrangers plus que s'ils étaient d'un autre monde ; que l'on enseigne dans des écoles athées qui tuent l'âme et sa respiration dans la foi ! Comme on les sépare d'eux-mêmes, peut-être à jamais, de leurs élans naturels et surnaturels, pour les remplir des appétits adultes, des considérations adultes, des idoles adultes !

L'enfant, comme l'homme, porte en lui l'instinct de la pesanteur aussi ancré que celui de la grâce, et les deux se disputent d'emblée sa destinée. Comme l'adulte, il est disposé à renier l'un et l'autre, ou à les assumer l'un et l'autre dans une harmonie supérieure. Il est soumis aux lois de la terre, même si elles pèsent moins lourdement sur lui. Mais le royaume de l'ailleurs lui est ouvert comme il ne le sera jamais plus. Lui taire le nom de ce royaume auquel il appartient de manière privilégiée, lui masquer pour quelle destinée suprême il entame son voyage en ce monde, c'est briser la part sacrée de lui-même. Je ne sais rien de plus sinistre que ce massacre auquel des clercs prêtent allégrément la main, parce qu'il y a toujours eu, depuis le premier aveuglement des disciples de Jésus, d'autres aveugles pour bénir les idoles, de préférence à cet enfant que le Christ a placé au milieu d'eux comme le plus grand d'entre nous tous.

Il faut n'avoir jamais contemplé la joie d'une âme d'enfant qui boit à la source surnaturelle, pour s'introduire avec autant de désinvolture et de mépris dans ce mystère. Il faut n'avoir jamais regardé cet élan de l'être vers la vérité, dans le temps où il n'est pas encore asservi par les passions adultes, pour l'arrêter dans son élan. Celui qui offre à l'une de ces âmes avides, autre chose que ce qu'elle attend, commet un crime impardonnable. Le charlatanisme a des degrés : celui qui trompe un enfant est le degré extrême.

Or c'est à l'enfant qui est en nous que l'Évangile s'adresse aussi, et lui seul qui est vraiment en mesure de l'entendre. Une foi, non d'adulte, mais d'enfant. Jean-Paul Ier le disait profondément à ceux qui osaient lui reprocher son extrême simplicitié : « Je parle pour les pauvres, et les intellectuels me comprennent. » La parole qui change quelque chose dans une vie n'est pas seulement une parole savante mais une parole vraie. Donc une parole pour tous les âges.

Être rempli, non de soi-même, mais de la dimension surnaturelle qui nous révèle à nous-même ; appréhender, au-delà du recours à une intelligence qui se plaît à tout analyser, l'invocation à cette intelligence suprême qui habite le mystère insondable de l'univers ; faire taire alors les passions pour se montrer plus attentif à ce mystère ; savoir que l'on est créé et que l'on est aimé par Celui qui crée les mondes, quelle que puisse être notre faiblesse et nos fautes, parce qu'il est de la vocation de l'infini d'embrasser le fini ; regarder chacun des êtres qui nous entourent et viennent à nous, en particulier les plus déshérités et les plus humbles, comme le lieu sacré où ce mystère est le plus digne d'être aimé et reconnu ; reconnaître le Père, c'est-à-dire Dieu, et ne jamais se prendre pour lui, usurper sa divinité... : la foi de l'enfant est rayonnante de ces évidences inépuisables. Et ainsi, elle finit par protéger les enfants de l'absurdité des adultes.

Nourris à cette source, ils ne peuvent bientôt plus croire, en effet, qu'à la vérité. C'est eux, alors, qui enseignent, avec une transparence saisissante, leurs aînés attentifs, et non par des discours mais un exemple qui parle de lui-même. Ils ne croient plus qu'en Dieu, si bien qu'ils dissipent avec une stupéfiante lucidité, les vanités auxquelles on prétend les mêler. Ils nous rappellent à la seule réalité au monde capable de changer quelque chose dans nos vies c'est-à-dire l'amour. En théologie aussi, la vérité sort parfois de la bouche des enfants, éblouissante et nue. Ils ont des répliques sans réplique et l'on n'en finirait pas de citer ces innombrables traits de chaque enfant à l'heure de la prière et à celle du catéchisme. Mêlés à des naïvetés charmantes, des mots d'une extraordinaire profondeur sortent en direct de leur âme, comme celui de l'un de mes garçons — huit ans — un jour où je lui faisais répéter sa leçon de cathéchisme. « Mais pourquoi est-il nécessaire de se confesser à Dieu de nos péchés, puisqu'Il sait tout ? », lui avais-je demandé. Et Thomas de répondre sans hésiter : « Mais pour lui montrer que nous le savons aussi ! C'est ça, la conscience, papa. » Ceci dit sans la moindre fausse gravité ; comme il aurait prononcé : il fait beau ou mauvais temps ! Parce que l'évidence surnaturelle leur est ouverte, dès que leur regard est orientée dans sa direction.

Je n'ai jamais connu cette première initiation à la prière, cette première invitation à s'approcher de Dieu, dans une famille où l'on ne savait pas prier. Elle m'a cruellement manqué. Mais je me souviens de l'enfant que j'étais encore et qui découvrit pour la première fois l'Évangile et l'Église quand ses parents l'envoyèrent au catéchisme. J'ai depuis lors pour celui-ci une tendresse que nul mépris du jour à son endroit ne pourra jamais altérer. Le catéchisme était bien fait pour cet enfant qui ne savait rien et qui a entendu pour toujours la parole irremplaçable. « Celui qui est de la vérité entend ma voix. » Le son de cette voix ne ressemblait à aucun de ceux que j'avais entendu jusqu'alors. Il m'offrit aussitôt une joie d'une telle plénitude, qu'elle ne m'a jamais quittée depuis, en dehors de quelques-unes de ces traverses où il fait très noir en soi, et dont certaines se passaient pourtant en terre chrétienne. Mais je la retrouvais au sortir de la nuit.

Et je l'entends encore dans la nuit même. Au milieu du flot de ces paroles humaines qui n'expriment que des opinions, des passions, des prétentions, des mensonges, j'écoute ce Verbe incomparable, qui connaît le nom de l'amour et celui de la mort, de notre destinée visible et invisible — et le mien — ; qui nous appelle plus loin que notre aveuglement et notre ignorance. Je l'écoute, et je tente d'en vivre. « Si je te connaissais, je pourrais me connaître », dit saint Augustin : celui qui te connaît, se connaît, et connaît. Les messagers de ce Verbe, les humbles clercs qui me l'ont d'abord révélé, se sont inscrits dans ma mémoire avec une acuité inaltérable. Ils étaient porteurs, dans l'humilité de leur sacerdoce admirable, d'une lumière qui les dépassait infiniment, sans quoi ils n'eussent été que de pauvres hommes, comme les pécheurs de Galilée. Et la soif de mon enfance ne se trompait pas sur leur mission, si pauvres qu'ils fussent. Ils étaient seuls à détenir et à dire « les paroles de la Vie éternelle », parmi tant d'autres qui n'ont que les mots. Et c'est cela seul que je n'ai plus cessé d'attendre d'eux, avec une exigence inépuisable, même quand ils la déçoivent. Ce qu'ils disent d'autre, ne m'intéresse pas.

Cet enfant, tout enfant qu'il fut — et ma reconnaissance est grande envers lui —, avait su reconnaître ce qui manquait d'essentiel à sa vie : qu'on lui parle de Dieu, et que Dieu lui parle. Qu'il puisse s'adresser aussi à Lui, et qu'il existe cette parole irremplaçable qu'est la prière, pour laquelle, en réalité, la parole même semble faite. L'enfant découvrait pourquoi il était venu au monde, pour Qui, et rien ne devait jamais lui être plus précieux. Une sorte de chant d'allégresse venait de naître en lui, que rien ne ferait jamais taire : le chant de l'âme qui a reconnu au plus intime d'elle-même et dans l'infini de l'univers la place de son Dieu.

Ce qu'il y a de plus beau, en effet, dans la foi de l'enfant, c'est son chant. La foi fait monter dans son âme un chant de bonheur qui ne se trompe pas. Il est si heureux de connaître le nom de l'Invisible, le nom du Père, qu'il pénètre rayonnant dans ce mystère. Peut-être est-ce une telle joie que des adultes profanateurs écartent dans un monde triste, ce chant qu'ils veulent faire taire ? Le monstre froid de la technique et des goulags, pour tenir lieu de vie ! Ses pires ennemis sont les ennemis de sa joie. Et sans doute est-ce la raison pour laquelle la foi de l'enfant est plus insupportable à certains que celle de l'adulte, parce qu'elle est la foi nue, désarmée, dont Dieu seul est la force. Mais il est permis de choisir, et de garder sa place, dans l'Évangile ; de préférer l'enfant qui croit à l'adulte qui doute, pour éclairer sa propre destinée.

Chapitre XXI

Du rejet ou du regret de l'enfance

La relation avec l'enfant est complexe pour la plupart des adultes. La relation avec sa propre enfance ne l'est pas moins. Ceux qui prétendent la refouler totalement dans l'oubli trahissent la difficulté qu'ils éprouvent à lui reconnaître la place qui lui revient. Mais d'autres, éprouvant la nostalgie invincible de leurs premières années, témoignent d'une autre sorte de difficulté dans leurs relations avec elle. Ce qu'ils fixent obstinément dans ce miroir, c'est à la fois une certaine image d'eux-mêmes, et un monde. L'image d'eux-mêmes est celle d'un être singulier qu'ils ont été avec bonheur, mais dont ils pensent douloureusement qu'il n'est plus.

Certes, ils n'ont pas tort de le penser : s'il est indéniable que l'esprit d'enfance est fait pour survivre à l'enfance, il n'est pas moins vrai que notre enfance doit disparaître et mourir. Nous sommes très vite un autre que cet être naissant au monde. Avec la fin de l'enfance, nous assistons même pour la première fois à la mort d'une part de nous-même. Et l'on meurt ainsi plusieurs fois au long d'une vie qui ne nous appartient jamais entièrement : le temps nous l'arrache jour après jour, en dépit parfois de nous, et nous poussant vers la sortie. Ainsi l'adolescence amène-t-elle à tourner cette page, âge charnière où l'on voit s'en aller l'enfance. Mais certains demeurent fort longtemps adolescents. L'enfant défunt fait alors surgir en eux de telles déchirures, qu'ils en arrivent à n'aimer tout à fait aucun autre visage d'eux-mêmes, et à n'aimer chez les autres que ce qui leur rappelle ce visage. La hantise de l'enfance perdue, est l'obsession, lancinante parfois, d'une réalité enfuie en laquelle on continue cependant de faire tenir tout le bonheur. On vénère alors l'enfant, mais comme on voudrait pouvoir vénérer l'enfant qu'on était. Ce n'est jamais que sa propre enfance que l'on tente d'apercevoir, et peut-être de revivre, à travers des êtres jeunes dont on méconnaît en fait la réalité propre et singulière.

De tous les écrivains qui se sont ainsi penchés avec complaisance sur leurs premières années — Proust compris — François Mauriac est sans doute celui qui a décrit mieux que tout autre le désespoir de l'exilé, contraint de quitter la rive innocente de sa vie, et d'aborder, contre son gré, aux rivages désanchantés de l'âge adulte. Ce regard sur un passé fascinant, n'est pas, à proprement parler, un regard sur l'enfance, mais prétexte à éprouver, avec une sorte de plaisir, le regret du temps qui passe. Une âme visitée par le désespoir, s'est tout à coup fixée sur l'enfance perdue, dont nulle autre enfance au monde ne saurait, selon elle, la détacher.

Les pages mauriaciennes, aussi bien à travers les confessions personnelles que les personnages adolescents de ses romans, expriment avec une sensibilité particulièrement aiguisée, cet incessant retour en arrière. Et le déchirement qu'il en ressent. Chaque fois que l'écrivain revient sur le chemin parcouru, il voit cet enfant planté au milieu de son passé, l'enfant tendre, l'enfant inquiet qu'il était, et c'est sur lui qu'il pleure douloureusement. Il prend soin de noter que l'on ne fait plus d'enfants comme celui-là : il regarde en lui une enfance exemplaire en ce qu'elle est unique, irremplaçable par quelque autre page de sa vie. Mais c'est Mauriac qu'il contemple. « S'il exista jamais des enfants comme celui que je fais surgir d'un gouffre d'années, la race doit en être bien perdue », dit-il dans les *Mémoires intérieurs*. Ce Mauriac est perdu pour Mauriac, malgré le souvenir et l'écriture, qui le lui restituent. Mais l'enfance et l'esprit d'enfance ? Ils sont morts avec lui, suggère-t-il.

L'enfance ? Un paradis, qu'il faut se résoudre à ne jamais oublier, sachant aussi qu'on ne pourra plus y atteindre. « Quand donc aurai-je vingt ans », se demandait l'enfant ; « Tu verras quand je serai grand », disait-il aux adultes. Mais plus tard : « Que ne suis-je encore un enfant », lui fait dire l'homme du regret, qui ne regarde pas les âges successifs de l'homme, du même cœur étonné et curieux. Le souvenir de son enfance n'est destiné qu'à cultiver le regret de reculer au lieu d'aller vers le bonheur ; d'avoir quitté le moment exaltant où l'on avait sa vie entière devant soi. Cet enfant perdu diminue l'aujourd'hui de l'homme, et on l'exalte d'autant plus que l'on prétend humilier ce que l'homme est devenu. Si la grâce est passée avec nos douze ans, l'homme est nécessairement abaissé dans ce parallèle où, en effet, il ne fait pas toujours bonne figure. Comme si l'enfant n'était pas déjà en puissance ce nœud de vipères qu'il se révélera être plus tard ! Une société d'enfants n'est pas nécessairement meilleure qu'une société d'adultes. Abandonnez-les à eux-mêmes, et voyez comme ils se traitent avec violence, avec mépris ! Voyez comme il faut les défendre aussi contre ce péché naissant qui empoisonne le destin humain, dans l'enfant comme dans l'homme. Leur société est déjà à l'image de la nôtre. L'enfant était bon ; l'homme est mauvais : quelle chimère !

Un tel regard emprunte davantage à Jean-Jacques Rousseau qu'à l'Évangile, à l'idéalisme qu'à la vérité. Rousseau se penchait aussi plus volontiers sur sa propre enfance qu'il ne le faisait sur celle de ses enfants, abandonnés à l'assistance publique. Il ne sait que faire du véritable enfant et n'écrit jamais que sur l'enfant pur qu'il pensait avoir été, en brossant le portrait idyllique d'un autre. Et cet enfant que la société des hommes rend méchant, mais qui ne le fut pas devenu sans elle, avive indéfiniment le regret d'avoir perdu l'innocence originelle. Ou ce qu'on imagine être tel. Enfance plus imaginaire, en effet, que réelle, car le refus et du présent, et de l'avenir, qui se réfugie dans le passé, doit nécessairement prêter à celui-ci les couleurs d'un idéal de fiction. D'où la complaisance dénuée de tout esprit critique qui l'accompagne généralement dans ses évocations attendrissantes. Ce déchirement ne conduit qu'à élargir une blessure stérile, ou à l'envenimer, plutôt qu'à lui trouver un sens. Le regret débouche sur une sorte d'épuisement narcissique qui peut aller jusqu'à devenir inquiétant et clinique, mais qui, sans arriver jusque-là, se tient au cœur d'une existence non pour l'éclairer mais l'empoisonner.

Est-ce le seul regret de vieillir qui l'alimente le plus profondément, sentiment au monde le mieux partagé et le plus légitime ? Le regret de ses propres commencements ? Sans doute, mais plus encore : il s'agit de transposer dans le passé ce que l'on n'est pas aujourd'hui, et se sent incapable d'être : un être innocent. Et de renoncer à le devenir, en se bornant à rêver de l'innocence en la prêtant à son passé. J'étais un enfant pur, mais je ne puis être un adulte pur. Et l'on entretient ainsi la pensée d'une pureté qui n'est qu'imaginaire, une transparence en rêve. Ce regard confère une dimension d'absolu à l'enfance, qu'elle ne peut pas et ne veut pas retrouver en l'homme. Elle déploie ainsi une sorte de mirage — mais de mensonge — qui retentit sur tout le présent, en coupant celui-ci de sa propre relation à l'absolu.

Cet enfant imaginaire, auréolé d'une séduction indéfinissable, n'a jamais existé. L'enfant, aucun enfant, n'est jamais l'innocence absolue. L'imagerie entretenue par le regret, loin de favoriser un regard profond sur l'enfance, le dénature. Il en fait la terre promise transformée en paradis perdu. Et bientôt, elle ne condamne pas seulement l'âge adulte à la stérilité, mais les autres enfances même. Cet enfant dont Mauriac, par exemple, affirme « qu'il était gardé comme s'il eut été destiné à vivre au milieu des anges », incarne, non l'innocence concrète et relative de l'enfance, mais une innocence impossible et artificielle. Or, si l'homme ou le vieillard aspire en vérité à contempler la transparence, tout enfant qui vient au monde, aujourd'hui comme hier et comme demain, tout enfant en est le témoin.

Et non celui-là seul qui est l'objet de cette contemplation narcissique. Lui, bien sûr, mais ni plus ni moins que tous les autres. Il ne s'agit plus alors de privilégier un enfant sur un autre, mais de comprendre au contraire que la même source qui jaillit en lui, nous invite au même regard fondamental partout où elle jaillit à nouveau. Et c'est perdre ce regard, que l'attacher obstinément à un enfant qui serait à lui seul toute l'enfance.

Certes, que nous ne soyons plus enfant nous-même peut à certains égards paraître douloureux, du moins si l'enfance était heureuse, et si l'âge mûr ou la vieillesse ne l'est pas. Mais cela n'est pas moins vrai de tous les moments heureux quand ils sont passés. L'éphémère de notre condition temporelle, heureuse ou malheureuse, est peut-être plus sensible ici à quelques-uns, mais que cet âge passe comme tous les autres, n'est que le signe plus profond que le temps, en effet, est impuissant à nous tenir lieu d'éternité. Et pourtant : qu'à notre propre enfance en succèdent d'autres aussi lumineuses, n'est-ce pas le signe aussi que rien n'est jamais absolument évanoui de ce que le temps emporte ? Ce qui l'est pour l'un, et pour un moment, lui est rendu en d'autres, et seule compte, en définitive, l'éternité de ce qui est essentiel à la vie. Nous n'avons pas perdu l'enfance quand nous ne perdons que la notre.

Mais si nous mourrons ainsi plusieurs fois à notre vie, avant de la quitter définitivement, qu'est-ce qui demeure, alors, tandis que nos jours s'en vont ? Puisque nous ne fûmes qu'un temps l'enfant qui ne sera plus, puisque ces pages se sont effacées, comme si nous n'avions jamais été cet être, inconnu, excepté peut-être de nous qui le retrouvons tout vif au fond de nos mémoires, et de quelques témoins si proches qu'ils sont encore nous-même, qui est donc celui qui lui survit ? Une seule fois l'enfant, et ce miracle de l'être qui commence. Une seule fois.

Mais dans la mort de l'enfant que nous fûmes, ce n'est pas la mort que notre enfance nous invite à regarder. Le lieu, plutôt, où la vie se renouvelle en permanence. Si l'analyse psychologique du regret que prend parfois le regard sur l'enfance, ne présente qu'un intérêt limité, la métaphysique, en revanche, que ce regard réintroduit dans nos vies, est essentielle. On voit l'homme chercher ici le lieu de son identité, avant les distractions auxquelles l'ont condamné l'existence. Il ne se trompe pas en la cherchant là : seulement lorsqu'il pense qu'avec sa propre enfance s'est refermé le monde clair auquel il aspire en secret.

S'il est vrai qu'un enfant est mort, et nous découvre la mort avec la sienne, et qu'elle fera désormais partie de notre vie intime, il n'est pas moins vrai que nous sommes invités à travers lui, ou à conjurer la mort, ou à y souscrire. Parce que ce n'est pas l'enfant perdu mais le paradis perdu que contemple la nostalgie, c'est du paradis qu'elle croit être chassée en même temps que de l'enfance. Elle réduit alors tout bonheur au bonheur de cet âge, au lieu d'y lire résolument que le bonheur ne va pas sans l'innocence. Et que la perte du bonheur n'est peut-être que celle de l'innocence. Et encore, qu'il n'est que de retrouver cette innocence pour retrouver ce bonheur. Mais la nostalgie s'en veut surtout à elle-même de n'être pas innocente, d'avoir perdu la clef de son royaume. Et elle s'épuise à s'en vouloir. Mais elle ne se trompe pas tout à fait : seulement de croire l'innocence perdue.

Aussi, à tout prendre, je préfère, à ceux qui refoulent le souvenir de leur enfance, ceux qui en éprouvent le regret. Je ne suis pas un homme de regret. J'attends trop de chaque heure qu'elle me révèle la plénitude de sa réalité, pour arrêter la vie sur l'instant révolu. Pourtant, si les hommes et les femmes qui regardent en l'enfant qu'ils étaient, celui qu'ils ont été de meilleur, ne savent pas découvrir l'enfant qu'ils sont encore, ils pressentent au moins que le plus profond regard de l'homme sur l'homme, n'est pas son regard de convoitise. Celui qui regrette son enfance, jusqu'au désespoir même, n'est pas entièrement prisonnier des mirages de l'âge adulte, de ces « planètes » que visite avec surprise le Petit Prince de Saint-Exupéry, planète du roi et du Vaniteux, du Buveur et du Businessman, du géographe et de l'allumeur de reverbères, chacun aussi plein de lui-même et des préjugés de son monde, mais vide de la transparence de l'univers. Ce n'est pas assez pour sauver un homme de lui-même, et cette nostalgie peut le condamner aussi à méconnaître l'innocence vraie de l'enfance éternelle, mais elle constitue pourtant le début de l'interrogation nécessaire.

Les petits enfants ne sont pas des anges, comme l'imagine la stérilité du regret. Ce que Pascal affirme à propos de l'adulte n'est pas moins juste à leur endroit : à jouer à l'ange, ils ne font que la bête ! Ils ont en puissance toutes les passions de l'homme qu'ils vont très vite devenir. Mais ils regardent plus loin que l'opacité du monde. Ils ne sont pas encore prisonniers de celle-ci. Mais ils ne sont pas non plus des saints : ils sont beaucoup moins et beaucoup plus. Les saints ne font que rester fidèle à ce qu'il y a de plus pur dans l'enfance, et quelquefois au prix de l'héroïsme, ainsi que le Christ les a invités à le faire. Ils choisissent entre tous les royaumes, celui-là seul que le Christ a rouvert, et d'abord à l'enfance. Ils sont entrés avec elle dans ce royaume mystérieux qui donne la clef de tous les autres règnes. Mais cet état de simplicité où les saints se tiennent souvent avec effort, les enfants en jouissent naturellement, comme un don premier fait à l'enfance désarmée.

Comme s'il fallait offrir à chaque homme une expérience de sa propre innocence avant qu'elle ne lui soit ravie. De son propre paradis. Avant que ne s'éveille en chacun, je ne dis pas l'homme — l'enfant est déjà l'humanité même — mais l'hommerie, il lui est donné d'apercevoir la face cachée du monde. Mais cachée seulement à ceux qui n'ont plus leur regard. Tout homme en qui un tel souvenir réveille un secret regret, n'est pas perdu pour l'essentiel, quand même il aurait cédé à bien des mélanges et des orages qui se sont levés en lui. L'enfant est capable de le reprendre par la main, au sortir de toutes les « saisons en enfer », pour lui rappeler un autre visage de lui-même.

La seule nostalgie que je serais donc tenté d'éveiller, malgré mon peu de goût pour la nostalgie, est celle de l'enfance. Surtout chez quelqu'un acquis aux grandeurs d'apparence qui gouvernent les hommes. « N'avez-vous jamais été un enfant ? », a-t-on envie de demander à cet affairiste qui écrase le monde de l'épaisseur de son appétit, à ce politique qui résume le champ du possible à son ambition et qui marche sur toutes choses pour la réaliser ? A tous ceux qui ajoutent de la pesanteur au poids du monde, on voudrait demander : n'avez-vous jamais posé sur la réalité un regard de gratuité quand vous n'étiez vous-même qu'un bambin ? Lorsque l'affreux « J. R. » sévissait dans le feuilleton de *Dallas*, pour l'horreur des bonnes âmes encore sensibles à une certaine morale, on le vit s'émouvoir devant son petit garçon que son épouse prétendait lui arracher, et d'aucuns se mirent à attendre de lui autre chose que ce mépris, cette haine, cette bassesse à quoi se réduisait jusqu'alors son personnage. On voulait croire qu'un enfant est capable d'accomplir ce que personne de plus grand ne pourrait faire : attendrir jusqu'au cœur le plus sauvagement clos. Mais qu'y-a-t-il dans cette attente, sinon l'espoir qu'il peut nous rendre pareil à lui : tendre et désarmé, et fort seulement d'un pouvoir plus impondérable et mystérieux.

L'âme d'un enfant est plus grande qu'un grand esprit : toute l'intelligence que nous pourrions acquérir des énigmes de l'univers ne compenserait pas la perte de celle-ci. Aussi quand on lit dans la nostalgie d'une enfance, le regret d'une telle âme, on a envie d'aiguiser ce regret. « Redevenez pareil à l'enfant que vous avez été ; regardez un instant le monde de son regard de franchise et de surprise, fait d'effroi et d'émerveillement : vous retrouverez la trace de votre âme. Et ne perdez plus sa trace jusqu'à l'adulte que vous êtes : quel regard cet enfant-là porte-t-il sur l'homme d'aujourd'hui ? N'est-ce pas lui votre témoin, et aussi votre juge, le plus averti ?

Réveiller dans son passé les élans du commencement, à l'heure où l'on croit tout écrit de son destin, est une attitude différente du regret. Autant celui-ci est stérile, autant l'autre peut inviter l'enfance à rayonner le meilleur de soi, au-delà de son âge si bref. Entre le rejet et le regret, il y a place pour une autre relation avec l'enfance.

Mais combien la connaissent ? A cet égard, les pages de leurs mémoires où les hommes et les femmes illustres, évoquent l'enfant qu'ils ont été, sont les plus révélatrices, moins de cet enfant lui-même, que de l'adulte qui le regarde et qu'il est devenu. Que dit Chateaubriand de l'enfant Chateaubriand, Sartre de l'enfant Sartre, Duras de l'enfant Duras ? Il m'est venu à l'esprit de lire ainsi, à la suite, un certain nombre de ces confessions : deux lignes ou vingt pages — et parfois toute une œuvre — que tel auteur, tel artiste, tel homme politique et public, ont consacré à leurs premières années. Et d'arrêter là ma lecture. Tous ces visages d'enfant constituent une fresque singulière, qui ne respire pas toujours l'enfance ; où l'on reconnaît aussitôt l'enfant qui n'est pas aimé de l'adulte qu'il est aujourd'hui ; et celui qui l'est mal. Rares les hommes et les femmes qui se comportent avec simplicité devant lui, parce qu'ils ont hérité de lui sa simplicité.

S'il y a entre le rejet et le regret bien des degrés, rares ceux qui maintiennent une relation libre et harmonieuse avec ce que l'enfance leur a révélé d'absolu. L'absolu s'est souvent réduit à eux-mêmes, au personnage qu'ils incarnent ou prétendent incarner. Heureuses ou malheureuses, ces pages ont souvent en commun d'être tout occupées d'un être qui n'a l'air d'attendre de l'existence qu'une sorte de consécration de celui qu'ils estiment être déjà, malgré le recul du temps. Et comme si l'enfance n'était qu'un cadre trop étroit, qui fait presque honte à leur personnage — comment a-t-on pu être un enfant ? — ils ne croient qu'à l'âge adulte pour les révéler dans toute leur vérité. Mais l'enfance ne leur avait-elle pas offert autre chose, et qu'ils ont oublié ? Sans doute, mais cet enfant les intéresse rarement pour lui-même. Ils ne recherchent en lui que l'adulte en miniature, l'annonce cachée d'un destin. Ils passent alors à côté de son plus profond visage, et cet enfant ne leur dit rien de ce qu'il savait.

Et pourtant, ce visage transparaît dans l'enfant le plus

contrôlé par l'adulte. Son silence aussi est éloquent. Même rejeté, asservi, il intrigue et il fascine encore. Et ceux qui refusent de céder à cet attrait, ne sont pas les moins capables de sentir que cet enfant les regarde, d'un regard qu'il n'est peut-être pas facile de soutenir. De toutes les recherches du temps perdu, celles qui portent sur l'enfance, et qui paraissent a priori si aisées, sont en réalité souvent les plus artificielles. Des amours évanouies sont contées avec un luxe de détail, et une fièvre qui témoignent aisément de ce qu'elles représentent encore dans une existence ; l'adolescence, notamment, et les premiers émois charnels qu'elle a introduit, est retracée par le menu, et d'aucuns datent volontiers leur naissance au monde de leurs premières amours, de leurs premiers succès de carrière en ces temps fiévreux où la jeunesse triomphe. Mais retrouver l'enfance, et dans l'enfance, son véritable contenu, désarçonne le chercheur. Sans doute parce que, sous la cendre, brûle encore une lumière qui effraie quelque peu par la lucidité à laquelle elle convie. Sans doute parce qu'il paraît redoutable d'avoir à juger de la fidélité à soi, à travers la fidélité — ou l'infidélité — à l'enfant que l'on était.

Chapitre XXII

L'esprit d'enfance

« Que sert à l'homme de gagner l'univers, s'il a perdu son âme », demande l'Écriture. Mais il reste que l'homme n'a jamais abandonné le dessein de gagner l'univers, fût-ce au prix de son âme. Et les chrétiens qui dénoncent le mal, autant que tout le monde. C'est l'éternelle leçon que nous donnent Adam et Ève : « Mais pousse donc ton ambition un peu plus haut, susurre Ève à Adam. Regarde les autres et fais comme eux : gagne des points et du rang. Pourquoi Dieu serait-il seul à être Dieu ? A jouir d'avantages considérables dont nous sommes privés ? Prenons-lui ce qu'il ne veut pas donner, la divinité qu'il se réserve jalousement, mais qui nous irait très bien aussi ! » Et Adam, épousant celle de sa femme pousse son ambition. Même s'il lui paraît qu'il n'est peut-être pas de taille à remplir les fonctions d'un Dieu et à se mesurer avec lui : il ose. Après tout, comme le dit encore sa femme : qui ne risque rien n'a rien !

On sait ce qu'il advint de lui. Qu'il n'y gagna pas grand-chose et même qu'il y perdit beaucoup ; et Ève avec lui. Mais ceci est une autre histoire. Aujourd'hui, Adam se passe d'Ève et Ève d'Adam pour entretenir chacun de leur côté la même ambition. « Il n'y a pas de Dieu, sinon je serais Dieu », disait superbement Nietzsche, qui le paya assez cher. Et Sisyphe ; et Prométhée, avant lui. L'homme ne se pousse pas impunément du col au-delà de sa condition naturelle, mais telle est en permanence sa prétention. Avec les catastrophes publiques ou privées qui en résultent

Pourtant, il croit parfois atteindre son but : il gagne une bataille sur l'univers et il estime orgueilleusement en avoir fini avec le combat. Les grands, et les petits hommes de proie, pensent être payés de leurs peines parce qu'ils ont réduit une parcelle d'histoire ou d'espace à leur volonté personnelle. Mais ils découvrent bientôt qu'il n'en est rien, ou qu'ils l'ont payé d'une perte irréparable dans un domaine imprévisible. Ainsi, jamais l'humanité n'avait assuré aussi puissamment son pouvoir sur l'univers, mais jamais elle ne s'est interrogée avec autant d'incertitude sur le bon usage de cette puissance et sur le sens qu'elle devait lui donner. Et ce pouvoir soudain vacille. Les maîtres du monde n'ont aujourd'hui que le mot crise à la bouche. C'est elle, la Crise — avec majuscule — qui s'ingénie, si l'on peut dire, à mettre des bornes à l'empire qu'ils ont conquis et à celui qu'ils ambitionnent de conquérir. Et les narguant, nouvelle divinité surgie du fond de l'incontrôlable, elle semble leur signifier qu'il ne sert à rien d'étendre ses conquêtes, si l'on perd de vue l'identité du conquérant ; l'identité de l'homme. D'un coup, celle-ci, avec ses passions aveugles, c'est-à-dire ses limites, remet tout en question, et le dépossède de ce qu'il avait cru assuré pour toujours. Lui, ou son fils. « Rien n'est jamais acquis à l'homme » dit si bien Aragon. Et il est vrai que, lorsqu'il « croit serrer son bonheur, il le broie ».

Le plus important des pouvoirs reste aujourd'hui comme hier le pouvoir sur soi-même. Et là encore, pas n'importe quel pouvoir, n'importe quelle discipline, si héroïque soit-elle, mais cette souveraineté mystérieuse qui vous accorde la libre disposition de votre âme, quels que puissent être les événements extérieurs et vous place en dehors du champ des forces contraires. Quand le monde découvre soudain que l'humilité profonde, la vie d'abord cachée et tout intérieure de Karol Wojtyla, le conduit à devenir le leader suprême de l'univers au seul nom de l'amour, il pressent qu'il est peut-être plus essentiel d'avoir une âme qu'un empire. Et que devant elle s'inclinent bientôt les autres conquêtes. On peut ravir sa gloire à Staline ; on ne le peut plus à Soljenitsyne : sa liberté intérieure a eu raison de la plus puissante des armées de la terre. A nouveau, ce qui semblait des lieux communs et trop communs dans l'Écriture, reprend sa puissance d'interrogation : et s'il était plus essentiel de ne pas perdre son âme que de gagner l'univers ?

Quelque place qu'ils occupent dans l'ordre des préoccupations humaines, ou dans les idéologies d'un siècle, le politique, le social, ne resteront jamais que ce qu'ils sont, un moyen pour gagner l'univers. Ce n'est donc pas de leur côté qu'il faut attendre une réponse à la question pressante que l'homme se pose aujourd'hui à propos de lui-même. Les réponses qui viennent de là sont trop partisanes, donc trop partielles, pour être suffisantes. Bien qu'elles affirment toutes détenir la clef du destin et que leur pente naturelle soit totalitaire.

Alors ? Renoncer au monde et à son empire, se réfugier loin des foules et des avenues du pouvoir dans une thébaïde sacrée ? Ce fut toujours la tentation de ceux qui ne peuvent être dupes des grandeurs sociales et qui ont souhaité préserver leur identité fondamentale. Si l'on ne peut changer le monde, que du moins le monde ne nous altère pas. « Chaque fois que je suis allé parmi les hommes, j'en suis revenu moins homme que je n'étais », estime le misanthrope, aujourd'hui comme hier. Mais l'autre interrogation est-elle absurde qui demande : comment gagner l'univers sans perdre son âme ? Comment retrouver son âme sans perdre l'univers ? Est-il possible de n'être pas tout à fait un étranger dans le monde même si l'on y reste un voyageur ?

Or l'enfant, du plus loin de son enfance, nous apprend que l'on peut habiter le monde et régner parmi les siens, sans se laisser entamer dans son être profond. Même s'il nous révèle aussi que les conditions en sont difficiles, et que faire confiance à l'amour — car c'est bien de cela en définitive qu'il s'agit — plutôt qu'à la force, présente des risques qui ne sont pas minces. Qu'il lui soit donné d'être aussi présent à lui-même qu'à l'univers, de goûter la saveur irremplaçable de l'un et de l'autre, va de soi pour lui, mais jamais pour nous. Il n'est pas facile de garder l'esprit d'enfance sans tomber dans d'autres pièges aussi redoutables que ceux que nous tend l'ambition. Retrouver dans l'univers la transparence de l'âme, c'est d'abord l'avoir en soi. Mais comment ?

Les divers mouvements écologistes — écologie matérialiste, écologie spirituelle — qui dénoncent l'asphyxie universelle, aperçoivent un salut dans un retour aux réalités élémentaires de la nature. Le naturisme l'affirmait déjà à sa manière il y a plus longtemps — mettez-vous nu, vous retrouverez une âme ! — et l'on peut opposer en effet à l'artifice des divers mondes où nous font entrer les technologies, les idéologies, les politiques, la vertu de l'herbe verte et des maisons rustiques, avec leurs cheminées imitées de l'ancien feu. Beau rêve qui élève la misanthropie individuelle au rang de doctrine sociale. Mais le plus sûr critère pour juger de la profondeur et de l'authenticité de ces mouvements, au-delà de leurs intentions généreuses, est de regarder leur comportement envers l'enfant.

En appeler en effet à la nature, sans affirmer aussitôt qu'il est le cœur de la nature la plus vierge, rendrait cet appel lui-même suspect de quelque artifice. Dans un monde qui n'échappe un instant à la pesanteur que pour y retomber plus lourdement, il n'est qu'un être dont nous puissions constater avec chaque naissance qu'il est toujours ce que Dieu l'a fait, corps et âme, être humain sans fissure, et c'est l'enfant. Affirmer la nécessité du retour au naturel en oubliant qu'il passe par le retour à l'enfant, ce lieu où la nature révèle invinciblement son origine surnaturelle, assure sa perpétuelle renaissance dans la permanence de son identité, c'est d'abord se tromper soi-même. Et tromper son monde.

L'enfant est la nature même, ce qu'il y a de plus naturel dans la nature, et la mesure de toute nature humaine, de l'harmonie d'un corps, de l'invincible réalité de l'âme.

Trahi dans l'enfant, l'homme l'est dans tous ses âges. La rencontre avec l'être à sa source est donc la plus sûre en effet des rencontres avec ce que l'univers garde de salubre, pour les hommes prisonniers des impasses contemporaines. Que l'on s'émeuve du massacre des bébés-phoques ou des bébés-fourmis — la taille ni le pelage ne font rien à l'affaire — ; que l'on protège les forêts ou les rivières des vandalismes qui les menacent, bien sûr. Mais tous les bébés-phoques ni tous les arbres ne vaudront jamais le petit d'homme et de femme, l'animal à l'âme divine, âme et corps du monde sans cesse en création. Et il n'est pas nécessaire de s'enfoncer dans les bois, de fuir au désert pour le retrouver : c'est lui qui vient à nous, là où nous sommes, qui ne cesse de venir à nous, alpha et oméga de toute écologie vraie. Retour à la nature, oui, parce que sans elle il n'est pas de retour à l'homme dans la nudité de son destin. Mais que l'on dise si l'on a bien pris dans l'enfant la mesure de cette nature, avant de l'opposer à l'esclavage du monde technologique. Ou alors de quelle nature de cinéma, de plantes en pots et de fleurs de serres, on veut parler. Auquel cas, nous ne ferions que changer d'esclavage.

Or aujourd'hui comme toujours, et ni plus ni moins que toujours, c'est dans l'enfant que la nature est la plus menacée. Les campagnes en faveur des bébés-phoques et autres espèces animales ou végétales en péril, pourraient bien n'être que prétexte à se faire une bonne conscience tandis qu'on laisse assassiner l'enfant par les ambitions les plus sordides. Il n'en coûte pas grand-chose de se lancer dans des campagnes et des pétitions en faveur des platanes ; il en coûte au contraire de sauver l'enfant qui s'annonce au moment inopportun dans une existence et une société mécanisées à l'extrême, alors qu'il dérange leur empire soigneusement élaboré autour de l'orgueil et de l'égoïsme humains. Opposer à la puissance de cet univers sûr de lui, le nouveau-né sans défense et sans avocat, l'âme désarmée du monde, ce n'est pas choisir la part facile. Mais le salut de la nature passe par lui. Et le salut du monde. Et celui de l'homme.

Quand on se demande comment restituer à l'univers qui l'a perdu, le sens d'une harmonie plus profonde que celle dont les politiques se font les champions, je ne vois que l'enfant capable de ce miracle permanent. Lui seul ramène le regard à une vision à la fois plus noble, et sans orgueil, de l'homme et du monde, une vision originelle, mais finale aussi. Pas n'importe quel enfant, plus ou moins imaginaire et idyllique : l'enfant réel que tous croisent tous les jours, et qui peut être le nôtre, ou ne l'est pas. Celui auquel on est en mesure de préférer ses ambitions personnelles ou ses intérêts trop particuliers. Et d'abord celui que chacun a été. Avant tout, reconnaître devant lui l'insuffisance de sa propre suffisance.

Ces années où l'on était soi-même — quelle que soit aujourd'hui notre pouvoir —, désarmé devant une réalité qui vous embrassait et vous dépassait, sans être pour autant hostile, et même vous protégeait en la personne des parents ; ces années qui vous ont permis de vous situer en vérité au milieu de la grandeur de l'univers, ne pas les mépriser ou les fuir en prenant des assurances contre la faiblesse congénitale qu'elles rappellent. Adulte, l'homme a trop appris à se servir des choses — et des êtres —, à déployer un regard pragmatique dans la seule finalité d'un profit immédiat. Il en est donc venu à croire, lui, d'abord si exposé en son berceau, qu'il pouvait tout soumettre à son désir de puissance, que tout pouvait le céder à son autorité sans que lui-même en ait aucune à révérer.

Mais l'enfant tout petit devant la vie, et conscient de l'être, est ouvert à une découverte exceptionnelle de la réalité visible et invisible. Parce qu'il n'est pas aveuglé par lui-même, il voit au-delà de lui. L'adulte tout aussi petit ne le sait plus, ce qui le rend plus petit encore. Quand il n'est plein que de soi, il ignore qu'il a perdu la plénitude du monde. Et la sienne. Jusqu'à la gifle qui le lui rappelle avec violence, ou l'enfant avec amour. L'enfance, sa propre enfance, ce lieu où il lui est offert en permanence de se réconcilier avec sa vérité, et dont, devenu adulte, il devra retrouver l'esprit pour ne pas s'oublier et se perdre.

L'ignorance ou le rejet méprisant d'un âge que l'on réduit volontiers à ses aspects insignifiants ne préparent guère, bien sûr, à découvrir l'esprit d'enfance et son royaume. Mais les regrets de l'enfance perdue ne suffisent pas non plus à y entrer. En fait, l'esprit d'enfance se tient au cœur du mystère de l'univers pour nous ouvrir sans cesse, à la fois au mystère du monde et à notre propre mystère, bien au-delà de nos premières années auxquelles nous serions portés à le limiter. Lorsque François d'Assise adresse un Sermon aux oiseaux, et que ceux-ci l'écoutent — peut-être mieux que les ouailles habituelles — il ne s'agit pas seulement d'un épisode merveilleux dans une hagiographie écologiste, mais l'acte d'un homme qui vit dans la transparence avec la même facilité que l'enfant. L'opacité du monde s'est levée pour lui, et du coup, la communication est rétablie au-delà des questions de langage, de sémantique, qui préoccupent si fort les sociétés et les hommes impuissants à communiquer.

Parler aux oiseaux, et les écouter, Baudelaire, François d'Assise, les enfants le croient possible, et du même coup y parviennent. Il n'est pas si facile d'écouter simplement un chant de fauvette, de se faire attentif au silence et au mumure de l'univers. Mais des oiseaux à l'univers il n'y a pas rupture : écouter l'un c'est entendre l'autre. Du Sermon aux oiseaux, au Cantique des Créatures, la logique est profonde. Cette bénédiction qui monte d'un cœur d'homme pour célébrer la pureté qui est au cœur du monde, est comme la charte de l'esprit d'enfance. Bénir notre frère le soleil et notre sœur l'eau, c'est en effet rétablir entre eux et nous, mais avec tout destin et toute réalité, ce que l'homme a perdu : une autre relation que de profit.

La lettre de Saint-Exupéry au général X — et Dieu sait si l'aviateur a goûté l'ivresse technique — est au cœur de la question. « En octobre 1940, dit-il, de retour d'Afrique du Nord où le groupe 233 avait émigré, ma voiture étant remisée exsangue dans quelque garage poussiéreux, j'ai découvert la carriole et le cheval. Par elle, l'herbe des chemins, les moutons et les oliviers. Les oliviers avaient un autre rôle que celui de battre la mesure derrière les vitres, à 130 kilomètres à l'heure. Ils se montraient dans leur rythme vrai, qui est de, lentement, fabriquer des olives... » Et de développer comment l'univers contemporain s'est « vidé de sa substance humaine » en se vidant de sa vie naturelle. « On ne peut plus vivre de frigidaires, de politique, de bilans et de mots croisés, voyez-vous... on ne peut plus. » Jusqu'au cri fameux : « Ah ! Général, il n'y a qu'un problème, un seul de par le monde : rendre aux hommes une signification spirituelle, des inquiétudes spirituelles. » Déplacer le centre de gravité de leurs inquiétudes.

L'esprit d'enfance, comme les deux mots le disent si clairement, c'est l'enfance, et c'est l'esprit. L'un uni à l'autre ; non l'un sans l'autre. L'esprit sans l'enfance, c'est l'intelligence orgueilleuse qui croit pouvoir se suffire à soi-même et construire un monde qui se suffit à soi, bien qu'elle découvre continûment ses impuissances et ses doutes. C'est l'esprit « fort », l'esprit malin, celui qui « fait de l'esprit » pour l'esprit, séparé, mais qui brille dans sa solitude désespérée ou sa tour d'ivoire narcissique, l'esprit sans âme, qui s'enroule sur lui-même, sans pouvoir sortir de lui-même et goûter la fraîcheur originelle de la réalité.

Mais parce que l'esprit d'enfance est à la fois esprit et enfance, il n'est pas non plus l'enfance sans l'esprit, attardée dans un adulte. Il n'est pas mépris de l'intelligence et de la connaissance, refus du savoir ni même du pouvoir, au nom d'une sensibilité dévoyée de son cours naturel. De ce que l'enfance visite l'esprit, dans le même temps où l'esprit visite l'enfance, la démarche de l'intelligence s'éclaire alors au foyer le plus profond de la réalité suprême et de la réalité humaine. L'esprit d'enfance réunit dans le même élan, le désir et les exigences du connaître, avec la simplicité de l'âme devant le mystère de l'inconnaissable. C'est en lui que se réconcilient en fait l'adulte et l'enfant. Tandis qu'on les oppose ailleurs au nom de leurs univers apparemment si différents, que l'on invite au sortir de l'enfance, à rompre définitivement avec elle, l'esprit d'enfance propose au contraire à l'adulte de recevoir de l'enfance ce qu'elle seule est en mesure d'offrir à une existence qui vogue désormais au grand large, et qui regarde peut-être vers son terme.

Si nous naissions d'emblée adultes, si nous évitions de passer par cette étape singulière où l'homme prend une humble mesure de lui-même, nous resterions ignorants de notre véritable identité. Mais si nous demeurions toujours enfants, il est vrai qu'il manquerait aussi à nos visages ces traits burinés par le soleil et les orages de la vie, et qui font partie de la noblesse humaine. La destinée s'écrit et se lit à travers toutes ses étapes, non en rupture mais en communion les unes avec les autres : et c'est l'esprit d'enfance qui lui découvre le lieu de son unité.

Pour réapprendre l'amour et l'amitié, la vie et la beauté, la vieillesse et Dieu, quand même aurait-on douté de tout et de tous, l'enfant est le plus avisé des maîtres. Son enseignement se confond avec son exemple. Une heure d'entretien avec l'un de ces petits vaut une journée à la campagne ou au monastère. Largement. Mais l'esprit d'enfance n'est pas seulement celui de l'enfant, et il n'aurait pas de sens pour nous s'il n'était que le sien. Il est l'enfance dans un adulte, l'enfance dans un esprit adulte qui refuse de se laisser emprisonner en lui-même. Si l'esprit d'enfance apparaît avec l'enfant, ce n'est pas à lui qu'il s'arrête, et là réside sa fécondité : qu'il n'est pas celui d'un seul âge.

Enfant dans l'enfant, et père dans le père, il sait assumer tous les âges parce qu'il reconnaît en chacun et apprend à chacun cette attitude de l'homme qui participe à son propre mystère, dans celui du Dieu qui est Père et du Dieu qui est Fils. Dans la transparence d'une destinée, il reconnaît avec une égale simplicité, l'autorité à laquelle il est soumis et celle dont il est revêtu, parce qu'il ne place point sa dignité dans l'autorité mais dans l'amour. Ainsi, l'esprit d'enfance n'interdit pas à l'adulte d'être adulte, dans toute l'étendue de son esprit. Mais il restaure en lui la source de l'esprit.

En réalité, l'esprit d'enfance n'a pas d'âge. Il suffit que la malice du monde s'en soit mêlée pour qu'un enfant en soit dépouillé. Mais il suffit aussi d'accorder à l'enfant ce qui lui appartient en propre, de ne pas lui ôter ce dont la création l'a armé dans son innocente faiblesse, pour le découvrir à sa source. L'esprit offert comme un don gratuit, qui ne l'est qu'au petit d'homme et pas au petit animal pourtant si gracieux. Et qui lui est d'autant plus généreusement et longtemps accordé qu'il en tire moins de gloire et de profit. Qu'il en use en effet pour séduire et dominer, et il n'est plus qu'un petit chien savant fait pour amuser la galerie des adultes. La publicité le réduit parfois à ce triste usage. Sa plus grande vertu est d'ignorer sa grandeur ; et en même temps, de la préserver sans l'altérer, de l'accueillir comme elle lui est donnée, sans prétendre en faire son bien propre.

L'esprit d'enfance n'a pas d'âge parce qu'il n'est pas celui d'un âge particulier auquel il échoirait automatiquement. Il se dissipe quand on prétend lui fixer un temps ; il se déploie mystérieusement quand on ne lui impose aucune borne. Parce qu'il est vrai qu'à l'enfant, l'éternité appartient. Il grandit, il vieillit sans appréhension. On le voit bien, quand chaque anniversaire lui est une joie nouvelle, ignorée de l'adulte, redoutant la course du temps. L'éternité appartient à l'enfant, mais aussi à l'esprit d'enfance, qui délivre alors l'âge mûr de ces frayeurs inconnues du premier âge. Son extrême disponibilité à l'éternel explique son extrême disponibilité au présent, à la joie comme au malheur du présent, également transparents à celui qui ne s'enferme ni en l'un ni en l'autre. « A chaque jour suffit sa peine », à chaque heure sa lumière et ses ombres, et en ce sens, l'esprit d'enfance s'accommode de tout événement, comme l'enfance elle-même qui rit et pleure sans détour. S'accorder à l'heure présente, il en connaît le secret, non point comme celui qui « fait feu de tout bois » au foyer de son ambition, l'opportuniste incolore, mais celui qui regarde chaque heure de la destinée à travers la plénitude de la destinée elle-même.

« Tu ne commences pas par chercher de vivre l'esprit d'enfance, dit Pierre Guilbert. Ou du moins, tu peux bien le choisir, cela ne t'y fait guère avancer. Cela vient d'ailleurs... * » L'esprit d'enfance compte avec l'Ailleurs. Ce n'est pas le poing d'un gosse qui désarme, mais sa fragilité qui nous réduit. Elle réduit aussi la vérité à se rendre. Ce n'est pas la rigueur, l'insolence, l'agressivité qui viennent à bout des résistances, mais la transparence qui le situe plus loin que les débats. Il n'est pas l'esprit de nos trois ou de nos douze ans, mais à trois ans, comme à douze ou à trente, son pouvoir est le même. Ni le savoir ne l'appesantit, ni la difficulté ne le trouble ; il ne vieillit pas tandis que nous vieillissons, et en lui seul nous ne vieillissons pas non plus. « Renouvelés spirituellement dans notre intelligence », nous sommes en permanence « dépouillés du vieil homme », dit saint Paul, de cet adulte qui a fini de vivre avant la mort, cet « homme fini », comme le dit avec éloquence le langage populaire. « Le vieil homme » cède, parce que l'expérience vécue dans cet esprit, ne fait que l'amener à désirer avec plus d'élan, d'entrer dans plus de lumière. Il vit dans une attente, une espérance qui le portent au-delà de toutes les déconvenues.

Si à vingt, à cinquante, à quatre-vints ans, l'homme n'est plus touché par cet esprit qui n'a pas d'âge, cet esprit d'un éternel commencement, il est mort à lui-même. Et mort au monde. L'enfance qui rappelle nos commencements, nous rend à l'esprit du commencement en qui se renouvelle en permanence la face de la terre. Et notre cœur. Au contraire de ce que dit le temps, à travers ces témoins et ces porte-parole privilégiés, que sont les artistes et les spirituels. Eux proclament hautement que l'époque est sourde et aveugle, qu'elle ne voit plus ni vérité universelle et incontestable, ni amour durable, ni beauté infinie, ni espérance, etc. Les hommes qui ont vaincu le monde règnent sur des villes

* Pierre Guilbert : *La Prière retrouvée*, Nouvelle Cité.

mortes, mille fois plus que ne le sont les cités anciennes dont les ruines désertes parlent encore aujourd'hui.

Évoquer alors un esprit d'enfance à qui tout serait ouvert, du ciel et de la terre, paraît d'une naïveté monumentale au milieu de ce catastrophisme. Y saisir le modèle d'une approche, à tout âge, de toute réalité, semble une puérile provocation. Et la crainte d'être dupe joue le rôle du chien de garde aux portes de la vérité : il en interdit l'accès. Je cite volontiers et souvent le mot de La Bruyère — je l'ai fait un soir à la table de Jean-Paul II qui le releva aussitôt —, mot qui s'applique si étroitement aux fruits amers de l'intellectualisme exacerbé, et du monde qu'il a contruit. « Le plaisir de la critique, dit La Bruyère, nous ôte le plaisir d'être vivement touché de très belles choses. » Il est vrai qu'il faut savoir choisir entre ces deux plaisirs, ou du moins établir une hiérarchie entre l'un et l'autre : celui de l'esprit qui touche à tout et ne se réjouit de rien ; et le plaisir d'être touché soi-même, qui est plus qu'un plaisir.

L'esprit d'enfance est loin d'être dépourvu d'esprit critique, mais il n'en fait pas la fin dernière de l'esprit. Il embrasse celui-ci au point de n'éprouver aucun embarras avec lui, plus près qu'il est de l'embarrasser lui-même. Bergson parle d'intuition, qu'il oppose à l'intelligence purement spéculative. Pascal d'esprit de finesse, qu'il distingue de l'esprit de géométrie. L'esprit d'enfance est plus et autre chose que l'un ou que l'autre. L'Écriture place dans la bouche du Christ une parole qui pourrait sortir de lui : « Je te loue, ô Père, Seigneur du ciel et de la terre, pour avoir caché cela à ceux qui ont la science et l'entendement et pour l'avoir révélé aux tout petits. » D'avoir ouvert à la transparence et à l'humilité ce qui reste fermé à l'esprit de convoitise et de violence.

Certes, il n'est de condition ni d'âge qui soient étrangers à l'esprit d'enfance, mais il étonne davantage chez les hommes de pouvoir que chez les humbles, lesquels, comme les enfants, ont au moins cette richesse en partage plus aisément que les puissants. Il reste que c'est lui qui distingue entre les hommes de pouvoir, les hommes de sciences, les responsables en ce monde, lesquels sont véritablement grands. Au-delà de ceux qui ne font et n'ont qu'une carrière, ceux qui rayonnent parce qu'ils ont une destinée. De tous les hommes éminents et illustres auxquels me lie une amitié durable, ou même que j'ai eu l'occasion seulement de rencontrer brièvement, il m'a toujours frappée, chez les plus grands, que la supériorité évidente de l'intelligence ou du cœur, la destinée exceptionnelle, s'alliaient nécessairement avec un lieu de leur pensée, de leur vie, de leur comportement, où l'on ne retrouvait plus soudain, que la transparence et l'humilité de l'enfance. Je pense à tel homme d'État, tel homme d'affaires considérable et considéré, dont l'intimité m'a révélé jusqu'à quel degré de puissance peut aspirer le genre humain, mais dont l'âme n'a jamais rompu avec sa simplicité originelle et ultime. Et tout à coup, comme un lac limpide des montagnes où se reflète l'azur, on découvre cette vertu silencieuse qui confère à leur génie son vrai rayonnement. Alors, dans l'adversité même, ils demeurent aussi grands qu'au faîte de leur gloire. Ils sont plus que l'une et que l'autre. A ceux-là est donné plus qu'ils ne demandent, et c'est à leur humilité, justement, qu'est offert ce que l'enfant, lui, reçoit spontanément au-delà de ses attentes. Bien peu le savent. Et chacun n'a que trop tendance à l'oublier.

J'ai le souvenir d'avoir ainsi éprouvé, dans un premier temps, un très vif agacement à la lecture des pages où Thérèse de l'Enfant Jésus rapporte sa vie. Pour tout dire, longtemps je ne suis allé, malgré une bonne volonté certaine, au bout de cette lecture : j'en opposais l'impression de naïveté, à la supériorité qui me paraissait évidente de la « grande » Thérèse d'Avila. Mais un matin où j'ai saisi une fois de plus le livre d'un geste machinal sur les rayons de ma bibliothèque, que j'en ai repris la lecture pour la énième fois, comme par enchantement, soudain, le texte me révéla avec une douceur et une force extrêmes son génie singulier. Ce qui m'aurait encore fait sourire la veille, m'apparut avec une évidence aveuglante être le fin mot de toute sagesse, et en réalité, ce qu'exprime elle aussi, mais autrement, Thérèse d'Avila. Ce même jour, je lus d'un trait le livre tout entier, alors que j'avais éprouvé jusque-là beaucoup de peine à en dépasser les premières pages, et je l'achevai dans un éblouissement indicible.

Il est vrai que ce jour-là — troublante coïncidence — était le premier octobre. Et regardant en effet incidemment un calendrier dans la soirée, je m'aperçus que l'Église célébrait chaque année, à cette date, Thérèse de l'Enfant Jésus. Une de ses facéties enfantines coutumières ! Ce qui venait de me saisir, en fait, et qui ne l'avait pas fait auparavant : l'esprit d'enfance, dont Thérèse de la Sainte-Enfance était habitée jusqu'à la perfection. Ce que mon esprit raisonneur — je faisais alors des études à la Sorbonne — éprouvait tant de difficulté à reconnaître et à accepter, lui qui apprenait à découper la vie en morceaux, c'était cette unité profonde de la vie spirituelle quand elle se voile sous une apparence aussi enfantine. J'étais dupe de l'apparence. Mais l'événement fut assez révélateur pour que j'en tire depuis lors des conclusions pleines de modestie.

Il est vrai que l'esprit d'enfance implique une conversion de l'esprit adulte et satisfait de soi, à une attention plus humble et plus profonde. Il impose de revenir sur des préjugés, des habitudes et des attitudes qui nous font peut-être une supériorité provisoire dans un cercle qui se prend pour arbitre de l'intelligence, mais ne nous ouvrent pas à la vérité du monde. Accepter de se montrer aussi désarmé que l'enfance, sur un terrain où tous sont exercés à un combat permanent, appelle à une sorte d'audace qui ne suscite guère d'émulation. Mais qui offre heureusement beaucoup plus qu'elle : une joie partagée avec certains à qui l'esprit d'enfance a livré aussi le secret du monde.

Parce qu'il ne tient ni à un âge ni à une condition particulière, il délivre justement l'homme de ce qu'il y a de trop particulier, et dans un âge, et dans une condition. Parce qu'il n'est pas davantage d'un pays ou d'une époque, partout et en tout temps, il délivre de ce qu'une époque ou un pays ont de trop borné. Parce qu'il ne connaît pas de frontières de générations, il institue une fraternité universelle qui se moque du temps, et crée le lien le plus profond qui soit entre les êtres. On parle des amitiés d'enfance comme de l'amitié par excellence, parce qu'elles sont nouées en effet dans cet esprit totalement désintéressé qui fait les liens indéfectibles. Mais les amitiés nouées plus tard que l'enfance, quand elles le sont dans l'esprit d'enfance, le sont aussi pour l'éternité. Et dans cet esprit, il n'est plus ni grand ni petit, mais communion ensemble, à ce qui nous grandit ensemble. Et qui se fortifie de l'épreuve de la vie comme de son bonheur.

Celui dont l'âme, en effet, est habitée par cet esprit, ne s'abandonne pas à la douleur du monde et de la destinée humaine. Mystérieusement, il est plus fort que l'esprit fort. Il connaît la croix, il la connaît même avec d'autant plus de déchirement qu'il sent au profond de lui qu'elle n'est pas le fin mot de la réalité. Quant elle vient à lui, il l'accepte cependant et la porte avec autant de difficulté que quiconque, et sa souffrance n'est pas moins profonde. Il sait aussi la souffrance de l'autre, qui le blesse autant que la sienne, et loin de prendre son parti de la déréliction universelle, son âme s'insurge contre cette altération, cette dégradation permanente du créé qui voit mourir l'amour, se faner les visages, et disparaître ceux que nous aimons. Il sait de quel côté la vie est impossible, et ne fait rien pour se masquer une réalité parfois intolérable, où certains perdent le souffle et la raison.

Pourtant, malgré la croix, l'esprit d'enfance ne désespère pas de la vie ni du monde. Malgré les démentis quotidiens apportés à sa confiance, il traverse la difficulté et regarde plus loin qu'elle, non ce qui se dégrade et qui meurt, mais ce qui, dans le même temps, se dénoue et renaît, ce qui guérit du mal ou du malheur et revient à la lumière. Il n'est pas esprit de mort mais d'une perpétuelle naissance.

Ainsi l'esprit d'enfance croit-il à l'innocence malgré le mal du monde; à la transparence malgré la vilenie; à la perfection en dépit de la misère. Il ne doute jamais que le dernier mot soit à l'amour et à la vie, malgré les démentis apparents que lui inflige le spectacle du monde et la malignité des hommes. Il ne place pas sa confiance ultime dans le calcul, l'intérêt, la bassesse et le mal, mais dans la vérité. L'esprit lui offre la lucidité et il voit donc le malheur, mais l'enfance l'ouvre à l'espérance qui lui interdit de s'arrêter au malheur. Il sait le mal, mais il croit au bien. Et il n'a pas besoin de s'aveugler pour croire.

L'esprit d'enfance est un esprit de foi. Il adhère à l'autre mouvement qui travaille le monde au plus obscur de lui, mais parfois aussi en pleine lumière, et qui répare, et qui sauve. Il croit à un salut, de l'homme et du monde, et que le Père de cette création infinie et mystérieuse qu'est l'être humain, ne renie pas le fruit de sa paternité. Il croit comme l'enfant croit, simplement parce qu'il sait que le père est père, et que, sans autre raison que sa paternité, il veille sur l'enfant, uniquement parce qu'il est l'enfant. Il fait confiance ainsi, non à la logique, à la force, à la morale même, ou à la superbe, mais à l'amour dont le mystère préside à tous les autres mystères, et qui le lie à l'origine du monde et à sa fin.

Mais il n'y a pas de retour à l'enfant sans le retour au père. L'esprit d'enfance croit qu'il y a un père, par-delà l'autorité aveugle du monde sur nous, si amère soit-elle parfois. C'est au nom de ce père dont il est et sera éternellement l'enfant, qu'il ne redoute pas d'inviter l'esprit à la longue patience de l'enfance qui attend son heure. L'heure ultime du dévoilement, où il sera donné à l'esprit ce qu'il attendait. Il ne croit pas que nous avons été jetés au monde comme une victime sur le bord de la route, après l'avoir dévalisée, mais, si redoutable soit-il à certaines heures, que nous avançons sur un chemin infini, vers Quelqu'un qui nous attend, comme on guette le retour de l'être aimé après une longue séparation.

La mort, comme la vie, est transparente en effet à l'esprit d'enfance, par cette familiarité qu'il institue entre l'homme et les réalités fondamentales. Il ne connaît peut-être pas tous les usages et les conventions du siècle, et les apprend pourtant s'il le faut, mais il est accordé au bonheur et au malheur des hommes, à la croix et à l'espérance, beaucoup plus profondément que l'esprit du siècle ne le sera jamais. Il l'est surtout aux réalités qui dépasseront toujours l'entendement humain, si adulte et savant qu'il devienne, mais dans lesquelles s'inscrit notre destinée profonde. Pour entrer dans les secrets du royaume, il faut être enfant devant eux, attentif, du profond d'une enfance, qui n'en finit jamais d'écouter les murmures de l'univers visible et invisible. Alors ils se livrent. Alors, bien qu'il ne sache le tout de rien, l'homme retrouve une destinée où il ne lisait que l'indifférence du hasard, une histoire où il ne voyait qu'un chaos, une liberté où la nécessité l'écrasait de son absurdité. Et il est vrai que ni les sages, ni les savants, n'entrent dans ces secrets, si ne survit en eux, à toute leur science et leur sagesse, l'enfant qui les connaît, et les reconnaît de plus loin que lui-même.

Théoule-sur-Mer, le 8 septembre 1983.

Achevé d'imprimer en mai 1984
sur presse CAMERON,
dans les ateliers de la S.E.P.C.
à Saint-Amand-Montrond (Cher)
pour le compte de la librairie Arthème Fayard
75, rue des Saints-Pères, Paris - 6e

35-57-7195-01
ISBN 2-213-01418-3
N° d'Édition : 6847. N° d'Impression : 647-429.
Dépôt légal : mai 1984.
Imprimé en France

35-7195-7